與時偕行
一國兩制與基本法在香港的實踐

饒戈平

CITY UNIVERSITY OF
HONG KONG PRESS
香港城市大學出版社

編　　輯	陳明慧
實習編輯	黃珮涵（香港城市大學翻譯及傳譯系三年級）
書籍設計	蕭慧敏　*Création* 城大創意製作

國際統一書號：978-962-937-413-6

出版

香港城市大學出版社
香港九龍達之路
香港城市大學
網址：www.cityu.edu.hk/upress
電郵：upress@cityu.edu.hk

Advancing with the Times: Implementation of
the One Country, Two Systems Policy and Basic Law in Hong Kong
(in traditional Chinese characters)

ISBN: 978-962-937-413-6

Published by

City University of Hong Kong Press
Tat Chee Avenue
Kowloon, Hong Kong
Website: www.cityu.edu.hk/upress
E-mail: upress@cityu.edu.hk

Printed in Hong Kong

目錄

香港行政長官普選

一國兩制與香港的國際法實踐

自序

　　我最早關注香港問題大約是在 1984 年冬天，正值訪學美國西雅圖華盛頓大學期間。當時適逢關於香港問題的《中英聯合聲明》發表，記得我曾應該校政治學系 James Townsend 教授邀請，在他的課堂上做了一個演講，「從條約法看中英聯合聲明」，由此引發的興趣，不意成為自己日後從事港澳研究的開端。

　　1986 年夏，香港基本法起草委員蕭蔚雲教授邀請我參加他主持的基本法研究國家課題組，承擔與香港回歸有關的國際法問題的章節寫作，成果收錄在 1990 年春季出版的《一國兩制與香港基本法律制度》一書，屬國內最早從國際法角度研究一國兩制的成果之一。1993 年我又協助蕭老師創辦了北京大學港澳台法律研究中心，除間斷性參與組織港澳回歸前後的一些學術活動外，我側重從事並組織與台灣有關的法律問題研究。不過，這一時期我主要的精力還是放在國際法教學研究及行政工作上，對港澳問題的研究投入不算多，涉足也不深。

　　我較多關注一國兩制在港澳的實踐應該是在 2003 年以後，那年年底我兼任甫告成立的國務院發展研究中心港澳研究所副所長。2005 年初我接替過世的蕭蔚雲老師擔任港澳台法律研究中心主任，後來又接任了北京大學港澳研究中心主任，開始投入較多精力研究基本法實施中的問題。2006 年 2 月，我被聘為全國人大常委會香港基本法委員會委員，連續做了十三年，直至 2018 年夏天從北大退休為止。這一期間我的學術活動重點移放到港澳問題研究，我對自己能夠以一個學者身份參與到一國兩制這一前所未有的治國理政大業，能夠從中學習、研究和發揮一點作用，感到十分榮幸，也常懷慎敬之心。三十多年來我始終本着一個學者的良知、理性和責任感，跟蹤、思考一國兩制在港澳的實踐，勉力宣示、維護一國兩制和基本法，盡自己綿薄之力奉獻於國家利益和港澳利益的最大化，未敢懈怠。

這些年來我陸續寫了一些有關一國兩制和基本法實踐的文章，文體主要是出席會議的演講稿，培訓項目的講課稿，在報刊發表的政論性短文，部分研究報告，也有少量學術性論文。這些文章數量不算少，但大多是一些應時之作、應景之作，較少規範的學術研究，也無時間整理修改，更未有過結集出版的打算。兩年前，香港城市大學出版社社長朱國斌教授就曾向我約稿，希望我能考慮在香港出版一本專輯，他們願意承擔出版事宜。我感謝他的誠意，也曾試着彙集一下舊作，但總因雜事纏身，遲遲未能完成他的期待。慚愧於他的多次催問，直至今年夏天我才逼着自己擠出時間整理舊作，從紛雜的文稿中選擇了部分文章，略作修改，付梓城大出版社。我深知這些文章談不上什麼上乘之作，但期待能聊以償付一份文債，表達自己對城大出版社的感謝和敬意。在這裏，我還要特別向為編輯本書付出很大辛勞的陳明慧女士表達謝忱，她在編輯出版過程中給予我大量幫助。她一絲不苟的敬業精神和高水準專業能力給我留下深刻印象。

本書書名取自《周易・益・象》中的「凡益之道，與時偕行」之語，寓意一國兩制與基本法的成功實踐及人們的理解認識，都處在不斷發展深化的過程，需要不斷總結提升。本書所輯文章從一個側面記錄了多年來自己對一國兩制和基本法的學習與解讀過程，也有對一國兩制實踐中一些熱點問題的觀察與分析，以及對全面準確實施一國兩制和基本法的思考與建言。其中涉及的問題主要包括：一國與兩制、中央與特區的關係，中央對港澳地區的管治權，國際人權公約普選條款在香港的效力，香港行政長官普選的法律根據、性質和特點，香港對外事務權在國際法上的意義等，都很有挑戰性。我的文章均屬初步研究、個人觀點，不代表任何機構。

本書所輯文章有一部分已經在內地和香港發表，還有一些是未曾公開的，大多具有務實性、通俗性特點。這是考慮主要的讀者聽眾是

普羅大眾，更多需要普法性質的宣講和解讀，希望能讓他們聽得懂、易接受，因而盡可能少用一些艱澀的理論或概念。也考慮到這些文章的針對性較強，目的是解答現實中存在的爭議問題，不易從既有理論中尋求答案，更多地需要對政策和實踐進行分析梳理，給予合理解說。這些文章談不上很強的學術色彩，大都是個人領會一國兩制和基本法的初淺心得。這次結集出版，固然期盼能對全面準確理解和貫徹一國兩制與基本法有所助益，更多的是抱持一種學習、探討和交流的態度，期待各界先進批評指正。

饒戈平

2018 年 12 月於燕園

作者簡介

饒戈平，1948 年出生於湖南。1966 年北大附中高中畢業，兩年後下鄉黑龍江農場十年。1978 年考入黑龍江大學哲學系本科，次年考入北京大學法律系研究生，師從王鐵崖教授研習國際法。1982 年獲法學碩士學位，留北京大學任教。美國華盛頓大學、紐約大學、德國馬普國際公法研究所訪問學者。2018 年從北京大學退休。

饒戈平現為北京大學法學院教授，博士生導師，北京大學港澳研究中心主任，兼任國務院發展研究中心港澳研究所所長，全國港澳研究會副會長、中華司法研究會副會長、中國國際法學會顧問等。2006–2018 年間兼任全國人大常委會香港基本法委員會委員，第十二屆全國政協委員。曾長期主持中國國際法學會、北京大學國際法研究所工作。

主要研究領域為國際法、國際組織法、港澳基本法、涉台法律。

一國兩制 —— 從理論到實踐

本部分八篇文章試圖從歷史視角考察一國兩制從構想到實施的發展歷程。既包括在香港回歸前對與一國兩制相關法律問題的前瞻，也包括對香港回歸二十年多來一國兩制成功實踐的總結；既有對一國兩制實施中重大理論問題的思考，也有對全面準確理解貫徹一國兩制和基本法的建議；既涉及對香港白皮書的解讀，也涉及對習近平主席七一講話和十九大報告的學習體會。這些文章從側面反映出內地學者對一國兩制理論與實踐問題的關注和見解。

01 一國兩制中的若干法律問題

　　實現香港、澳門的回歸、台灣的統一，完成祖國統一大業，是全體中國人民的歷史使命。指導我們完成這一使命的基本方針，就是鄧小平同志提出的一國兩制偉大構想。這一構想為解決歷史遺留的領土問題開創了嶄新思路，成為中國處理港澳台問題的基本國策，是小平同志建設有中國特色社會主義理論的重要內容，也是小平同志留給我們中華民族的不朽政治遺產。

　　一國兩制的實施是史無前例的偉大創舉，將不可避免地面臨許多挑戰和考驗，會出現前所未有的法律問題。以香港為例，如何堅持基本法，全面貫徹一國兩制，如何堅持單一制國家結構，妥善處理中央和香港特區的關係，建立什麼樣的地方政權形式，維護香港的繁榮穩定，如何正確認識和處理一國內多種法律體系並存及其相互之間的關係，等等。正確地預見和認識可能出現的法律問題，妥善處理這些法律問題，關係到一國兩制的實施和成敗，有必要引起高度重視。

堅持特別行政區基本法，全面貫徹一國兩制方針

　　以一國兩制方針解決港澳台問題，存在着一個依法治理的問題。這個法就是特別行政區基本法。一國兩制中的法律問題，說到底就是堅持和實踐基本法的問題。

＊　　本文原載《中外法學》1997 年第 3 期（總第 51 期），第 25–33 頁。

基本法全面體現一國兩制方針

直到 1990 年 4 月以前，一國兩制還只是以黨和國家方針政策的形式出現。雖然憲法第 31 條有原則性規定，但它首先是由香港基本法、然後由澳門基本法具體化的。這兩個基本法以莊嚴的法律形式，全面體現了一國兩制方針。以香港基本法為例，它以憲法第 31 條為依據，根據《中英聯合聲明》中中國所承諾對香港的基本方針政策及實際情況，在第一章總則中集中規定了一國兩制的基本內容，其餘八章及三個附件，則以總則為依據，規定了一國兩制在政治、經濟、文教等各個領域的具體實施。基本法載明，香港特別行政區是中華人民共和國不可分離的部分，直轄於中央政府，外交與防務屬中央政府管理；同時，它又享有高度自治權，不實行社會主義制度和政策，保持原有的資本主義制度和生活方式，五十年不變。這樣，基本法一方面強調了「一國」，堅持了國家的主權、統一和領土完整，堅持了單一制國家中央和地方的關係；另一方面又強調了「兩制」，堅持一國之下的港人治港，高度自治，五十年不變。從而使一國兩制的方針獲得了一種由國家強制力保證實施的法律規範形式。

基本法是貫徹一國兩制方針的法律保障

法律具有國家強制實施的效力，基本法就是貫徹一國兩制方針的法律保障。基本法由中國最高國家權力機關全國人大制定頒行，是一部全國性法律，不僅香港居民要遵守，全國人民都要遵守，具有崇高的權威。香港基本法序言指出，全國人大制定基本法，目的在於規定香港特區實行的制度，保障國家對香港基本方針政策的實施。

首先，從中央來看，基本法是中央權力機關代表國家對特別行政區行使管轄權的法律依據。中央既要維護國家主權和統一，又要依法尊重、保護特區的高度自治，不干預特區自治範圍內的事務。在貫徹一國兩制方針的過程中，中央只能以基本法而不是別的政策或法律為依據來處理特區問題。遇到中央和特區權限關係的爭議或基本法的解

釋、修改等問題，更是必須嚴格遵循基本法的規定，毫不含糊。中央帶頭模範貫徹、維護基本法，有利於增加港澳台地區對一國兩制的信心，有利於這些地區的繁榮穩定。基本法第22條明確規定，中央人民政府所屬各部門均不得干預特別行政區自治範圍內的事務，如需在特區設立機構，須得特區政府同意並經中央人民政府批准，其在特區設立的機構及其人員均須遵守特區的法律。

其次，對內地各省、直轄市、自治區而言，基本法也是它們處理與港澳關係的法律準繩。港澳地區雖然回歸了祖國，但兩地是實行高度自治、特殊管理的地區，不能簡單視同一般省、直轄市、自治區。基本法是全國範圍內生效的法律，對內地同樣有約束力，內地不得隨意干預特區自治範圍內的事務，包括在港澳設立機構、派遣人員等事務，都必須嚴格遵循基本法的規定。

最後，對特別行政區而言，基本法更是具有高於特區其他法律的地位，是它們實施一國兩制、高度自治的依據和準繩。特區的高度自治權是基本法所賦予的，只能在此範圍內行使。不論是特區政府，還是港澳居民，不論處理本地區事務，還是處理和中央或外部世界的關係，都應視基本法為其利益的根本保證，排除來自內部和外部的各種干擾或破壞，自覺地堅持、維護基本法。需要指出的是，港澳特區有義務依法禁止任何叛國、分裂國家、煽動叛亂、顛覆中央政府及竊取國家機密的行為。禁止外國政治組織在港澳進行政治活動，也禁止港澳特區政治性組織與外國政治性組織建立聯繫。這不但是維護國家安全與統一的需要，也是維護港澳自身繁榮穩定的需要。

實踐證明，堅持基本法就能順利貫徹一國兩制方針

香港後過渡時期，特區籌備委員會和預委會的工作所以能順利進展，它們的決議、建議所以能獲得港人的普遍支持，就在於它們排除各種干擾，堅定不移地按基本法辦事，把基本法付諸實踐。同樣，中英之間關於彭定康「政改方案」的鬥爭，也是尊重還是違背基本法的原

則問題。香港基本法頒佈七年來的實踐已經並將繼續證明，維護還是背離基本法，關係到一國兩制的成敗，是實施一國兩制的生命線。不論現在還是將來，不論是中央、各地區，還是香港本身，也不論香港問題會出現怎樣的風風雨雨，處理香港及與香港有關的問題，都必須堅持以基本法為準繩，嚴格按基本法辦事。

一國兩制是一項浩大繁複的社會系統工程，而基本法正是保障其實施的法律手段。只要中央、港澳和全國各地都堅定不移地遵守、維護基本法，一國兩制的宏偉大廈就將巍然屹立在中華大地上。

堅持單一制，妥善處理中央和特別行政區的關係，維護國家主權、統一和特區的高度自治

一國兩制方針由「一國」和「兩制」兩方面組成，兩者是一個有機整體，偏一不可。如何處理二者關係，是實施一國兩制的關鍵所在。這個問題解決好了，一國兩制也就有了基本保證。從法律的角度考察，一國和兩制的關係，集中表現為中央和特別行政區的權力關係問題。一方面要堅持中央對特區的管轄權，維護國家的主權、統一和領土完整；另一方面又要堅持特區的高度自治權，維護其繁榮穩定。下面分三個問題來討論二者的關係。

特別行政區的法律地位

法律地位問題是確定特別行政區與中央關係的前提。作為中國行政區劃中的一個新建置，香港具有什麼樣的法律地位呢？

按照香港特別行政區基本法第 1 條和第 12 條的規定，香港特區的法律地位包含以下四個方面的內容：(1) 特別行政區是中國單一制國家不可分離的一部分，是中華人民共和國的不可分離的部分。中國的國家結構形式是單一制，而不是聯邦制，特別行政區不是聯邦制下

的州或邦，不具有州或邦的特徵。單一制國家中只有一個中央政府、一個立法機關、一部憲法，而不存在所謂「一國兩府」、「兩個對等的政治實體」問題。(2) 香港特區是中國的一個地方行政區域。也就是說，香港不僅是中國不可分離的部分，而且是中國的一個地方，不能與中央平起平坐。(3) 香港特區享有高度自治權。它依照香港基本法的規定實行高度自治，享有行政管理權、立法權、獨立的司法權和終審權。這種自治權要比中國民族自治地方的自治權大得多，比其他單一制國家的地方自治的權力也要大，甚至在一些方面比聯邦制下的州或邦的權力還要大。儘管如此，中國的單一制國家結構形式並沒有改變。香港特區的高度自治權是由全國人大根據憲法制定的基本法授予的，其權力來源於中央。(4) 香港特區直轄於中央政府。國務院即中央政府，直接管轄香港特區。當然，這不是說其他中央國家權力機關與香港特區沒有任何關係，全國人大及其常委會對香港特區有授權和監督的關係。這裏所講的中央政府不包括中央政府所屬的各部門，這些部門對香港特區沒有直接管轄權。中央與香港特區之間再沒有一級行政機構可以管轄香港特區，香港和北京的關係是地方和中央的關係，這裏不存在所謂的「中港關係」之說。

中央和特別行政區的權力關係問題

談到中央和特別行政區的關係，首先要明確「中央」的具體含義。依據基本法，這裏說的中央，是指國家最高權力機關，即全國人民代表大會及其常務委員會、中華人民共和國主席、國務院及中央軍事委員會。只有這些國家機關才有權代表中央同香港特區權力機關發生關係。從國家結構中的權力配置角度考察，中央和特區的關係，說到底就是二者之間的權力關係問題。只有通過法律明確各自的權限範圍，二者的關係才能有法可依。

基本法規定屬中央、即國家最高權力機關的職權主要包括：管理與香港有關的外交事務；管理香港特區的防務，具體地說，就是派出

軍隊駐守，保護包括香港在內的國家安全；任命香港的行政長官和主要官員；規定香港特區需要向中央備案的事項；規定需經中央授權許可或批准後才能實施的事項；對基本法的解釋權和修改權；以及特定情況下在香港實施有關全國性法律的決定權。這些屬中央的職權，是維護國家主權、統一和領土完整的需要，是單一制國家中央管治地方的必要體現，也是一國兩制中「一國」的主要內容，是實施「兩制」的前提，必須由中央行使。

另一方面，為了維持香港的繁榮穩定，必須同樣以法律形式確認「兩制」，確保港人治港，享有高度自治權。基本法已經在總則中明確規定香港原有的資本主義制度和生活方式不變，法律基本不變，接着在第二章具體規定了屬香港特區的高度自治權：（1）廣泛的行政管理權。除少數幾項屬中央管理的事務外，未來香港可自行處理其他所有行政事務。（2）立法權。香港特區立法機關可依基本法自行制定、修改或者廢除本地區法律，只需向全國人大常委會備案。（3）獨立的司法權和終審權。香港特區法院獨立進行審判，包括不受內地法院的干預和管轄，甚至史無前例的還被授予終審權。

中央和特別行政區權力關係中容易引起爭議的問題

在基本法規定屬中央的職權中，往往有一些與特別行政區高度自治密切相關的問題。這些問題涉及到兩種不同的法律制度間的複雜關係，容易引起爭議，處理不當勢必影響中央和特區的關係。香港基本法的起草過程為解決這類問題提供了成功範例，創造性地體現了原則性和靈活性相結合的原則：對涉及國家主權、統一和領土完整的問題，堅持歸中央管理；同時，在一國前提下，注意維護香港的高度自治，允許香港特區的某些作法可以與憲法或全國性法律的規定不一致，以有效地實施一國兩制。應該說，上述處理模式，不但對香港本身，而且對日後處理澳門、台灣的類似問題，也是很好的啟示。

香港立法會制定的法律與基本法不符合的處理問題

按照中國憲法，各省、自治區、直轄市制定的地方性法規，倘與憲法、法律、行政法規相抵觸，全國人大常委會有權予以撤銷。但是香港基本法卻規定，如果香港特區立法會制定的法律與基本法不符，全國人大常委會只是將該法律發回，不作修改；當然，發回的法律立即失效。這做法一方面保留、肯定了全國人大常委會對香港立法的審查權，以監督基本法的實施；另一方面，又將審查範圍僅限於香港法律中不符合基本法關於中央管理的事務及中央與特區關係的條款。全國人大常委會發回香港有關法律前，還要徵詢其下屬香港基本法委員會的意見，以求慎重。這樣的規定，為將來可能出現的法律爭議提供了合理、妥善的解決之道。

全國性法律適用於香港特區的問題

全國性法律理應在中國領土範圍內普遍適用，但在實施一國兩制的香港，只適用涉及國家主權和統一的少數必要法律，這在基本法的附件三已經具體列明。全國性法律絕大部分不適用於香港。不過，考慮到未來形勢的變化和需要，中央有權對附件三所列法律作出增減。無疑，這是國家主權和統一的必要體現。另一方面，為了不致因此損及「兩制」的實施，引起港人的憂慮，基本法又對增減法律的內容與程序作出了嚴格限制，表現出非常節制和謹慎。此外，在特定情況下，即國家宣佈戰爭狀態或香港進入緊急狀態時，出於維護國家安全與統一的需要，中央有權發佈命令，將有關的全國性法律在香港實施。

香港特區法院管轄權的問題

香港特區法院對各類案件享有管轄權，但國防、外交等國家行為不在其管轄權之列。基本法的這一規定，同香港現行的普通法原則是一致的。不過，關於何者為國家行為，涉及到一個事實的認定問題，容易引起爭議。國防、外交等國家行為事關國家的主權與安全，對國家行為的事實認定權在中央而不在地方法院，只能由中央政府作出最

終的確認。所以香港特區法院在審理涉及國家行為的案件時，必須事先取得行政長官就事實認定問題發出有約束力的確認文件，而行政長官的確認文件必須以中央政府對該問題的證明書為依據。也就是説，中央政府對相關事實認定問題擁有最終的發言權。

基本法的解釋權問題

依據中國憲法，法律的解釋權在全國人大常委會，因此全國人大常委會理所當然地享有對香港基本法的解釋權。但是，香港現行法律制度又允許法院在審理個案時有權解釋法律。這樣，在內地和香港兩種法律制度之間，可能就基本法解釋問題產生矛盾。如何協調和解決這種矛盾呢？基本法的處理方法是，一方面肯定全國人大常委會的解釋權，另一方面又由它授予香港特區法院在個案審理時，對基本法關於香港自治範圍內的條款自行解釋。至於基本法的其他條款，香港法院也可解釋，但凡涉及對中央管治權或中央與香港關係的條款進行解釋，而這種解釋又影響到對個案的判決時，應在終審判決前，提請全國人大常委會作出相應解釋，然後以此解釋為準作出判決。基本法的這一規定既兼顧了中國和香港地區現行法律中可行和合理的因素，又兼顧了中央的解釋權和香港特區的高度自治權，體現了很大的包容性。

基本法的修改權問題

香港基本法是全國人大制定的，依據中國憲法，其修改權屬於全國人大。但香港一些人士存有憂慮，他們擔心基本法的修改會影響或改變中央對一國兩制方針的承諾與實施。為了維護基本法的穩定性，增強港人對一國兩制的信心，基本法對修改程序作出了非常嚴格的規定。首先，嚴格限制基本法的修改提案權，僅限於全國人大常委會、國務院和香港特別行政區，大大縮小了通常享有法律修改提案權的單位範圍，即中央政府各機關、各省市自治區的人大代表團、30 名以上的全國人大代表都不享有對基本法的修改提案權。其次，香港特區本身的修改提案需經香港全國人大代表的三分之二多數、立法會議員三

分之二多數和行政長官三方面的一致同意，缺一不可，保證了廣泛民意基礎和謹慎從嚴的原則。第三，基本法的任何修改議案在列入全國人大議程前，須由港人佔半數的香港基本法委員會研究並提出意見。最後，也是對修改議案內容的嚴格限制，基本法的任何修改，均不得與一國兩制的方針政策相抵觸。這些方針政策早經中國政府在《中英聯合聲明》中予以說明，並承諾50年不變。上述四個方面的規定，對基本法的修改內容和程序進行了多方面多層次的保護和限制，體現了中央對基本法權威性、穩定性的尊重。

建立符合特別行政區實際情況的地方政權形式，維護特別行政區的繁榮穩定

回歸祖國後的香港面臨一個內部權力結構重新調整、分配的問題。也就是說，由什麼人來管理香港，實行什麼權的政治體制，採用什麼樣的地方政權形式進行管理，才能確保香港的繁榮穩定。這一問題看起來只涉及香港內部，其實事關全局，是關係到一國兩制方針在香港實施成效的又一個重大問題。

可以說，如何設計香港特區的政權形式是一個很大的挑戰，現今世界上還找不出任何能夠體現一國兩制方針的現成的政治結構模式可為香港借鑒。香港現行的政治體制本質上是殖民主義的總督獨裁制，不能原封不動地保留下來。未來香港不實行內地的社會主義制度，因此不能將人民代表大會制照搬過去。香港不是一個主權國家，更不能照抄歐美國家的「三權分立」原則，實行議會制、總統制一類政權形式。那麼究竟什麼樣的政治體制才適合香港特區呢？基本法起草者的成功經驗表明，要解決這一難題，最好先確立解決問題的思路和原則，這不但對設計香港的政權形式是必要的，而且對未來香港政治體制的改革發展也有深遠的指導意義。

具體地講解決香港政權形式問題，要緊緊圍繞以下三項原則：
（1）要符合一國兩制的方針和《中英聯合聲明》，有利於維護中央和
特區的關係以及特區內部行政、立法、司法之間的關係。（2）要符合
香港實際情況，有利於香港繁榮穩定，兼顧各階層利益，在不損害國
家主權的前提下，原有制度盡可能不作大的變動。（3）保持原有政治
體制中的合理成分，循序漸進，逐步發展適合香港的民主制度。以這
三項原則為指針，基本法創造了一種新型的適合未來香港的政權形
式 —— 行政長官制。

獨具特色的香港特區行政長官制

　　香港回歸後取代現行總督制的行政長官制，就是以行政為主導，
司法獨立、行政機關與立法機關互相制衡又互相配合的香港特區政權
形式。這一體制保留了原有的司法獨立和行政主導地位，同時又要求
行政、立法之間既相互制約又相互配合，是一種獨具特色的地方政治
體制。

行政主導

　　行政主導是香港現有政治結構的傳統和特點，歷經多年，行之
有效，有一定的合理成分。保留其合理部分的某種連續性，有利於香
港的平穩過渡。1997 年後行政長官固然不再享有總督那樣的大權，並
且立法局也成為名副其實的立法機關，但行政權力不應過分削弱。基
本法適當保留了由行政長官體現的行政主導作用：首先賦予行政長官
以特區首長和政府首長的雙重身份。這種法律地位使他擁有廣泛的行
政職權，承擔重大的政治責任。其次，行政長官在一定條件下有權解
散立法會，對議員的提案權也有一些限制，體現了行政主導作用。第
三，設置以行政長官為首的行政會議，使行政與立法互相配合，有利
於行政效能的提高。

行政機關和立法機關互相制衡又互相配合

行政長官制雖然保留了行政主導作用，但又摒棄了現行的總督獨裁制，不使權力過於集中，而是採取了適當分工，有所制衡的作法。基本法規定了行政機關和立法機關既能各司其職，又能互相監督，互相制約。一方面，行政長官可依法解散立法機關，另一方面又賦予立法機關以較大的權力，使之由原先為總督服務的立法諮詢機構，變成享有真正完整的立法權的機構。它可依法要求行政長官辭職，甚至有權彈劾行政長官；行政機關必須對立法機關負責。香港特區行政、立法之間的互相制衡關係，沒有照搬國外通常的責任內閣制的做法，而是充分考慮香港的實際情況，貫徹行政主導原則，從有利於社會穩定、避免動盪出發，適度規範二者的制衡關係。出於同一考慮，行政長官制又很強調行政、立法之間的互相配合、協調發展，而不是沿用三權分立原則，只強調制衡。這一點對於將來行政與立法之間可能出現矛盾紛爭而中央政府又不便干預的情況，尤其有重大意義。互相配合的形式是設立以行政長官為首的行政會議，由行政長官委任政府主要官員、立法會議員和社會人士組成。其作用是溝通、協調立法、行政機關的關係，消除二者的歧見，提高工作效率，協助行政長官決策。這一諮詢機構的設置，借鑒了香港現行行政局的作法，又參考了美國的總統領導下的內閣制安排，博采眾家之長，融匯形成了香港特區政治體制的特色。

港人治港，循序漸進，逐步發展香港的民主制度

「港人治港」，就是由愛國者為主體的香港永久居民治理香港、實行高度自治。中央不派人來管理香港，不干預香港地方事務。民主的實質是由誰來管理的問題。「港人治港」是真正的民主，是香港歷史的一個根本變化，是殖民制度下的香港不可能實現的。

民主政治的一個主要內容是選舉制度。具體到 1997 年後的香港，就是行政長官和立法機關如何產生的問題。世界各國的經驗表明，

選舉制度的建立和完善要有一個歷史過程，不可能一蹴而就。考慮到香港缺乏實行選舉的傳統和經驗，為了避免大的社會動盪，基本法第 45、68 條及附件一、附件二規定了行政長官和立法會產生的原則和辦法，這就是根據香港實際情況循序漸進，間接選舉和直接選舉相結合，由間接選舉逐步向直接選舉發展，最終達到普遍、完全的直接選舉。這樣的規定符合香港的實際情況，是對香港繁榮穩定高度負責的表現，而決不是如有些人所說的不要民主、阻撓民主。

全國人大制定的香港特區首屆政府和立法會的產生辦法規定：首先由香港永久性居民組成有廣泛代表性的推選委員會，然後由推委會協商或協商後提名選舉產生首屆行政長官，最後報中央政府加以任命。嚴格遵循上述程序，董建華先生於 1996 年 12 月當選為香港特區首屆行政長官。這一選舉過程公開、公平、公正，選舉結果港人滿意，中央滿意，有力地促進了香港的平穩過渡。依照同一程序，香港特區臨時立法會也順利產生。上述結果，再次證明了基本法所規定的循序漸進的民主發展原則的正確性。

保持特別行政區原有的經濟制度和對外經貿聯繫，促進特區經濟的繁榮發展

保持特別行政區原有的經濟制度不變

社會穩定和經濟繁榮有機聯繫，密不可分。沒有社會穩定，不可能有經濟上的繁榮發展；離開了經濟繁榮，也就談不上真正的社會穩定。而法律既是維護社會穩定的基本保障，也是促進經濟發展的必要手段。香港基本法在這兩方面的結合上樹立了一個典範，它不但重視維持特區的社會穩定，而且也強調維持特區的經濟繁榮。

在過去的一個半世紀裏，香港由一個落後的小島漁村發展成為國際金融、貿易、航運、信息中心，躋身全球經貿八強，創造了舉世皆

知的經濟奇蹟。它以一個地區經貿實體，在非政治性對外交往的幾乎所有領域中，與世界各國、各地區、各國際組織建立了官方或半官方聯繫。既有的經濟貿易制度和廣泛的國際聯繫，是香港經濟取得繁榮發展的重要條件。香港回歸後要繼續維持其繁榮發展，就必須保留和維護其現有的經濟制度和對外經貿交往能力，並用法律形式將之固定下來。而這恰恰是基本法的一個重要目標。

香港基本法總則明確規定，保持原有的資本主義制度 50 年不變，私有財產權受法律保護。這是中央對維持香港原有經濟制度的原則性承諾。至於在各個具體領域中的制度和在國際經貿中的地位，則由第五章作出了明細規定：特區財政獨立，財政收入不須上繳中央政府，也不向中央政府納稅；實行獨立的稅收制度；保持國際金融中心地位不變，維持獨立的貨幣金融制度；港元為法定貨幣，不實行外匯管制；保持自由港地位不變，實行自由貿易政策；保持單獨關稅區地位，依國際條約享受有關權益；繼續原有的航運管理體制；保持國際和區域航空中心地位不變，等等。這些規定，使香港現行的經濟制度幾乎原封不動保留下來，以保證香港經濟的平穩過渡，持續繁榮。

保持和發展特別行政區原有的對外經貿聯繫

香港現有的國際聯繫是長期實踐中形成發展的，缺乏系統的明文規定，而香港基本法卻以國內法的形式，明確全面地賦予香港特區在對外事務中的廣泛交往權[1]，其權力無論在廣度和深度上，都遠遠超過了港英統治時期。除與香港有關的外交事務歸中央政府管理外，香港特區代表可作為中國代表團的成員參與和香港有關的外交談判；可以「中國香港」的名義在非政治性領域內，單獨同各國、各地區及有關國際組織保持和發展關係，訂立、履行協議；可繼續參與各種國際會議和組織，保有發言權；可繼續適用有關的國際協議；有條件地適用中

---

1. 香港對外事務權本質上由內地授，因此只有交往權力，不屬於外交權。

央政府締結的國際協議；經中央政府批准，可繼續在外國設立官方、半官方經貿機構，接納外國的官方、半官方及民間機構；還可依法簽發特區護照和其他旅行證件，實行獨立的出入境管理；可在中央協助或授權下，與各國各地區締結互免簽證的協議，如此等等。

經由上述規定，香港特區作為中國主權下在對外事務中享有廣泛處理權的地方經濟實體的地位，獲得了國內法上的確認，並因此構成其國際效力的基本因素。這種地位保證了香港特區具有足夠的對外權利能力和行為能力。繼續馳騁於世界經貿舞台上。換言之，維持香港經濟發展的對外交往能力，經由基本法給予了明確保障。

這裏需要強調的是，儘管香港特區擁有如此廣泛的對外權利能力和行為能力，可以在經濟、社會、文化等領域多方面開展對外聯繫，但它仍然只是中國主權下的一個地方性經濟實體，而不是一個國際法主體，不具有完全的國際人格。香港特區處理對外事務的權力是中央授予的，而不是本身所固有的，並且只限於地方性事務，不得超出基本法所規定的範圍。

香港特區原有的經濟制度和對外聯繫得到了全面、明確的法律保障，而且由於回歸祖國，有中國內地日益強大的綜合國力作為依託和支持，未來香港經濟的繁榮發展是完全可以期待的。

實行一國內多種法律體系並存，妥善處理多種法律體系之間的關係

按照，一國兩制方針，香港、澳門回歸後，台灣與祖國大陸和平統一後，均將保留原有的法律制度基本不變，即三地分別維持原有的法律體系。這將勢必形成一個統一的國家內多種法律體系並存的局面：作為中國主體的大陸地區實行社會主義的法律制度，香港實行普通法系的法律制度，台灣和澳門實行大陸法系的法律制度。這種格

局，用有些學者的話來講，就是「一國兩制三法四域」。1997 年 7 月 1 日香港回歸，將標誌着這一格局的開始出現。

多種法律體系並存，是維持特別行政區繁榮穩定的 必要保障

香港、澳門、台灣在各自的長期發展中，形成了自己的法律體系。在香港回歸祖國後，必須保留其原有的法律基本不變。首先，原有法律中凡不同基本法相抵觸的所有法律都維持不變。只有那些同基本法相抵觸或經特區立法機關修改的少數法律，才必須作相應的廢除或變動。例如香港人權法案條例中的第 3、第 4 條使之具有凌駕於其他法律之上的權力，顯然有悖於基本法，必須予以刪除。香港特區籌委會審查了超過 640 條香港法例和逾 1,100 條附屬立法，他們所建議的整個條例與部分條文不採用的法例不過二十多個，不到總量的 4%。其次，基本不變，是指國家最高權力機關不去隨意地人為地改變原有的法律，也不將內地的法律制度強行搬到特區實施，而是充分尊重原有的法律，保證其正常運作，司法獨立。第三，基本不變，並不限制原有法律本身隨特區經濟社會的發展而作相應的必要的改變，只要這些改變是以基本法為依據的，就允許它們的變化與發展。

依法妥善處理多種法律體系之間的關係

一國內的多種法律體系並不是各自孤立存在的。在大量的經濟社會交往中，必然產生相互間的法律關係。這將是一種既有差別又有關聯，既可能有衝突又能夠彼此協調的關係，多種法律體系之間可以互相借鑒，互相協助，互相促進。誠然，多種法律體系間的差異是明顯的。民法法系和普通法是當今世界流行的兩大主要法系，社會主義法系是一個獨特的法系，它們無論在法律分類、法律淵源、司法組織、訴訟制度、法律解釋、還是在法律職業的構成等方面都存在諸多差別。即使同在法律技術形式上都與民法法系有淵源的內地、台灣、

澳門之間，其法律體系上的差別也是有目共睹的。在具體的法律運作中，這些差別將產生一些法律上的衝突，需要妥善處理。

但是，多種法律體系之間又是相互關聯、需要並且可能彼此協助的。香港特別行政區、澳門特別行政區的法律都是根據依憲法制定的基本法而運作的，基本法因此成為連結各種法律體系的共同紐帶。一地的法律體系在運作中，都不可避免地涉及到其他一方或幾方。不論在法律文書的確認、送達，法律的適用、裁決的實施上，還是在打擊犯罪、維護社會治安上，都需要彼此的協調與協助。在這些問題的處理上，一方面需要各地制定涉及其他地區的法律適用法，另一方面更需要各司法機關通過協商，依法進行司法方面的聯繫，互相提供協助。香港、澳門兩個基本法已有這方面的原則規定，要嚴格按照基本法來互相提供協助。

多種法律體系之間還存在着相互借鑒、吸收和促進的問題。以制定法為特徵的民法法系和以判例法為特徵的普通法系各有所長，自成體系，但並不是截然對立，互相排斥，而是不斷地吸收、移植對方的優點，充實自己。二次大戰後世界範圍內的民法法系的國家就大大加強了對判例法的使用。目前，中國大陸的法制建設已發展到「依法治國，建設社會主義法治國家」的新階段，法制正在逐步走向完善。在這個過程中需要博採眾長，借鑒、吸納其他國家和地區的經驗。而一國內多種法系的並存，恰恰提供了進行比較、借鑒的更貼近、更便捷的機會。不論在法律形式.和技術方面，還是在依法管理經濟、打擊犯罪、懲治腐敗方面，都可以從港澳台地區的法制發展中得到啟發。同樣，大陸法治建設的成功經驗，也可以為港澳台地區提供借鑒。

總之，一國內並存的多種法律體系，只要嚴格遵循一國兩制方針，遵守基本法，互不干預，彼此協助，就能長期共存，維持各自的繁榮穩定，並能豐富發展整個民族的法律文化。

基本法是實施一國兩制方針的生命線，是當前及今後管理特別行政區必須遵循的依據。在堅持基本法，確保特區繁榮穩定的過程中，有三個方面的問題是我們必須注意的：

堅持依法處理好中央和特別行政區的關係

　　對中央而言，一方面要堅持國家的統一，維護國家主權和領土完整，正確行使中央對特別行政區的管治權；另一方面要充分尊重特區的高度自治權，充分尊重特區原有的資本主義制度和生活方式，長期不變。對特區而言，也有一個正確行使高度自治權，自覺維護國家統一和主權，處理好與中央關係的問題。

堅持依法維護和執行特區的行政長官制

　　堅持行政主導，司法獨立，行政和立法互相制衡又互相配合的關係；堅持循序漸進發展民主參與制度的原則；堅持以基本法為準繩維護特區的繁榮穩定。

堅持依法保證特區原有的經濟制度和對外交往能力

　　保證特區的自由港地位和國際貿易、金融、航運、通訊中心的地位不變，尊重和維護特區在國際條約和國際組織中的權利與義務，確保特區在對外事務中的權利能力和行為能力，支持特區的國際經貿關係持續擴大和發展。

　　1997 年 7 月 1 日正在一天天向我們走近，香港歷史即將開始一個新的紀元。我們有一國兩制的偉大方針作指導，有基本法作保障，有包括香港同胞在內的全中國人民的支持作後盾，我們完全有能力保證香港的平穩過渡，順利回歸，繁榮穩定，持續發展。而香港回歸必將為我們以一國兩制方針解決澳門、台灣問題，最終完成祖國統一大業，提供一個好的示範。

1997年3月

02 香港回歸與一國兩制 ——
寫在香港回歸十周年之際

上世紀 80 年代初期，以鄧小平為代表的中國領導人提出了「一個國家，兩種制度」的政治構想（以下簡稱一國兩制），成為改革開放新時期中國政府處理歷史遺留問題、維護國家領土完整、促進國家統一的戰略方針。

一國兩制方針首先在香港得到貫徹落實，1997 年 7 月 1 日香港順利回歸祖國。回首過去的四分之一世紀，香港問題的和平解決，香港的平穩過渡和順利回歸，香港繼續保持繁榮穩定，香港地區同中央及內地新型關係的建立，無不溯源於一國兩制，歸功於一國兩制。展望香港今後的長期發展，也端賴一國兩制方針的指導。撫今追昔，究本探源，結合香港的實踐，總結一國兩制的實施經驗，對於我們更加準確、全面的理解和把握一國兩制方針，有着重要的理論意義和實際意義。

沒有一國兩制方針就沒有香港的順利回歸、繁榮穩定

進入新時期以來，隨着收回香港提上中國政府的議事日程，一個歷史性挑戰也同時擺到了中國領導人面前：如何收回被英國人佔領、管治了一百五十多年的香港，用什麼方法對回歸後的香港進行管治？如何既要恢復對香港行使主權，又要保持香港的繁榮穩定？什麼樣的方案才能使中國、英國、香港居民三方面都能接受？這些問題是中國

---

*　本文原載《港澳研究》，2007 年夏季號。

領導人以往未曾遇到過的、不熟悉的，世界上也沒有先例可循。以鄧小平為核心的中國領導集體在十一屆三中全會後的一段時間裏，圍繞香港問題反復調查研究，結合台灣問題綜合考慮，終於創造性設計出回應這一歷史挑戰的全新方案，那就是「一個國家，兩種制度」的偉大構想。

　　鄧小平強調，新問題必須用新方法才能解決。武力、非和平的方式不行，不利於中英之間解決香港問題，也不利於中國現代化建設的發展戰略，只能用和平談判的方式解決；而強行在香港實行社會主義制度的方法更不可取，因為根據香港的歷史和實際情況，不保證香港實行資本主義制度，就難以保持它的繁榮穩定，所以，應該允許香港繼續實行不同於內地的社會制度[1]。他明確提出，「怎麼解決這個問題，我看只有實行『一個國家，兩種制度』」[2]。那就是「在中華人民共和國內，十億人口的大陸實行社會主義制度，香港、台灣實行資本主義制度」[3]。

　　為了澄清一部分人們對一國兩制構想的困惑，也為了進一步闡釋一國兩制的內涵，鄧小平又指出，「我們對香港的政策長期不變，影響不了大陸的社會主義。中國的主體必須是社會主義」[4]。一國兩制是允許資本主義存在的，但是「『一國兩制』除了資本主義，還有社會主義，就是中國的主體、十億人口的地區堅定不移地實行社會主義。」這是一個前提。「在這個前提下，可以容許在自己身邊，在小地區和小範圍內實行資本主義。我們相信，在小範圍內容許資本主義存在，更有利於發展社會主義」[5]。鄧小平還特別強調了對一國兩制的全面理解，他說「一國兩制也要講兩個方面。一方面，社會主義國家裏允許

1. 《鄧小平文選》第三卷，第 59–60、67 頁
2. 《鄧小平文選》第三卷，第 60 頁。
3. 《鄧小平文選》第三卷，第 58–59 頁。
4. 《鄧小平文選》第三卷，第 59 頁。
5. 《鄧小平文選》第三卷，第 103 頁。

一些特殊地區搞資本主義，不是搞一段時間，而是搞幾十年、成百年。另一方面，也要確定整個國家的主體是社會主義。否則怎麼能說『兩制』呢，那就變成『一制』了」[6]。

鄧小平的一國兩制構想是一個創造性的全新的政治概念，蘊含着豐富內涵。這一構想適用於香港，在我看來至少蘊含了如下的政治理念：

1. 把國際社會和平解決國際爭端的原則創造性運用於香港，主張通過和平談判的方法，解決中英之間的歷史遺留問題。
2. 堅持和平統一的方針，用和平方式和一國兩制模式完成中國的統一大業。
3. 維護中國的國家主權和領土完整，保持香港的繁榮穩定，是一國兩制的終極目的和最高原則。
4. 堅持中國主體的社會主義方向，同時允許特殊地區實行不同於祖國內地的社會制度。兩制並存，相互促進。
5. 堅持用一國兩制模式治理香港，在一國之下，在中央授權下實行港人治港，高度自治。
6. 一國兩制、保持香港的繁榮穩定是一項基本國策，長期不變。

回顧一國兩制構想的誕生過程，可以為我們提供深入解讀這一構想的歷史背景，有助於我們更準確地理解和把握這一構想的精髓。

一國兩制構想的產生意圖，是希望用和平的、實事求是的、各方面都能接受的方式，解決歷史遺留問題，促進祖國的完全統一。從歷史和現實情況看，只有一國兩制這種模式才是切實可行的，才有可能達到預期的效果。

6.《鄧小平文選》第三卷，第219頁。

一國兩制的目標和根本原則是，既要保證香港順利回歸、恢復行使中國主權，維護國家主權和領土完整，又要保持香港的繁榮穩定，長治久安。

　　一國兩制本質上是一種國家治理方式，集中體現了國家主權和地方治權之間的關係；是要解決回歸後的香港如何治理的問題，是要在香港實行什麼樣的社會制度的問題。

　　一國兩制的核心內容，具體到香港就是一個國家，兩種制度，港人治港、高度自治。

　　在冷戰尚未結束的 80 年代初期，在社會主義和資本主義仍如冰火不容的意識形態對立中，一國兩制構想的提出可謂驚世駭俗，振聾發聵。多數人都置以將信將疑、邊走邊看的態度。其實，這一構想並非中國領導人的突發奇想，也不是一個權宜之計，而是基於辯證唯物主義和歷史唯物主義的、審時度勢、深思熟慮的一個戰略構想，是中國政府解決和處理香港、澳門、台灣問題的一項基本國策，也是中國特色社會主義的一個重要內容。從世界範圍來看，一國兩制這一創造性政治構想不是由別的國家而是由中國提出、在中國實踐，也恰恰表明了中國領導人非凡的氣魄、自信心、政治智慧和政治駕馭能力。

　　二十多年來，特別是回歸十年來，香港走過的每一步都同一國兩制息息相關。正是基於一國兩制的構想，中國政府提出了和平解決香港問題的 12 條基本方針政策，構成中英談判的政治基礎，產生了中英關於香港問題的聯合聲明；正是基於一國兩制方針和中國憲法，才制定出「具有歷史意義和世界意義」的香港基本法，產生了涉及香港平穩過渡、順利回歸的一系列方針政策，確保中國如期對香港恢復行使主權；正是基於一國兩制方針，基本法於 1997 年 7 月 1 日在香港正式實施，香港開始實行中央授權下的港人治港，高度自治，開創了香港歷史發展的新篇章；也是基於一國兩制方針，香港回歸後在中央和內地的支持下持續發展，克服了亞洲金融危機和 SARS（嚴重急性呼吸道症

候群）的衝擊，保持了自己的經濟繁榮和社會穩定。可以說，沒有一國兩制方針，就沒有香港問題的和平解決，就沒有中英聯合聲明和香港基本法，就沒有香港的平穩過渡和順利回歸，就沒有香港的繁榮穩定、長治久安。一言以蔽之，一國兩制方針關係着香港的興衰成敗。香港回歸十年的實踐證明，一國兩制方針是正確的、可行的、成功的，符合國家長遠利益，也是香港居民的根本利益所在，是我們必須格外珍惜、長期堅持的。

事實證明，越來越多的香港市民已經意識到這點。據香港大學民意研究計劃 2007 年 4 月中旬的調查結果顯示，78% 的受訪市民表明了對一國兩制的信心，比此前的調查數字大幅提升十個百分點，達到 1993 年開展此項調查以來的最高比例。表示對香港前途有信心的達 81%，上升 6%，而表示對中國前途有信心的則高達 89%，上升了 3%[7]。

貫徹一國兩制的關鍵在於處理好一國與兩制的關係

一國兩制是史無前例、充滿挑戰的國家治理模式，是一個不斷探索、追求雙贏的歷史過程。香港的經驗告訴人們，貫徹一國兩制的關鍵在於正確處理「一國」與「兩制」的關係。這個關係處理好了，香港就能順利發展，反之，就可能出現偏差或波折。而正確處理「一國」與「兩制」關係的前提是要對兩者的關係有一個全面、準確的認識。

一國兩制是一個內涵豐富的完整的政治概念，必須從整體上加以理解和把握。在一國兩制中，「一國」主要是解決主權歸屬問題，實現香港回歸，中國對香港恢復行使主權；「兩國」主要是解決回歸後的香港實行的社會制度問題，明確香港地區與國家主體的關係。「一國」和「兩制」集中體現了國家主權和地方治權的關係。「一國」是「兩制」的

---

7. 見 2007 年 4 月 27 日 sina.com

基礎和前提，「兩制」則體現了「一國」中不同地區治理方式的差異。「一國」和「兩制」看起來是由「一國」和「兩制」兩部分組成，但他們從來就是一個整體，是同一概念中不可分割的兩個組成部分。不但不可分離、缺一不可，而且相輔相成、不可偏廢。既不能因「一國」而忽略「兩制」，也不能因「兩制」而漠視「一國」。「一國」和「兩制」只有緊密結合起來，視為一體，同等重視，同時落實，才能稱得上是準確全面的實施。

一國兩制中的「兩制」，含義非常清楚，基本法也規定得比較詳細。那就是內地、香港實行不同的社會制度，除外交、國防外中央不干預基本法規定的香港自治範圍內的事務，香港依基本法實施「港人治港」，高度自治。香港民眾在一國兩制框架下，享受到前所未有的高度自治的自由空間和發展空間。可以說，「兩制」的實際意義是香港居民在日常生活中能夠實實在在、每日每時直接感受得到的，少有人對此表示疑義。

相對而言，一國兩制中的「一國」，在一些人們眼裏就顯得比較模糊、抽象，甚至是比較陌生、不大習慣了。對香港而言，一百五十多年的英國殖民統治的確容易淡化人們對祖國的認知，即使回歸了，不少港人也只知有「兩制」而不知有「一國」，或者只願談「兩制」不願談「一國」。這種現象的深層原因，不是因為基本法中對「一國」的規定比較原則、精要，有關「一國」的條款相對少一些，而是在於有些人們尚不能正視和適應因香港回歸而帶來的香港憲制性地位變化這一現實，即香港已從英國的殖民統治轉變為由祖國（中國）恢復行使主權。或者是出於意識形態的考慮，只想強調香港、內地實行不同的社會制度，而不情願認同主體是實行社會主義的國家。這種認識上的誤區或情感上的心結如果得不到及時的糾正和調整，勢必阻礙人們對一國兩制的正確理解和落實。在當前形勢下，尤其需要加強對一國兩制中「一國」的正確認識。

從國家構成的觀點看一國兩制，「一國」是「兩制」存在的
前提和基礎

　　一國兩制是在統一的中國領土上的不同地區實行不同的制度，正是中國領土提供了一國兩制貫徹落實的地域範圍和物質基礎，是先有「一國」的存在而後才有「兩制」的並存。接受「兩制」首先就得承認「一國」。不論香港實行如何不同於祖國內地的制度，其法律地位始終是中國領土不可分離的一部分，是中國的一個地方行政區域，屬於中國領土，處於中國主權之下。香港的定位，過去、現在和將來都始終是中國的一個地方經濟實體，是屬於中國的一個國際化大都市。與此同時，香港居民的絕大多數，不論其背景、經歷如何，都首先是中國人，中國的國民，同中國有血緣上、法律上的聯繫，這是不依人們主觀意願為轉移的客觀現實。對國家的認同可以有深有淺、有早有晚，但排拒認同終歸不是一種現實的理性選擇。

從國家憲政體制的角度看一國兩制，中國憲法既是單一制
國家結構的憲制根據，也是「兩制」產生的法律根據，
「一國」是「兩制」並存的共同基礎

　　正是中國現行憲法第 31 條，規定了特別行政區的設立，規定特區可以實行不同於國家主體的社會制度。也正是根據憲法，才產生了香港基本法，才被授權「港人治港」，高度自治。中國憲法是國家的根本大法，規定了國家的基本制度，其中包括一國兩制，具有最高的法律效力，其效力及於全中國領土。雖然憲法中的大多數內容在香港不適用，但並不妨礙它的最高法律效力適用於香港。事實上，除了第 31 條，憲法中還有許多章節、條款都是適用於香港的 [8]。基本法即便被視為香港的憲制性法律，規定了在香港實行的社會經濟制度，但是它的上位法是憲法，要受憲法制約。應該說，中國憲法是香港和內地「兩

---

8. 見蕭蔚雲主編：《一國兩制與香港特別行政區基本法》，北京大學出版社，1990 年版，第 65–68 頁。

制」並存的共同法律基礎，憲法及其效力實實在在體現着「一國」，只是人們未能給予足夠的重視而已。倘若脫離了國家憲法去談一國兩制，必然會使一國兩制變成無源之水，無法成立了。

從國家主權的觀點看一國兩制，「一國」集中體現着國家主權，對「兩制」享有決定、制約和主導的權力；「一國」與「兩制」的關係，本質上就是國家主權和地區治權的關係

主權是國家的根本屬性，對內意味着國家的最高權力，享有對其領土內的一切人、物和行為的管轄權排他的最高，對外則意味着獨立自主。當然，主權的行使也不是絕對的，在內要受憲法的限制，在外要受國際法的制約。香港和內地實行的制度可以不同，但不論是哪一地區、何種制度，都處於中國主權之下，受制於國家主權。質言之，一國兩制就是在維護中國國家主權和領土完整的前提下，在不同地區實行不同的制度。誠然，香港特區有自成體系的行政權、立法權、司法權，享有高度自治，但是他們都是由國家主權所決定、所授予的，並且在他們之上還存在着國家主權，是中國主權節制下的高度自治權。明白了這一點也就不難理解，為什麼作為國家最高權力機關的全國人民代表大會及其常委會，不但擁有香港基本法的制定權、解釋權，而且擁有香港政治體制發展的主導權。

從中央和地方的權力關係看一國兩制，「一國」和「兩制」體現了中央和香港特區之間的授權與被授權的關係

中國是實行單一制建制的中央集權國家，由若干個地方行政區域共同組成，存在着中央和地方的關係，香港特區直轄於中央政府。全中國只有一部統一的憲法，只有一個最高權力機關和最高立法機關，只有一個最高行政機關，各地方行政區域的權力都由中央依法授予，並在中央授權的範圍內運作，不存在各地區自行產生的權力或超越中央授權的權力。包括地方自治的權力，給與不給，給多給少，也皆由中央依法決定，這種關係恰恰體現了中國憲政體制中的權力結構。不

了解這層關係，就難以理解香港特區所行使的權力的來源、性質和限度，就處理不好特區權力與中央權力的關係。

從香港與內地的關係看一國兩制，「一國」提供了「兩制」發展的強大資源和廣闊空間，「兩制」共存於「一國」，兩地之間互不干預，相互促進，共同發展

香港保留了自己的社會制度，延續着自身發展的所有優勢，同時又融入到祖國大家庭，成為中國整體發展的有機組成部分，從「一國」中汲取自身利益的最大化。祖國內地的改革開放和現代化建設，給香港發展帶來越來越多的機遇。香港回歸十年能夠戰勝前所未有的困難，能夠保持繁榮穩定，是特區政府領導社會各界人士共同努力的結果，也是與祖國內地的大力支持分不開的。可以預見，祖國內地將始終是香港持續發展的堅強後盾。這既是「一國」的內涵，也是「一國」的優勢。另一方面，「兩制」並存，相互之間存在着彼此尊重、互不干預的義務，即所謂「河水不犯井水，井水也不犯河水」。同時，「兩制」也對「一國」存在着義務，香港特區有義務維護中央的權威和國家利益，維護國家主權和領土完整，不得進行針對中央政府和分裂祖國的活動 [9]。只講「兩制」，只講地方的高度自治，不講對「一國」的義務，不但是對「一國」權力和權利的貶損，從根本上說也是對「兩制」利益的損害。顯然，只有同時把握好「兩制」相互之間以及「兩制」同「一國」之間的權利義務關係，才能準確全面地貫徹一國兩制。

一國兩制是一個跨越時代的偉大構想，是一項史無前例的社會實踐，幾乎對所有人來說都是一個新事物，對它的正確認識和適應的確需要一個逐步深入的過程。十年回歸的經歷讓所有愛國愛港人士深切體驗到，一國兩制關係着香港的繁榮穩定和根本利益，正確認識、全

---

9. 參閱《江澤民主席在澳門特區成立一周年慶祝大會上的講話》，《江澤民文選》第三卷，第169頁。

面落實一國兩制，處理好「一國」同「兩制」的關係，就是抓住了維護香港根本利益的不二法門。

基本法是香港實施一國兩制的法律保障

如果說一國兩制是一個史無前例的政治構想，那麼，把這一構想法律化、制度化的香港基本法，則是一個具有歷史意義和國際意義的「創造性的傑作」[10]。回歸十年，香港居民切切實實體驗到基本法在香港社會中的崇高地位，體驗到基本法對維護香港繁榮穩定的重大意義。所以，一國兩制同基本法是不可以分離的，講一國兩制就必須同時講基本法。

基本法是一國兩制方針政策的法律化、制度化

作為一種構想或政策的一國兩制方針本身不具有法律效力，不具有實施功能，必須借助於法律手段，這個法律主要就是指基本法。誠然，如果沒有一國兩制方針，就沒有基本法的產生；但倘若沒有基本法的話，一國兩制也就無以貫徹。質言之，基本法就是一國兩制的法律化、制度化。說基本法是一國兩制方針的「法律化」比較好理解，就是指通過立法，形式把中國政府對香港的基本方針政策的實施上升為法律，使之成為國家意志，具有法律拘束力，具有法律的明確性、穩定性和可操作性。說基本法是一國兩制方針的「制度化」，則是指在把這些方針政策上升為法律的過程中，根據憲法規定的國家體制，設計出貫徹落實這些方針政策的制度和程序，使一國兩制方針政策在國家體制下得以很好地貫徹落實。基本法中關於一國兩制下中央與特區關係的規定，關於「港人治港」政治體制的規定，關於基本法解釋權和修改權的規定等等，都是按照中國的國家體制而進行的一種制度設計，

---

10. 《鄧小平文選》第三卷，第 352 頁。

都是在具體回答如何把一國兩制方針政策「制度化」的問題。借用一個比方，基本法和一國兩制的關係好比是一個錢幣的兩面，一面表現為政策指導，一面表現為法律制度，二者合為一體，相輔相成，缺一不可。

基本法是貫徹一國兩制方針的法律保障

基本法序言開宗明義地指出，制定本法的目的，在於「規定香港特別行政區實行的制度，以保障國家對香港的基本方針政策的實施」。這裏所說「國家對香港的基本方針政策」就是指一國兩制方針。同時，基本法第 11 條還規定，香港特區的所有制度、法律、政策都必須以基本法為依據，不得同基本法相抵觸[11]。這些規定明確確立了基本法的性質、地位、職能和效力。它以規定香港特區的社會制度、保障一國兩制的實施為目的和職能，在香港具有除國家憲法之外的最高法律效力。基本法是國家最高立法機關制定的一部全國性法律，也是專門為治理香港制定的一部特別法。如果說憲法是國家的總章程，那麼基本法就是香港特區的總章程，在香港特區法律體系中，具有高於其他法律的地位，其權威性不容挑戰，不容貶損。從這個意義上講，基本法是特區的憲制性法律文件，是實施一國兩制的法律保障。

需要指出的是，上述說法不等於說基本法是特區唯一的憲制基礎，因為在基本法之上還有國家憲法；而且也不能簡單地把基本法稱為「憲法」。因為作為單一制國家的中國，只能有一部憲法，那就是《中華人民共和國憲法》，而香港不過是直轄於中央政府的地方特別行政區。如果把基本法說成是香港的「憲法」，不但同香港特區的地位不相符合，也容易引起中國憲政體制內部的混淆和衝突。憲法是國家的根本大法，基本法是根據憲法制定的。顯然，特區的憲制基礎不只是基本法，而且還有憲法，是憲法和基本法共同構成特區的憲制基礎。

---

11. 見《基本法》序言及第 11 條。

明白了這個道理就不難理解，為什麼要把基本法放在憲法規定的國家體制下來認識，而不能脫離憲法規定的國家體制來看待基本法。

基本法是維護香港長期繁榮穩定的法律保障

一個國家也好，一個地區也好，要保持其社會穩定和經濟繁榮必須有賴於某些基本要素，需要一定的制度保障和法律保障。一般而言，首先要有符合本地實際情況的穩定、高效的民主政治體制，其次要有符合市場經濟規律的有活力的經濟體制，第三，要有完善的法律制度和法治環境，第四，要有居民基本權利的保障和社會的相對和諧，最後，還要有和平的國際環境和廣泛的國際交往能力。這些基本要素構成一個整體，相輔相成，缺一不可，共同作用於社會的繁榮穩定。

應該說，香港既往的繁榮穩定是在基本滿足上述要素後取得的，要保持香港回歸後的繁榮穩定，無疑需要繼續保留這些基本要素。同時，鑒於香港自身地位的獨特性，還有必要加上一個重要條件，那就是處理好特區與中央的關係。因為香港從來只是一個地區性經濟實體，一個國際化都市，而非獨立的政治實體，回歸後則作為中國單一制國家體制下的一個特別行政區，直轄於中央政府，存在着地方和中央的關係。因此，只有同時處理好特區與中央的關係，才能有效保障香港的繁榮穩定，這一點也恰恰是貫徹一國兩制方針的關鍵所在。

一國兩制在香港的實施有賴於制度保障和法律保障，這種保障從根本上說就是香港基本法。基本法是一國兩制方針的制度化、法律化，是香港的憲制性法律。基本法充分尊重香港的歷史發展和現實情況，以國家立法的形式，從多個方面、多個層次為香港的社會穩定和經濟繁榮做出了制度性保障。

基本法科學規定了中央和特區的關係，合理確立了「一國」與「兩制」的關係 [12]

這裏強調了三個問題：（1）確立了香港在中國主權下的定位。規定香港特區是中國領土不可分離的一部分（第 1 條），是中國的一個地方行政區域，直轄於中央政府（第 12 條）；（2）明確了中央權力的行使範圍。中央政府負責管理與香港有關的外交事務（第 13 條）和香港的防務（第 14 條）；任命特區行政長官和主要官員（第 5 條）；以及對基本法的解釋權和修改權（第 158、159 條）等。（3）明確規定香港特區依基本法實行高度自治。香港特區享有行政管理權、立法權、獨立的司法權和終審權（第 2 條）；不實行社會主義制度，保持原有的資本主義制度和生活方式，五十年不變（第 5 條）。質言之，在確保國家主權的前提下，中央不干預香港自治範圍內的事務，而是實行基本法規範下的港人治港，高度自治。這些規定從憲制的高度明確了中央和香港的權限，同時又給予香港最大限度的自由和發展空間，為確立合理、穩定的中央與特區關係奠定了法律基礎。

基本法確立了適合香港實際情況的政治體制 [13]

香港向來是一個地區性經濟實體，行政主導是香港的政制傳統，業經證明是符合香港實際情況、行之有效的。基本法尊重香港的歷史情況，確立了行政長官制以取代原先的總督制，即建立起一個以行政為主導、司法獨立、行政、立法之間相互制衡、相互配合而重在配合的特區政權形式，旨在香港保持一個穩定、高效的政治體制。與此同時，為充分尊重香港居民的民主權利，基本法又確立了雙普選的最終目標，即根據香港的實際情況和循序漸進原則，經民主程序最終達至行政長官和全體立法會議員由普選產生的目標（第 45 條、第 68 條）。應該說，基本法的規定既優先考慮到了香港政治體制的穩定、高效，

---

12. 詳見《基本法》第一章「總則」和第二章第 12–23 條。

13. 詳見《基本法》第四章第 43–104 條。

又充分兼顧了民主政治在香港的發展，從而為香港的政治穩定提供了憲制性保障。

基本法保留了香港長期以來實行的自由經濟體制 [14]

「繁榮穩定」這一概念包括社會穩定和經濟繁榮兩個相輔相成的方面，其中繁榮是穩定的基礎，而穩定則是繁榮的前提。對於香港這個地區經濟實體而言，尤其重視經濟的發展與繁榮。以往人們較多地關注基本法的政治層面，而容易忽略基本法在保障香港經濟繁榮方面的重要作用。殊不知，正是基本法明確規定了香港特區實行的經濟制度，提供了香港經濟持續發展繁榮的制度保障和法律保障。

基本法第五章就是專門用來規範經濟的，它一方面全面保留了香港原有的自由經濟制度，一方面授予香港特區在經濟事務方面的高度自治權，實行「港人治港」、高度自治。其核心內容包括：（1）依法保護私有財產權（第 105 條）；（2）保持財政獨立（第 106 條）；（3）實行獨立的稅收制度（第 108 條）；（4）保持國際金融中心地位（第 109 條）；（5）自行制定貨幣金融制度和政策（第 110 條）；（6）港幣為法定貨幣，自由流通（第 111 條）；（7）不實行外匯管制政策（第 112 條）；（8）保持自由港地位（第 114 條）；（9）實行自由貿易政策（第 15 條）；（10）保持單獨關稅區地位（第 116 條）；（11）保持原已實行的航運經營和管理體制（第 124–127 條）；（12）保持國際與區域航空中心的地位（第 128–135 條）。可以說，經由上述條款，基本法以憲制性法律的形式，對促成香港繁榮的經濟制度給予了全面系統的保障。

需要指出的是，回歸前，香港經濟賴以繁榮發展的各項制度是在長期的歷史過程中逐步形成的，具有普通法特點，並非都是完整的成文法的法律形式。而香港基本法依照大陸法的傳統，以成文法形式對香港經濟制度做出了全面系統的建制性規定。這些規定不僅是對香港

---

14. 詳見《基本法》第五章第 105–110 條。

既往經濟制度的歷史性歸納總結，而且還賦予其憲制性法律的崇高地位和高度權威。無疑，這些規定既體現了國家對香港歷史和現實的充分尊重，也表明了國家對保留香港資本主義制度的莊嚴承諾。

基本法保留香港原有法律制度和法治環境基本不變

香港是個有法治傳統的社會，香港繁榮穩定的建立有賴其完善嚴格的法律制度和法治環境，對此基本法予以高度確認。總則第 8 條規定了一項原則，即香港的原有法律，即普通法、衡平法、條例、附屬立法和習慣法，除少數例外，予以保留。同時，基本法又以第四章（政治體制）的第二、三、四節，分別規定了香港行政機關、立法機關和司法機關實行高度自治的法律根據和權限。這樣，在基本法的保障下，香港原有的法律制度不但幾乎整體保留了下來，而且加以擴展，終審權的設立即為一例。法律的價值旨在維護社會公平正義，維護公共秩序和穩定。香港能夠平穩過渡、順利回歸，能夠維持回歸後的社會穩定，經濟繁榮，離不開法律的支撐，離不開基本法對香港法律體制和法律傳統的切實保障。

基本法保障了香港居民的基本權利和自由 [15]

沒有對人民基本權利和自由的保障，沒有人民的安居樂業，就沒有社會的穩定，基本法充分體現了這一治國治港理念。基本法專門以第三章 19 項條款對香港居民的基本權利和義務作出明確規定，從多方面、多層次保障了香港居民原已享有的各項權利和自由。其中特別規定，兩項人權國際公約和國際勞工公約適用於香港的有關規定繼續有效，通過香港法律予以實施（第 39 條）。而在義務方面，基本法只規定了香港居民有義務遵守香港特區實行的法律，並沒有把內地中國公民的種種義務簡單地照搬到香港，充分體現了「兩制」的區別。實踐表明，經由基本法的保障，香港居民的基本權利和自由不但沒有因回歸

---

15. 詳見《基本法》第三章第 24–42 條。

受到限制和損害，而且佔香港居民絕大多數的中國公民，因香港回歸而成為自己國家的主人，得以享有主權國家公民的權利和自由，可依法參與國家事務的管理。

基本法保障了香港原有的教育、科學、文化、體育、宗教、勞工和社會服務方面的制度和政策 [16]

為了進一步保障香港居民的基本權利和自由，兼顧社會各階層的利益，保持社會整體穩定、和諧的發展，基本法專門以第六章對香港特區的教育、科學、文化、體育、宗教、勞工和社會服務諸方面的制度和政策一一做出了規定。貫穿於該章 14 個條文的一項基本原則是，保持這些領域原有的各項制度和政策基本不變，而他們嗣後所需的發展和改進，也皆由特區政府自行決定。換言之，基本法確認這些領域的制度和政策屬於香港自治範圍內的事項，中央不做干預。香港回歸十年的實踐表明，由於基本法的這一有效保障，香港的教育、科學、文化、體育、宗教、勞工和社會服務等各業各界，保持了制度和政策的延續性、穩定性，保持了充沛活力，共同促進和構建着香港的社會穩定和經濟繁榮。

基本法保持了香港與國際社會的廣泛聯繫和對外交往能力 [17]

香港經濟的外向型、國際性特點，決定了廣泛的國際聯繫和對外交往能力是促進其繁榮穩定必要的外部條件，而基本法對於這些條件的充分保障可以說是史無前例的。基本法在確認了香港的主權歸屬及中央政府負責管理與香港有關的外交事務後，專門以第七章授予香港特區在對外事務中廣泛的權利能力和行為能力，其主要內容包括：

16. 詳見《基本法》第六章第 136–149 條。

17. 詳見《基本法》第七章第 150–157 條。

1. 香港特區代表可作為中國政府代表團成員，參加由中央政府進行的與香港直接有關的外交談判；（第 150 條）
2. 香港特區可以「中國香港」名義在非政治性領域內單獨同世界各國、各地區及有關國際組織保持和發展聯繫，簽訂和履行有關協議；（第 151 條）
3. 香港特區經中央政府採取必要措施，得以繼續參加各種國際會議和國際組織，並保持獨立的發言權；（第 152 條）
4. 香港特區可經中央政府授權或協助，繼續適用原已適用的國際協議，並視情況適用中央政府締結的國際協議；（第 153 條）
5. 香港特區政府可經授權在外國設立官方和半官方的貿易機構，也可視情況允許外國在香港設立領事機構、官方、半官方或民間機構。（第 157 條）；
6. 香港特區政府可經授權頒發中國香港護照，實行獨立的出入境管理。（第 154 條）；
7. 香港特區政府可經授權與各國、各地區締結互免簽證協議；（第 155 條）

藉由上述規定，基本法確認、保留和擴展了香港在國際社會中原有的各種法律關係，明確授予香港特區在一定範圍內的締約權以及參加國際組織、國際會議的資格與能力，從而以憲制性法律的形式，為香港特區繼續享有國際法上的權利能力和行為能力，提供了國內法根據，其目的正是為香港經濟的繼續繁榮與長遠發展提供法律保障。時至今日，適用於香港特區的國際公約多達 227 項，其中包括不適用於祖國內地的 87 項。香港以不同身份參加的政府間國際組織有 53 個，其中包括回歸後由中央政府協助參加的 7 個。共有 111 個國家向香港派駐了領事機構，歐盟、國際貨幣基金組織、世界銀行等 6 家政府間國際組織在香港設立了分支機構。1997 年外國公司在香港設立地區總部或地區辦事處的數量是 2,514 家，而截至 2006 年 12 月已達 3,845 家，十年來增加了 53%，充分表明國際社會對香港地位的認同和信心。

對基本法上述七個方面的考察足資證實，一部基本法，就是完整體現一國兩制方針的基本大法，就是以維護香港繁榮穩定為宗旨的基本大法。正是基本法全面系統規定了香港特區實行的社會制度，為保持香港的繁榮穩定這一目標做出了實實在在的全方位的制度保障和法律保障。因此，「基本法是香港繁榮穩定的根本保障」這一命題決不是一句空話，也不是所謂宣傳，而是一個基本事實，是一種莊嚴的國家意志和國家承諾。香港回歸十年的實踐也充分證明，基本法是符合香港實際情況的，是成功的，的的確確起到了維護香港繁榮穩定的作用。

香港回歸後在國際社會的地位得到進一步擢升。今日之香港雄踞世界第八大貿易實體和第十一大經濟實體，連續 12 年被評為全球最自由的經濟體系，2004 年躋身世界城市競爭力排名第二。香港 GDP（本地生產總值）增長率逐年復蘇上升，2004 至 2006 年年均增長 7.6%，人均 GDP 也增至 2.72 萬美元。如果說回歸前國際社會對於香港能否保持繁榮穩定還有所疑慮的話，那麼今日香港充滿活力的發展早已得到國際社會的普遍肯定。

保持香港的長期繁榮穩定是中國的一項基本國策 [18]，基本法正是這一國策的法律保障。香港回歸十年的實踐表明，中央不但堅守基本法，嚴格實施基本法，而且傾國家之力扶助香港發展，始終致力於香港的繁榮穩定。十年的實踐也更加凸顯出香港的繁榮穩定與基本法息息相關。相信特區政府和民眾通過全面總結回歸十年的經驗，將會更加珍惜和堅守基本法，充分發揮基本法的保障作用，促進香港社會的持續繁榮穩定，長治久安。

2007年5月

---

18. 見《江澤民文選》第一卷，第 117 頁。

03 一國兩制在香港成功實踐的啟示

一國兩制是中國提出和實施的世所罕見的國家治理模式，極具創新性和挑戰性。1997 年 7 月 1 日，香港回歸祖國，實行一國兩制，20 年來的成功實踐為中央治國理政、為港人治港、高度自治積累了豐富的經驗和啟示。在我看來，以下幾點也許尤其值得我們引起重視。

堅定不移地實施一國兩制方針

一國兩制最初是以鄧小平為代表的老一輩領導人為解決歷史遺留的領土問題提出的政治構想，設計了全新的國家統一模式和國家治理模式，後來則成為中國的一項基本國策，予以法律化、制度化。香港回歸正是這一方針從政治構想轉化為政治現實的成功實踐。與大多數殖民地脫離宗主國時難免伴隨血與火的武力衝突不同，香港回歸的歷程沒有動用一槍一炮，沒有出現重大社會動盪，和平順利地回歸祖國，完成了從英國殖民管治到中國特別行政區的歷史變革，成就了國家統一大業的一大目標。香港回歸後的 20 年，中央始終貫徹一國兩制、港人治港、高度自治方針，全力支持和保障香港各項事業的全面進步和繁榮發展。香港平穩經歷了深刻的社會轉型和各種衝擊，繼續保持着繁榮穩定。一國兩制取得的成就有目共睹、舉世公認。儘管回歸 20 年來的歷程也伴隨着坎坷和風雨，實踐中面臨着深層次問題和挑戰，但任憑風吹浪打、艱難險阻，絲毫動搖不了中央和香港特區堅持一國兩制方針的信心和意志。

---

*　2017 年 5 月 27 日在全國人大常委會紀念香港基本法實施 20 周年研討會上的發言。

香港回歸 20 年的實踐證明，一國兩制不單是國家解決歷史遺留領土問題的最現實、最明智的政策選擇，是治理回歸後香港的最佳制度安排，是國家利益和香港利益最大化的公約數，也是正確應對實踐中問題和挑戰的根本依據。一國兩制對中央而言是一項基本國策，理當長期實施；對香港而言則是安身立命之本，值得格外珍惜。

堅持一國兩制的根本宗旨決不偏廢

什麼是一國兩制的初衷，一國兩制要達到什麼目的，全面準確貫徹一國兩制的考察標準是什麼，答案就在一國兩制的根本宗旨：既要維護國家主權、安全和發展利益，又要保持香港長期繁榮穩定。這一宗旨同時包容、保障了國家利益和香港利益，兩部分內容構成一個有機整體，缺一不可，任何時候都不能偏廢。在一國兩制框架下，國家利益和香港利益不是衝突的、對立的，而是骨肉相連、融為一體，必須同時兼顧。國家好則香港好，香港好則國家更好。單方面強調任何一方的利益都會背離這一宗旨、損害一國兩制的整體效果。倘若人們都能秉持、恪守這一宗旨，把它作為思考香港問題的出發點和落腳點，那麼就不難找到政治上的最大公約數，不難求同存異、化異為同。一國兩制的根本宗旨也如同一面鏡子，能照出各色人等的真實面目。那些自詡為民請命、將地方利益凌駕於國家利益之上的巧言令色，是經不起實踐檢驗的。

處理好中央管治和香港高度自治的關係
是全面準確實施一國兩制的關鍵

一國兩制由一國和兩制兩部分共同組成。前者體現一國原則，即一個中國原則，強調國家主權、領土完整和國家安全，堅持國家現行的憲政體制、中央代表國家行使主權；後者體現兩制原則，強調國家主體實行社會主義、個別地區實行資本主義，兩制在一國下不同而

和、相互尊重、合作雙贏。一國與兩制相輔相成、不可偏廢，但又並非平起平坐、等量齊觀，而是有源流之分、層級之分、主次之分。一國構成兩制的前提、基礎和保障，兩制在一國下共同發展。就香港的實踐而言，一國與兩制的關係集中表現在中央與香港的關係上，正確認識、處理中央與香港的關係是全面準確實施一國兩制的關鍵所在。

與英人治港的殖民管治截然不同，回歸後香港的管治權屬於中國，是中國人治港，由中央管治和授權香港高度自治兩部分有機組成。中央依法代表國家對香港行使主權，承擔着實施一國兩制的決定者、主導者和第一責任人的角色，既擁有對香港直接行使管治的權力，也授權並監督香港依法實行高度自治。作為中國的一個特別行政區，香港實行「一國兩制、港人治港、高度自治」是有條件、有限度的，那就是「以一國為前提的兩制，以愛國者為主體的港人治港，基本法授權下的高度自治」。與此同時，香港肩負維護國家主權、安全和發展利益的責任，承擔着在香港實施一國兩制的主體者角色。中央管治與香港高度自治相輔相成，不可偏廢，把對香港的管治僅僅理解為港人治港、高度自治，是一種誤解和曲解。只有明確和尊重中央、香港在一國兩制下的各自定位和相互角色，嚴守際分、形成合力，才能確保一國兩制順利實施。

香港政治紛爭的實質在於對管治權的爭奪

回歸以後，香港原有的政治生態和社會結構基本保留了下來，部分市民對國家和內地制度的疏離感、畏懼感繼續存在，主張「民主抗共」的政治勢力十分活躍，社會出現泛政治化傾向，兩大政治陣營紛爭不已。爭議話題雖多，但焦點大多集中在政改、即政制發展上，集中在中央對政制發展的主導權上，立法會及行政長官選舉成為主戰場。激進反對勢力罔顧一國兩制初衷，超出基本法規定的高度自治範圍，力圖阻撓、反對親中央的愛國愛港人士出任行政長官、依法行

政，力圖把立法會變成對抗行政主導的陣地，甚至鼓吹港獨，最終把矛頭指向中央及其對香港的管治權。顯然，發生在香港的政治風波林林總總，實質都是圍繞管治權、圍繞一國兩制發展方向的爭奪。這一點似乎已經不是什麼秘密了，而且會長時間存在下去，構成對一國兩制的重大挑戰。實踐表明，一國兩制的實施過程不可能總是波瀾不驚、豔陽高照，表像背後不可避免充滿各種政治勢力的較量。如何應對香港政治上的反對派，如何維護國家主權權威和管治香港的權力，是對中央治國理政能力的嚴峻考驗。在這個問題上中央沒有後退餘地，只能理直氣壯地站出來維護自己的憲制地位。

中央要牢牢掌控一國兩制實施的主導權

20 年來的香港實踐一再啟示人們，要切實加深對一國兩制長期性、複雜性、艱巨性的認識，要與時俱進、有所作為。一國兩制的實施具有明顯的階段性特點，可大致分為香港回歸與香港治理兩大階段。與實現回歸相比，如何治理回歸後的香港是更複雜、更嚴峻的任務。一國兩制無疑是正確的、必要的，但不能期待這一方針會自發地、風平浪靜地落地生根、貫徹實施，此中的阻力、坎坷勢難避免。也不能想像一國兩制實踐會自發地中規中矩地沿着它的初衷方向發展下去，那是完全不現實的。歷史警誡人們，一國兩制的制定和實施都始終存在着一個主導權問題，誠如《紅樓夢》中所言，「不是東風壓倒西風，就是西風壓倒東風」。實踐也表明，單靠香港自身的力量，單靠港人治港、高度自治不足以駕馭全域、把握一國兩制的發展航向。一國兩制猶如在大海航行的巨輪，必得有一個主導者和掌舵者，這個角色非中央莫屬。中央代表國家行使主權，責無旁貸地肩負着掌控一國兩制正確方向的歷史使命，把握當下，引領未來。倘若看不到或未能發揮好中央這種必要的主導作用，不作為或無所作為，就會陷入軟弱、被動、被人牽着走的局面，難免貽誤戰機、積重難返。

全面落實中央對香港的管治權，
是保障一國兩制順利發展的要務

中國對香港恢復行使主權絕不是走形式、擺樣子，而是要實實在在行使對香港的管治權。授權香港高度自治只是國家行使主權的一種形式，絕非意味着中央放棄或不具有管治香港的權力。中央始終具有憲法和基本法規定的管治香港的憲制權力。

中央的管治權不像有些人理解的那樣，只限於外交國防，而是還擁有其他一系列憲制性權力：包括制訂基本法、規定在香港實行的制度，對特首和高官的任命權，對基本法的解釋權和修改權，對香港政制發展的最終決定權，對香港立法的備案審查權，增減在香港適用的全國性法律的決定權，授予香港新權力的權力，以及宣佈香港進入緊急狀態的權力，如此等等。以上這些權力都是保障國家主權、實施一國兩制所必需的。中央行使管治香港的法定權力是在履行自己的憲制職責，同授權香港實行高度自治並行不悖，不但不是干預香港高度自治，而恰恰是在保障高度自治、保障一國兩制的正確發展方向。任何貶損或脫離中央管治權的言行無異於自毀一國兩制長城。

全面落實中央管治權是全面準確實施一國兩制的題中應有之義，也是新時期中央治國理政的嶄新課題。20 年來中央積極慎重依法治港，有效行使管治香港的權力，不斷探索、總結行使管治權的經驗和方法。在一些領域也許還存在管治權需要進一步落實、到位的問題，特別是需要進一步完善與基本法實施相配套的制度和機制。這一點或應成為日後工作的重要方向。

加強全面準確地傳播一國兩制和基本法，
促進香港人心回歸

　　古語道，得人心者得天下。香港雖然回歸祖國、確立了特別行政區制度，但不必然等於完成了人心回歸；人心回歸既不會自動實現，也很難在短期內完成。香港市民對國家和中央管治權的認同度至今仍不夠高，值得高度重視和反思。爭取人心回歸是一項長期、複雜的社會系統工程，需要上上下下多方面的共同努力。特區政府宜加大工作力度，切實落實對一國兩制和基本法的正面教育、宣傳和引導，中央方面要着重抓好國家主體的建設、做好內地自己的事情，充分彰顯制度優勢和國家實力，增強港人的向心力和歸屬感。

　　所謂人心回歸，不妨說也是一種社情民意，表現為人們對社會轉型後新體制的了解、認同和服膺。影響香港人心回歸的因素固然不少，其中一個重要原因恐怕在於相當部分市民尚未能樹立起對一國兩制全面準確的認識，還存在着先入為主、根深蒂固的認知障礙。譬如對一國與兩制的關係、中央管治與香港高度自治的關係、政制發展的決定權、普選的法律根據、23 條立法等重大問題的看法，就存在較大認知差距。流行於香港社會的往往是一些偏離中央立場和立法原意的另類詮釋，是一些走了樣、變了形的說法，一國兩制的經常常被念歪了。這種現象同某些人士和媒體長期以來對一國兩制和基本法的誤解、曲解以及不全面、不準確的傳播有很大關聯，話語權始終是一個令人糾結的問題。對一國兩制和基本法全面準確的認識問題一日不得解決，就一日談不上人心回歸問題的真正解決。

國家安全立法刻不容緩

　　基本法 23 條規定香港須就國家安全自行立法，但是 20 年過去了，香港特區迄未履行自己的憲制義務、完成本地立法，2003 年還爆

發了反對 23 條立法的風波。香港當前狀況是對內無法遏止港獨等政治激進勢力的肆意活動，對外無法禁制外國政治性組織和勢力對香港政治事務的深度干預。香港正在成為政治上不設防的城市，成為中國國家安全系統最薄弱的一個環節；不但嚴重影響到香港本地的安全與社會穩定，而且困擾國家安全戰略，影響到中央和香港的政治互信關係。香港作為一個視法治為核心價值的社會，不應該容忍這種撇棄自身憲制義務、選擇性適用基本法的扭曲現象，國家安全立法在香港缺失的現象不能再無限期拖延下去了。倘若實踐和時間繼續證明香港無意或無力完成 23 條立法，就不能設想作為國家主權的行使者和國家安全的第一責任人，中央能夠繼續聽之任之、坐視不管，就不能設想中央不會考慮依法採取適當措施、彌補香港法治的重大缺陷。

加深對香港資本主義的了解，讀懂香港這本書

過去 20 年中央是在一個完全不同於內地政治生態的環境下、對一個已被賦予高度自治的香港地區行使國家管治權，必須遵循一國兩制方針，嚴格依照憲法和基本法辦事。原先習以為常的內地政府運行體系、思維方式和工作方法可能有相當一部分在香港不適應甚或行不通。如何勝任這樣一種特殊的工作環境，很關鍵的一個問題就是我們是否已經具備對香港社會、對香港資本主義深入真切的了解，不妨說這是做好對港工作的必要前提。有人說香港是本難讀的書，不無道理，但是既要搞一國兩制，書再難也得讀，而且必須讀明白。

我們有必要深入了解香港特殊的資本主義形態，充分了解和尊重香港現行的民主政治和法律制度，理解和尊重港人的價值觀念，切實維護基本法規定的港人治港、高度自治，包括尊重現行的選舉制度和規則。需要用港人聽得懂、易接受的方式全面準確地傳播一國兩制和基本法，需要深入接觸、聯絡香港各界人士，包括政治上持不同觀點的人士，建立起中央和香港之間的相互諒解和政治互信。我們堅信

中央會在實踐中不斷總結經驗、與時俱進，完善實施一國兩制的頂層設計，進一步明確對港工作指導思想，不斷改進對港工作的思路與方法，豐富和發展一國兩制理論，持續引領一國兩制這艘巨輪駛向更加美好的明天。

2017年5月

04

探索・總結・發展 ——
談全面準確認識和
貫徹一國兩制方針

　　過去的三十多年，整個中國處在翻天覆地的大變革時期。一方面內地十數億人口實行改革開放，探索中國特色社會主義道路，全面建設小康社會，另一方面，國家又在香港、澳門地區開創一國兩制的宏偉工程，實行一個國家內兩種制度並存發展。一國兩制保障了港澳的順利回歸和繁榮穩定，取得舉世矚目的成功，正在進入全面深入實施階段。

　　一個社會主義國家允許個別地區保留資本主義，實行高度自治，是史無前例的治國理政新課題，其長期性、複雜性、艱巨性遠遠超出人們的預期。香港回歸近 18 年的實踐表明，什麼時候堅持按照一國兩制和基本法辦事，社會就能穩步發展；什麼時候背離或違反一國兩制和基本法，就要走彎路、出亂子。面對前進中出現的問題和挑戰，需要堅定方向，總結經驗，加深對一國兩制方針全面準確的認識，在實踐中發展和提升一國兩制、依法治港的治理機制和治理能力。

堅持中央在一國兩制實施全過程的主導作用

　　一國兩制的意義和生命力，不僅僅表現在能夠保障香港的順利回歸，更重要、更有價值的是確立了有關香港治理的制度安排。從長遠看，香港回歸不過是一國兩制的真正開始，更艱巨、更繁重的任務是運用這一方針進行有效管治。一國兩制不是一葉在大海中任其自行漂泊的小舟，而是一艘有堅強舵手掌舵、有強大動力驅使、

---

*　2015 年 3 月 29 日在全國人大常委會紀念香港基本法頒佈 25 周年座談會上的發言。

駛向固定目標的巨輪。中央是一國兩制方針的設計者、制定者，更是實施這一方針的主導者、掌舵者，是第一責任人，理當牢牢掌控一國兩制在香港實施全過程中的決定權和主動權。那種重回歸、輕治理、無所作為的認識，以為香港回歸了，就大功告成、大局已定，可以撒手不管、任其自行發展的想法，耽於主觀、不切實際，很難認為是對這一方針全面準確的理解，實踐中難免導致忽略或鬆懈中央的責任，貽誤大局。

堅守一國兩制宗旨，處理好「一國」與「兩制」的關係

一國兩制宗旨包括兩個方面：既要維護國家主權、安全和發展利益，又要保持香港持續繁榮穩定，二者是一個有機結合的整體，任何時候都不可偏廢。要力促國家利益、香港利益的雙贏，而不是單方面遷就或貶損其中任何一方的利益。忘記或偏離這個宗旨，重「一國」、輕「兩制」，就一定會迷失方向，步入歧途。

堅守一國兩制宗旨集中表現為處理好一國與兩制的關係，要始終堅持一國原則，尊重兩制差異。一國和兩制之間並非平起平坐、等量齊觀，而是有主次之分、源流之分，一國在二者關係中始終處在主導和決定的地位。古語道「皮之不存，毛將焉附」。一國是兩制的基礎和前提，先有一國後有兩制；維護好一國，才能保障好兩制。

維護中央權力，保障香港高度自治

有關香港的管治權實際上分為兩個層面，一個是代表國家行使主權的中央權力機關的權力，一個是中央授權的香港高度自治，二者在不同層面行使，都受憲法和基本法的保障和制約。處理好中央權力與香港高度自治的關係是實施一國兩制的關鍵所在。中央固然要嚴格自律，依法保障香港的高度自治，同時也要理直氣壯、旗幟鮮明地行使

憲法和基本法賦予自己的治港權力。中央全面落實對香港的管治權，恰恰是為了保障一國兩制全面準確的實施，更好地維護香港高度自治。片面理解井水不犯河水的說法，投鼠忌器、畏首畏足，不作為或輕率作為，只能造成被動消極的工作局面。

嚴格按憲法和基本法辦事

香港特別行政區處在中國憲政體制之下，是中國領土不可分離的一部分。作為國家根本大法，憲法整體上適用於香港，並且是制定基本法的根據，和基本法一起共同構成香港的憲制基礎。作為香港的憲制性法律，基本法規定了在香港實行的制度，具有凌駕於本地其他法律之上的地位，不容挑戰。香港地區的一切居民、組織和事務都有尊重和服從基本法的義務。但是，基本法不是憲法也不能取代憲法在香港的地位。有人試圖割裂或混淆憲法與基本法的關係，以基本法排斥、架空憲法，把香港排除在中國憲法的適用範圍之外，無非是想為香港變成獨立或半獨立的政治實體提供口實。當前，中央強調嚴格按憲法和基本法辦事，就是要堅定不移地維護憲法和基本法所確立的香港特別行政區制度，就是重申依法治港。香港普選必須嚴格按照基本法和人大「8.31」決定實施，香港只能在一國兩制下發展資本主義。

完善同基本法實施相配套的制度和機制

法律的效力表現為實施，忽略了實施環節，法律規定就形同虛設，難免被架空、走形，或者被不恰當的習慣做法填補空檔。基本法是一部憲制性法律，主要對在香港實行的制度作原則性、框架性規定，這些規定的貫徹必須有與之配套的制度和機制，這也是基本法實施過程不可或缺的重要環節。要避免重原則、重框架、輕制度、輕程序的傾向。中央可通過立法、解釋、決定等形式，確立與基本法實施

相關的制度和機制，香港特區也有必要制定符合基本法的相關本地法規，協同將基本法落到實處。

強化對一國兩制方針和基本法全面準確的教育和傳播

香港社會面臨回歸祖國的重大歷史轉折，難以在短期內樹立對一國兩制方針和基本法全面準確的認識。一些不正確的甚至是曲解、歪曲的說法大行其道、充斥坊間，阻礙基本法的正面推廣，加重了國家認同、人心回歸的難度。在這一點上，正確的教育和引導決定社會走向。中央政府有責任高度關注、督導特區政府採取措施，切實強化在香港社會、特別是對公職人員和青少年群體，進行一國兩制方針和基本法全面準確的教育和傳播，以激濁揚清，正本清源，讓這項基本國策和憲制性法律深深地紮根於香港社會。

探索和總結運用一國兩制治理香港的經驗

面對香港不同於內地的政治生態和國際環境，運用一國兩制方針和基本法進行管治，對中央而言的確是個全新課題。過去所熟悉的觀念、辦法可能不敷所用了，而新的觀念、辦法則有待在實踐中探索和完善。香港回歸近 18 年的經驗為我們提供了學習、總結的素材，一國兩制的深入發展也提出了與時俱進的新要求，對港工作必須有一個思想認識上的飛躍。實踐已經提出了許多挑戰，中央管治如何適應香港資本主義制度下的多元社會和民主政治，如何應對政治上的反對派和普選問題，如何處理好兩制之間、內地與香港之間的差異與交流等等，在在需要解放思想，探索和總結。期待通過這一過程能夠深化對一國兩制方針全面準確的認識，確立明確的治港思路和指導思想，制定實施一國兩制的戰略部署和階段性安排，建設穩定高質的對港工作隊伍和有效統籌的工作協調機制，牢牢把握對港工作的主動權。

長風破浪會有時，直掛雲帆濟滄海。一國兩制是實現國家利益和香港利益最大化的最佳制度安排，具有強大生命力。讓我們高舉起這面旗幟，迎艱克難，書寫歷史的新篇章。

2015年3月

05 談談對香港問題白皮書的學習理解

解決台灣、港澳問題的一國兩制方針提出超過三十多年了，香港基本法頒佈 24 年了，香港回歸祖國也已經 17 年了，當前或許是能夠對一國兩制做出某種階段性評說的合適時機了。2014 年 6 月 10 日國務院新聞辦公室發表了《一國兩制在香港特別行政區的實踐》白皮書，高揚起一國兩制的旗幟，全面總結一國兩制在香港的實踐和成就，深刻闡釋一國兩制的內涵和深層次問題，在香港、內地和國際社會引起很大反響。香港民眾的反應尤其強烈，贊好、擁護者有之，困惑、疑慮者有之，詆毀、反對者有之，一時間街談巷議，眾說紛紜。之所以產生這樣對立、激烈的反應，除了評議者各自政治取向的差異外，同長期以來人們對一國兩制方針缺乏正確認識有關，也同對白皮書本身缺乏正確認識有關。本文不揣淺陋，試就白皮書的主要內容和相關問題談談自己的學習心得。

白皮書的主要內容和意義

白皮書的主要內容

白皮書具有官方文件的性質，是中央政府就特定問題對外陳述國情、闡明政策的一種形式。自 1991 年以來國新辦發表了近 90 份白皮書，內容涉及各個領域。關於香港問題的白皮書目前是唯一的一份。

---

* 2014 年 7 月在北京為香港公務員講稿。

香港白皮書全篇約有 2.3 萬字，内容豐富厚重，其實主要是講了兩個問題：一個是全面總結在香港實施一國兩制的經驗和成就，一個是對全面準確理解和貫徹一國兩制方針給予最新的權威闡釋。考察一國兩制在香港的實踐要有一個標準，要有一個出發點和落腳點，那就是一國兩制方針的根本宗旨，即有利於維護國家主權、安全和發展利益，有利於保持香港長期繁榮穩定。白皮書全篇正是以這一宗旨為依據而展開的。

香港白皮書分為五大部分：

第一部分簡要回顧了在一國兩制方針指引下香港順利回歸祖國的歷史過程。一國兩制方針就其要旨，主要用於解決兩個問題，一個是解決部分領土如何回歸祖國的歷史遺留問題，一個是解決回歸後地區如何治理的問題。中國政府按照一國兩制方針，制定了解決香港問題的十二項政策，與英國政府舉行談判，發表《中英聯合聲明》，保證了香港的平穩過渡、順利回歸，由中國恢復行使主權，成就了國家和平統一大業中的一大目標，可視為一國兩制方針取得的第一個大成功。

第二部分講特別行政區制度在香港的確立。這也是一件具有開創性和國際意義的大事。國家對回歸後的香港實行特殊的管理制度，允許香港實行與內地不一樣的制度，保留和發展資本主義，並由國家授權香港實行一國兩制、港人治港、高度自治，從而在中國憲政體制下開創出一種特別行政區制度。在這一制度下，中央擁有對香港地區的全面管治權，既依法直接行使管治權，又授權香港依法實行高度自治，並對這種高度自治實行監督。一國兩制構成中國特色社會主義的重要組成部分，構成國家新時期的一項基本國策。

第三部分講香港特區各項事業取得全面進步。白皮書用大量確鑿的事實和統計數據，展示了香港回歸 17 年來在一國兩制框架下，在政治、經濟、社會、對外事務等各方面所取得的進步和成就，展示了

香港社會所保持的繁榮穩定，進一步驗證了一國兩制方針的正確與成功，有很強的説服力。

第四部分講中央政府對香港特區繁榮發展的全力支持。同樣也是用事實説話，證實了 17 年來中央如何發揮一國兩制實施中的主導作用，祖國內地如何根據一國兩制方針為香港的繁榮發展提供堅強後盾，展示了兩制之間、內地和香港之間交流合作的密切關係，進一步表明一國兩制的優越性和成功。

第五部分講全面準確理解和貫徹一國兩制方針政策，是全文的重點所在。這一部分集中表達了一個觀點：一國兩制方針是香港特區保持繁榮穩定的最佳制度安排，是解決香港當前和未來發展中問題的根本保障；而要貫徹好這一方針，關鍵在於要全面準確地理解和貫徹一國兩制方針。這一部分直面現實，結合香港實施一國兩制實踐中遇到的新情況、新問題，對一國兩制方針中的幾個重大理論問題進行了權威闡釋和最新解讀。其中包括：對一國兩制含義的全面準確認識，堅決維護憲法和基本法在香港的權威，堅持以愛國愛港者為主體的港人治港，堅定支持行政長官和特區政府依法施政的原則立場，以及繼續推動內地與香港的交流合作。這一部分偏重理論闡述，有深度，邏輯性強，有很強的説服力和感召力。

白皮書的目的和意義

坦率地説，香港回歸以來，內地對一國兩制方針的研究、宣傳和推廣，對香港實行一國兩制實踐的介紹傳播，是欠重視、不夠充分的。很長一段時間裏，內地媒體有關這方面的信息數量很少、渠道不暢，內地民眾、官員對一國兩制知之不多，對香港的深入了解甚少，以至於對香港當前出現的一些問題表現出困惑不解。

在香港本地，雖然人們天天在講一國兩制和基本法，但看來政府的正面宣傳和推廣力度還不夠，對一國兩制全面準確的理解沒能成為

社會主流意識。出現在主流媒體上的，更多的是一些誤解、曲解和片面宣傳，致使長期以來社會上存在不少模糊認識和片面理解，不能正確評價和肯定一國兩制的實踐和成就，不能正確對待香港社會發展中存在的問題，一些民眾容易被人誤導和煽動。在一些涉及一國兩制和基本法重大問題的關鍵節點，容易引發政治爭拗和社會震盪。泛民中的激進分子歪曲、攻擊、反對一國兩制方針的言行似已常態化，外國傳媒對香港情況的選擇性報道，也往往影響國際社會對香港實施一國兩制的正面評價。

總之，如何給世人描繪一幅香港實施一國兩制真實情況的圖景，如何澄清籠罩在人們頭上對一國兩制認識上的迷霧，闡明和捍衛作為國家基本國策的一國兩制方針，這個任務責無旁貸地落到了中央政府身上，實有必要由政府出面發聲，彰顯真實全面的事實，闡述政策原意，激濁揚清，正本清源。而實現這個任務的載體就選擇了白皮書這種形式，白皮書由此開始醞釀和產生。從去年下半年以來，中央就組織有關部門和專家撰寫香港白皮書，經過多方面的反復討論、修改、徵求意見，數易其稿，終於在今年上半年完成寫作，在香港回歸 17 年前夕正式發佈，同時也翻譯成七國文字對國際社會發表。

整個白皮書從國家立場和歷史眼光來看待一國兩制在香港的實施，立意高，視野廣，從容大氣，沉穩自信；通篇擺事實，講道理，內容厚重，數據翔實，論理清晰，闡述權威；針對性、應用性都很強，是近二十年來有關香港問題不可多見的重量級文件。

白皮書用事實證實了一國兩制方針的正確與成功，總結了實施一國兩制的經驗，充實和豐富了一國兩制理論的內涵，向海內外表明了中國政府堅定不移地堅持實施一國兩制的意志和信心。特別是在香港社會面臨民主政治發展的關鍵節點之際，全面準確地闡釋一國兩制方針政策，旗幟鮮明地重申中央推進香港普選的原則立場，引導人們按照基本法和人大決定順利實施普選，對香港當前和長遠的發展具有重要的指導意義。

時機問題和效果問題

　　有人說白皮書是專門針對香港的所謂「佔中公投」、「七一遊行」而發，是針對港人的民主訴求而發，激化了當前香港社會的政治對抗；有人甚至說是白皮書的內容僭越了基本法，擴大了中央權力，否定了高度自治，等等。這些說法明顯帶有對白皮書內容的誤解和曲解，也是對白皮書效果的片面觀察和錯誤判斷；既有主觀臆測的成分，也帶着有色眼光和偏見，更不乏出於政治目的的汙名化炒作。我們要從戰略全域、從長遠效果來看待白皮書的發表及其意義，而不為眼前的局部的現象混濁自己的視線。

　　中央政府有責任就任何議題、在任何時節點上發表白皮書，無可厚非；它所針對的通常是一些重大的、帶有全域性影響的問題，是深思熟慮、充分準備，而不會僅僅為應對眼前的具體事項倉促作為。在很多人們看來，香港白皮書其實應該發表得更早些、更多幾次才好。

　　白皮書雖然並非針對香港特定政治活動而發，但肯定會對香港涉及一國兩制核心問題的政治爭議產生重大影響。白皮書用事實說話，做理性闡釋，糾正模糊認識，批駁錯誤觀點，對多數人而言是一種必要而及時的引導，是一件好事情。但也不可避免地觸及到一些人的痛處，有人誣衊、反對，不足為奇。我們要善於對各種意見作出鑑別和判斷。

全面準確地理解一國兩制方針

　　白皮書的重點是在第五章，即「全面準確地理解和貫徹一國兩制方針政策」。這一章涉及的重大問題、理論問題較多，本文在這裏僅就人們思想認識層面的問題談談自己的看法。

　　一國兩制是一項史無前例的開創性事業，對香港和香港同胞來說是重大的歷史轉折，整個香港社會面臨憲政秩序的重大變革，不論

是政府官員、一般民眾還是政治團體，都是一種嶄新的經歷。如何在一國兩制下實行港人治港、高度自治，發展資本主義，人們需要有一個轉型和適應的過程。香港社會還有一些人沒能完全適應這一重大的轉折和變革，對一國兩制和基本法存在着模糊認識和片面理解。當前香港出現的對經濟社會和政制發展問題上的一些不正確觀點都與此有關。這裏僅結合香港社會一些人們思想認識上的三個誤區加以分析。

如何正確認識一國與兩制的關係

對一國兩制認識的誤區之一，在於未能全面準確地理解一國與兩制的關係，表現為重兩制、輕一國。持此認識者還沒有完全適應香港回歸中國的現實，欠缺國家意識和國家主權觀念，眼睛裏只能有兩制、特別是香港的這一制，而很少顧及到一國。他們不清楚，一國兩制方針是一個由一國和兩制兩部分有機結合的整體。在這個整體中，始終居於主導和決定地位的是一國，是一個主權的和統一的中國，一國兩制本身就包含着一國對兩制的統領關係以及兩制對一國的依存關係。一國和兩制之間並非等量齊觀、平起平坐，而是有明顯的層級之分、主次之分、源流之分。正是因為首先有了一國，才得以制定一國兩制方針，才能夠派生出兩制、產生香港基本法，才出現一國兩制的成功實踐。環顧世界上近兩百個國家，有哪一國能夠提出和實施一國兩制？古語道「皮之不存，毛將焉附」，倘若沒有一國，何來兩制，何來港人治港、高度自治？講一國兩制首先要強調一國原則，實屬理所當然。正因為一國是兩制存在的前提和基礎，兩制受制於一國，那麼為維護兩制、特別是香港這一制起見，首先就應該維護一國、堅守一國原則。如果像有人主張的那樣，脫離一國談兩制，只講兩制不談一國，或者片面強調兩制、特別是香港的這一制，忽略、架空甚至對抗一國，其結果無異於捨本求末、自毀長城。

正確認識一國與兩制的關係，還必須處理好兩制之間的關係。香港、內地兩制之間的確存在着很多差異，表現在社會制度、意識形

態、價值標準和風俗習慣等各方面。這些差異是在兩地不同的歷史發展過程中形成的，短期內不易消除，但它們又都受到憲法和基本法的保護，在一國之下長期共存。一國兩制的特點之一就在於求大同、存大異。在這裏嚴守兩制之間的分際，彼此尊重、互不干擾、不同而和、相互促進，是十分必要的。在兩地交往擴展和深化的過程中，香港有人渲染、誇大兩制之間的差異，進而把它曲解為兩地民眾的對立，甚至推波助瀾將其演化為香港與一國間的對抗，在客觀上嚴重干擾香港市民在國家認同和人心回歸問題上的認識，這種傾向值得人們引起警惕。

如何正確認識中央和香港特區之間的權力關係

對一國兩制認識的誤區之二，在於未能全面準確地理解中央和香港特區之間的權力關係，表現為重高度自治、輕中央權力。持此認識者尚未適應香港憲政環境的變化，尚未適應香港是直轄於中國中央政府的特別行政區的法律地位，尤其是忽視了香港高度自治權的來源、性質和限度。他們不清楚，在中國單一制結構的憲制下，國家權力集中於中央，中央權力機關代表國家行使主權，依法統一行使國家的管治權；地方不存在固有權力，只享有被中央授予的特定的地方事務管理權。中央與香港之間不是所謂分權關係，而只是決定和被決定、授權和被授權的關係。中央在保留自己對整個香港管治權的同時，也依法授權香港實行地方自治，香港高度自治權的唯一來源即在於中央授權。授權也可視為中央行使主權的一種方式，中央權力構成地方自治的權力保障。白皮書對中央與香港之間權力關係的論述，完全符合一國兩制方針和基本法，並沒有任何改變和新的添加，而只是鮮明地闡釋了以前不夠清晰或是被曲解的一些觀點。

雖然香港的高度自治被公認為單一制國家內自治程度最高的地方自治，但絕非一種無限自治或完全自治，而是被嚴格限定在基本法確立的範圍內，並受中央節制和監督；在香港的高度自治之上始終存在

着中央的管治權。中央固然要尊重、保障香港的高度自治，香港也承擔着服從和維護中央權力的義務。香港社會有些人不情願承認、甚或抵制基本法規定的中央對香港的管治權，片面強調香港的高度自治，有意將香港引往獨立或半獨立的政治實體路上，在客觀上造成中央管治權和高度自治權之間的對立關係，阻礙一國兩制的順利實施。

如何正確認識憲法和基本法在香港的地位

對一國兩制認識的誤區之三，在於未能全面準確地理解中國憲法和基本法在香港的地位，表現為忽略、漠視憲法，選擇性適用基本法。眾所周知，作為國家的根本大法，憲法在包括香港在內的中華人民共和國領土範圍內具有最高的法律地位和法律效力，對中國的所有行政區域和公民都具有拘束力。憲法也是國家制定香港基本法的依據，並和基本法一起共同構成香港的憲制基礎；但基本法終究不是憲法，不應也無法取代憲法的至尊地位，相反基本法必須服從憲法並置於憲法的框架內來理解。雖然因為實施一國兩制，憲法中涉及社會主義制度的條款原則上不在香港適用，但是有關國家的憲制結構和主權行使的許多規定同樣對香港產生法律效力，香港也承擔有遵從和維護憲法的義務，而不論香港本地適用何種法系。很難想像，作為中國領土一部分的香港可以游離在中國憲法之外。那些漠視憲法在香港的地位、否認憲法對香港效力的說法，客觀上會造成以基本法排斥憲法、將香港同中國的憲制秩序相脫離的效果，進而瓦解一國兩制的憲制基礎。

作為一國兩制方針的法律化、制度化，基本法規定了香港特別行政區的制度，在香港具有憲制性法律地位，凌駕於香港本地法律之上。香港特區的所有行政、立法、司法行為，在香港的個人以及一切組織和團體的活動，都必須遵行、符合基本法，尊重和維護基本法的權威。任何藐視、挑戰基本法的言行都是對一國兩制秩序的損害。基本法是一個整體，160 項條文彼此關聯、不可割裂，不可斷章取義。

對基本法的實施應持全面準確貫徹的負責任態度，而不能採取選擇性適用的實用主義做法，不能造成基本法條款之間權利和義務、局部和全域關係的斷裂。在香港，有人就只強調那些可以從中獲取權利和權力的基本法規定，而對那些有可能產生義務和責任的條款則束之高閣。例如，對於規定普選的第 45 條、68 條格外熱衷，可以天天掛在嘴邊，恨不得明天就得實行普選；而對於要求香港自行立法、保障國家安全的第 23 條，則極力攻擊、抵制，不惜將之妖魔化，打入冷宮，不得問津。又如，對同一項條款第 45 條採取雙重標準和肢解做法，只擁護其中有關實行行政長官普選目標的內容，片面強調普選的權利，卻肆意詆毀、排斥其中有關提名委員會的規定，試圖甩開基本法另搞一套產生行政長官候選人的安排，造成對普選順利開展的嚴重干擾。其實，對基本法選擇性適用的類似做法已經不僅僅是一種認識上的誤區，很大程度上是對基本法的曲解和蓄意對抗，如果任其氾濫，到頭來最大的受害者很可能是香港自身。

民主政治在香港的真正確立是香港回歸祖國、實施一國兩制之後。基本法全面規定了香港的政治體制，確立了選舉制度和普選目標，全國人大常委會也已為此作出相關決定。當前香港社會正處在普選前的準備階段，圍繞行政長官的產生辦法和政治標準，各種政治見解針鋒相對、劍拔弩張，在此撲朔迷離的複雜形勢下，更有必要強調基本法的權威。唯有基本法和人大決定才是香港實施普選的法律根據，唯有嚴格依照基本法辦事，才能撥清迷霧、端正認識，保障普選的順利進行。中央政府已一再申明立場，真誠支持香港實行普選，強調香港普選必須嚴格按照基本法和人大決定來實施。白皮書把這些要求歸納為：普選必須符合國家主權、安全和發展利益，符合香港實際，兼顧社會各階層利益，體現均衡參與的原則，有利於資本主義的發展，特別是要符合香港在中國憲制中的法律地位，經普選產生的行政長官人選必須是愛國愛港人士。不妨說，香港普選能否順利實施的前景取決於人們對基本法的態度。白皮書在這個節點上發表，再次闡明中央的嚴正立場，正當其時。

中央在實踐中不斷深化對一國兩制全面準確的認識

　　一國兩制是史無前例的國家實踐。一個社會主義國家的中央政府如何管治實行資本主義的香港地區，面臨體制、觀念、政策上的重大衝擊和調整，對中央來說的確是治國理政的嶄新課題，也存在一個如何在實踐中不斷深化對一國兩制方針全面準確理解的問題。一國兩制的歷史使命實際上包括領土回歸與回歸後管治兩方面內容。1997年前保障香港的平穩過渡、順利回歸固然重要，但1997年後如何管治香港、處理好一國兩制深層次問題則是更長期、更複雜、更艱巨的任務，需要投入更多的關注與精力。中央依法授權港人治港、高度自治，固然要堅持不干預香港自治範圍內的事務，但同時也要理直氣壯地充分行使中央的法定權力，有所作為，始終把握一國兩制發展的方向和進程。基本法固然規定了一國兩制的框架結構和行為規範，是一部難得的法律寶典，但也需要主動及時地進一步完善與基本法實施相關的制度和機制，豐富和發展一國兩制的實踐，才能把一國兩制落實到實處。可以說，中央正是在實踐中通過不斷地探索、總結，不斷深化對一國兩制的認識，提升在香港治國理政的能力，堅定不移地領導這一事業向前發展。

　　實踐證明，一國兩制是兼顧國家利益和香港利益最大化的治國理政方針，是保障香港長期繁榮穩定的最佳制度安排，來之不易，倍需珍惜。我們要高揚起一國兩制的光輝旗幟，在實施一國兩制的全過程中始終牢牢把握這一方針的根本宗旨，始終全面準確地理解和貫徹這一方針，把堅持一國原則和尊重兩制差異有機結合起來，決不偏廢，把維護中央權力和保障香港高度自治有機結合起來，決不偏廢，同心同德，把一國兩制的偉大事業推向新的發展階段。

2014年7月

06 高揚一國兩制的旗幟

當國家和香港特區共同推進一國兩制深入實施，共同應對深層次問題和挑戰的階段，在香港蓄積已久的一股社會思潮、一股政治勢力逐漸抬頭。他們背離香港根本利益，鼓吹激進分離主義、去中國化、甚至提出香港獨立訴求，挑戰國家主權、挑戰一國兩制方針；同時不斷煽動、組織違法激進活動甚至暴力騷動，損害香港法治，破壞社會公共秩序，把矛頭直指特區政府和中央政府，形成一國兩制實施中的一股逆流，對香港社會穩定造成破壞性影響。對此現象，有良知理性的人們有必要從思想認識上明辨大是大非，激濁揚清，挺身站出來維護香港的法治和繁榮穩定，嚴格按憲法和基本法辦事，高揚起一國兩制的旗幟，堅定不移地推進這一利國利港利民的基本國策順利發展。我談幾點個人的看法。

堅守香港的憲制性法律地位

香港是中國領土不可分離的一部分，香港回歸祖國是不可抗逆的歷史潮流，體現了包括香港同胞在內的全體中國人民的共同意志。回歸後的香港成為中國的一個特別行政區，依法享有高度自治，直轄於中央政府。香港在國家的法律地位是中國憲法和香港基本法所確立的，不容挑戰。今天談論香港問題，首先就要認清香港已經回歸祖國、處於中國憲政體制下這一法律事實，香港承擔着尊重和維護憲法的義務。

---

*　2016 年 3 月 29 日在澳門學術研討會上的演講。

國家凝聚力、民族向心力是中華民族綿延數千年的深厚傳承；維護領土完整和國家統一，則是全中國所有組成部分、所有國民共同的憲制性義務。香港與國家、與內地世世代代骨肉相連、唇齒相依。香港為內地的改革開放作出過重大貢獻，而香港的發展也須臾離不開中央和內地的支持。鼓吹香港和國家分離，無異於要切斷香港與國家的歸屬關係，截斷香港發展的淵源，再次把香港剝離出中華命運共同體，實屬禍國害港的違法行為。歷史證明，鼓吹和策動國土分離不得人心，法律不能容忍，國家不會允許，香港社會、內地社會不會贊成，國際社會也不會支持，到頭來只能是灰飛煙散，落得個「爾曹身與名俱滅」的可悲結局。

一國兩制方針是香港社會根本利益的保障

　　一國兩制是國家解決歷史遺留的領土問題的基本國策，是中央治理國家的一種創新模式。其根本宗旨既要維護國家主權、安全和發展利益，也要保持回歸後領土長期的繁榮穩定。理性的香港市民能夠從自身經歷中意識到，一國兩制是解決香港回歸最現實、最明智的政策選擇，是國家治理回歸後香港的最佳制度安排，也是香港利益、國家利益最大化的最大公約數。

　　香港發展面臨何去何從？無非是兩種選擇。堅守和善用一國兩制，實在是香港社會的根本利益所在。根據這一方針，香港得以保留和發展資本主義，實行港人治港、高度自治，能夠在國家和內地支持下，妥善應對當前的挑戰和問題，進一步推進民主、發展經濟、改善民生，保持長久的繁榮穩定。而抵制和反對一國兩制的激進主張、暴力活動，只會拖累香港，把香港拖進死胡同。長此以往，其最終結果恐怕只能是促使香港中止實行一國兩制，而與內地同一管治模式；甚或把香港變成脫離祖國的獨立政治實體，與內地對抗。前後兩種選項，兩種結局，孰優孰劣，何去何從，相信香港市民自有公論。

關鍵在於全面準確地認識一國兩制方針

實踐表明，一國兩制實施中的核心問題是如何處理好一國與兩制、中央管治權與特區高度自治權之間的關係。恰恰是在這個核心問題上，香港社會存在着誤解、曲解等背離法律的詮釋。而極端分離主義勢力在很大程度上，正是利用人們對一國兩制和基本法認識上的偏差，混淆黑白、顛倒是非，在香港製造事端。所以，撥亂反正，正本清源，加強對一國兩制方針全面準確的理解和傳播，十分必要。

一國與兩制的關係

從法律上講，一國兩制、港人治港、高度自治不是從來就有、理所當然的，也不是從天而降、由外部來保障的，而只是由中國自身決定、由中國憲法和香港基本法所確立的，是有條件、有限制的。倘若脫離了這些前提和條件，一國兩制就會變成空中樓閣、脫韁野馬。

我們講兩制，是指以一國為前提和基礎的兩制，是受制于一國的兩制。中央作為國家主權實施者，在二者關係中始終居於主導和決定的地位。一國，在法律上首先表現為國家憲法，憲法保障和制約兩制。毫無疑義，憲法是適用於香港的，憲法和基本法共同構成香港的憲制基礎：既保障香港實行資本主義的權利，也同時賦予香港尊重內地實行社會主義的義務；既保障港人治港、高度自治的權利，同時也要求香港承擔尊重國家憲政體制、服膺中央權力的義務。

中央管治權與香港高度自治權的關係

管治權的構成

香港回歸，由中國恢復行使主權，集中表現為管治權的回歸。對香港的管治權，是由中央管治和地方管治兩個層面組成。中央代表國家行使主權、管治香港，也授權香港高度自治；對於香港的高度自治，中央具有監督權。

中央的管治權

中央管治香港的權力，既表現為決定收回香港，對香港恢復行使主權，制定對香港的基本方針政策，決定設立香港特別行政區，制定香港基本法，規定在香港地區實行的制度；也表現在按照憲法和基本法的規定，對香港行使中央的權力，處理涉及香港特區的事務。

依據基本法規定，中央對香港直接行使的權力，決不局限於外交國防，至少還包括：(1)對香港特區行政長官和主要官員的任命權；(2)決定全國性法律在香港特區實施的權力；(3)對基本法的解釋權；(4)對基本法的修改權；(5)對行政長官產生辦法和立法會產生辦法修改的決定權；(6)對立法會制定的法律的審查權和監督權；(7)向香港特區做出新授權的權力；(8)宣佈香港特區進入戰爭狀態和緊急狀態的決定權，等項權力。此外，中央還有其他一些權力，而香港卻不存在所謂「剩餘權力」。中央對香港的管治，並非所謂干預香港高度自治，而不過是在依法行使自己的憲制性權力。

香港的高度自治

我們講高度自治，是指基本法授權下的高度自治，受制于中央的自治，是僅就香港地區不涉及中央權力、中央與香港關係的本地事務而言的。港人治港，高度自治，並不是一國兩制的全部內容，而只是其中的一部分，在高度自治之外還有中央的管治權。不能超出中央授權談高度自治，更不能用港人治港、高度自治來取代、排斥、對抗一國兩制下的中央管治權。

高揚起一國兩制旗幟

毋庸諱言，一國兩制在香港的深入實施面臨一些問題和挑戰。這些問題產生的原因、緣由是多方面的。有的或屬於港英管治時期遺留下來的政治遺產，短期內很難化解；有的或是回歸後實踐中出現的，

在所難免;有的可能與潛在的結構性矛盾有關,是內在的、固有的;有的則可能是工作上存在缺失,需要改進;有的不排除外部政治勢力干預,需要採取相應措施。總之,當前出現的種種問題是香港社會內部和外部、歷史和現實多方面因素綜合作用的結果,倘若不論是非曲直,把這些問題統統歸咎於回歸祖國、歸咎於一國兩制,既不符合事實,也是不公正、不公道的,只會誤導輿情,引起混亂,動搖對一國兩制的信心。

香港仍處在深刻的社會轉型期中。從政治上看,由殖民管治到一國兩制,這一巨大的歷史跨越充滿着博弈和挑戰。回歸才不過 19 年的時間,香港還處在對一國兩制的適應、摸索過程中,人們的思想認識、政府的管治機制與管治能力都有待在實踐中探索和提升。從經濟社會層面看,香港當前的經濟發展困難也曾出現在其他國家和地區的現代化進程,並非個例。尤其是遭遇過兩次金融危機的衝擊,又面臨內地和周邊國家競爭力的增強,香港受到的壓力很大。香港的民生改善和社會福利制度的完善任務還很艱巨,遠非一日之功能夠解決。歷史的轉型肯定會有阻力、有難度、有曲折的,需要必要的時間、空間,對此人們要有足夠的思想準備。

香港社會當前的種種問題屬於發展中、前進中的問題,或曰暫時性、過渡性問題,其主要點不屬於對抗性矛盾,也不是零和遊戲,在問題背後存在着香港和祖國利益的共同點,存在着共有的政治法律基礎,完全能夠在一國兩制框架下妥善解決。對於這些問題國家不會坐視不管,充滿活力的香港也不會任人唱衰下去,在這裏,悲觀論點是不必要的,而簡單激進的預言也不足取。這裏的關鍵是要有對國家、對香港的信心,要有對一國兩制的信念和堅守,解決之道在於全面準確地認識和貫徹一國兩制方針,嚴格按憲法和基本法辦事。

香港和內地屬於同一個命運共同體,一榮俱榮,一損俱損。香港只能並且能夠在一國兩制下發展它的資本主義和民主政治,保持繁榮穩定。香港回歸 18 年之後,回過頭再來認識一國兩制,更加意識到這

一方針來之不易，彌足珍貴。維護和堅持一國兩制是香港的根本利益所在，也是解決當前社會發展問題的關鍵所在。

在挑戰和問題面前，中央的立場非常明確。習近平主席 2015 年 12 月 23 日接受香港特首梁振英先生述職時強調，中央實施一國兩制、港人治港、高度自治堅定不移，不會變，不動搖，全面準確地貫徹，不走樣，不變形。這既是一種重申，更是一種堅守，有助於打消人們的疑慮、猜忌，增加香港與中央的互信，有利於香港社會形成共識，共克時艱。相信中央也會以更加明確的指導思想和政策，更加有力、有效的措施，主導、指引、推動一國兩制在香港的實施。

香港社會看來也有進行冷靜反思、總結經驗教訓的必要。要理性認識香港當前的形勢，認清香港的長遠利益、根本利益所在，在社會亂象面前，明辨是非，發出理性、正義的呼聲，做有良知、敢擔當的香港人，採取建設性的負責任態度，捍衛香港的法治與秩序，抵制、反對一切背離一國兩制和基本法的言行，共同維護香港的繁榮穩定。

長風破浪會有時，直掛雲帆濟滄海。讓我們高揚起一國兩制的旗幟，勠力同心，迎來香港更加美好的明天。

2016年3月29日

07 一國兩制思想的發展 ——
從鄧小平到習近平

一國兩制是中國改革開放時代的產物，其初衷是為了解決歷史遺留的台灣、香港、澳門問題，維護領土完整和國家統一、促進國家現代化建設。一國兩制的提出解決了兩大問題，一個是用什麼方式實現國家完全統一，一個是用什麼方式治理回歸後的地區。新時代要有新思維，以鄧小平為代表的老一輩領導集體以極大的勇氣和智慧提出了「一個國家、兩種制度」、和平統一的政治構想，即用和平方式實現國家統一，在一個統一的中國前提下，國家主體地區堅持社會主義制度，個別地區保留原有的資本主義制度。其根本宗旨在於共同維護國家主權、安全和發展利益，保持回歸領土長期的繁榮穩定。

一國兩制的構想過程

一國兩制既是一個偉大的政治構想，也是中國一個特有的治國理政方針，還是中國憲政體制的一個創新性發展，在中國和世界現代史上開創出一種前所未有的國家治理模式，從一開始就被列為中國特色社會主義的組成部分。

一國兩制首先在香港、澳門成功實踐，取得舉世公認的成就，開啟了港澳歷史的新篇章，幾代中央領導集體薪火相傳，恪盡職守、功不可沒。2012 年以來以習近平主席為核心的中央承前啟後、勵精圖治，主導一國兩制在香港、澳門進入全面準確實施的新時期，展現出一幅波瀾壯闊、行穩致遠的新畫面。

---

* 　　原在香港《紫荊》雜誌 2018 年 8 月號。

一國兩制從提出到實踐將近四十年了，貫穿於中國改革開放的整個歷史過程，具有長期性、整體性、連貫性特徵，同時在實踐中又表現出不同的階段性特點，每個階段的中央領導集體都為此做出了各自貢獻。從鄧小平到習近平，一國兩制思想經歷不懈探索總結、豐富發展，指引一國兩制事業不斷開拓前行、成功實踐，彪炳史冊。

　　一國兩制方針對港澳的實施似可分為回歸前和回歸後兩個階段。前一階段的目標和任務集中在奠定基礎、籌備部署，保障港澳和平順利的回歸，實施主體主要在中央，代表性人物是作為老一輩領導集體中的鄧小平先生。後一階段的任務集中在回歸後的治理，即在港澳具體實施一國兩制，依據憲法和基本法進行治理，保持港澳持續繁榮穩定。實施主體體現為中央和港澳兩個層面，既包括中央對港澳的管治，也包括授權香港、澳門高度自治。主導一國兩制實施的中央領導集體歷經數屆，代表性人物首推習近平主席。

鄧小平一國兩制宏大思想的表現

　　就一國兩制方針而言，鄧小平的歷史性貢獻在於提出了一項嶄新的治國理政思想和模式，為收回及治理港澳奠定了政治基礎和法律基礎，完成了各項奠基性準備工作，保障了香港澳門和平順利回歸。

　　鄧小平一國兩制思想具有戰略性、務實性和創新性特點，既提出國家長治久安的頂層設計，滿懷歷史感和使命感；又深度切合國家和港澳的實際情況，力爭國家利益和港澳利益的最大化；思想解放、敢於打破常規，富於政治想像力，探索制度創新。其宏大思想主要表現在以下幾個方面：

　　堅持國家主權原則。從維護國家主權和促進現代化建設出發，根據中國和港澳地區的實際情況，把和平解決國際爭端及兩種制度和平共處的國際法原則創造性運用到解決中國歷史遺留的領土問題，提

出了和平統一、一國兩制偉大構想，確立了成功解決港澳問題的指導思想。

審時度勢，將一國兩制方針首先適用於港澳地區。中央周密調查研究，確立了國家處理港澳問題的基本方針政策，完成了一國兩制從構想到政策的轉化，並將之列入中國特色社會主義的組成部分。

堅持依法治國，將一國兩制方針入憲。修改憲法，增設憲法第31條，設立特別行政區制度，為實施一國兩制奠定了憲制基礎，實現了中國憲制秩序的重大突破。

運用外交手段和國際法服務於中國內政。推動中英、中葡談判，用和平方式解決港澳回歸問題，主動承諾在港澳實施一國兩制，為和平順利收回港澳創設了國際法保障，樹立了和平解決國際爭端的典範。

堅持依法治理港澳。根據憲法制定了香港基本法、澳門基本法兩部史無前例的法律，把一國兩制構想法律化、制度化，構成在香港、澳門具體實施一國兩制的憲制性法律。

堅持以我為主的戰略策略思想，按照既定部署，沉穩應對過渡期的各種挑戰，最終保障港澳和平順利地回歸祖國，結束了中國歷史上屈辱的一頁，為完成國家統一大業立下不朽功勳。

縱觀這一階段，中央對港澳工作目標明確、意志堅定，有定力、有章法，牢牢把握港澳回歸進程的主導權、主動權，彰顯出從容自信、氣勢如虹的主權者態勢，開創了一國兩制偉大事業。

從習近平的治港治澳方針學習

一國兩制宏圖大業、任重道遠，港澳回歸僅僅是一國兩制的開始，更重大、更複雜、更艱巨的任務在於對回歸後領土的治理。一個

社會主義國家的中央政府如何管治好保留資本主義制度的地區，一個經歷長期殖民管治的社會如何適應回歸祖國的新憲制秩序，對中央、對港澳都是重大的考驗和挑戰。港澳回歸以來，中央領導集體始終堅持一國兩制、港人治港、澳人治澳、高度自治方針，把在港澳實施一國兩制視為治國理政的嶄新課題和重大課題，積極探索，不斷進取，保持了港澳繁榮穩定，取得實施一國兩制的偉大成功。同時也積累了依法治理港澳的多方面經驗，特別是針對如何全面準確理解、貫徹一國兩制和基本法，如何把中央管治權與特別行政區高度自治權有機結合這個核心問題，取得深刻認識和科學總結。

自中共十八大以來，以習近平為核心的黨中央在港澳工作領域堅守初衷、敢於作為，成功應對一系列難題，戰勝了各種風險和挑戰，保障一國兩制實踐沿着正確方向劈波斬浪、行穩致遠。在全面總結一國兩制港澳實踐的基礎上，習近平主席繼承、豐富、發展了鄧小平一國兩制思想，為一國兩制在港澳的成功實施提出了一系列新論述、新觀點、新決策，形成習近平新時代中國特色社會主義思想的港澳篇，為治國理政、為在港澳全面準確實施一國兩制提供了強大思想武器。

下面我嘗試對習近平治港治澳思想的主要內容作一個簡要概述，談談自己的學習體會。

一、堅守初衷，重申中央堅定不移貫徹落實一國兩制方針和基本法的決心和信心。

以習主席為核心的中央把「堅持一國兩制、推進祖國統一」確定為新時代堅持和發展中國特色社會主義的一個基本方略，融入中華民族偉大復興的壯闊征程，賦予一國兩制在黨和國家工作全域、在中華民族偉大復興進程中的新定位和新使命。

習主席多次重申一國兩制是國家長期堅持的一項基本國策，是實現港澳持續繁榮穩定、中華民族偉大復興的必然要求，闡釋了全面準

確貫徹落實一國兩制這個時代命題。習主席提出了著名的「兩點論」，即中央貫徹一國兩制方針堅持兩點，一是堅定不移，不會變、不動搖；二是全面準確，確保一國兩制在港澳的實踐不走樣、不變形，始終沿着正確方向前進。習主席在 2017 年 7 月 1 日前後視察香港時明確指出，「中央堅持一國兩制方針不改變、不動搖。對香港來說，應該關心的不是一國兩制方針會不會變的問題，而是怎樣全面準確把一國兩制方針貫徹落實好」。他豪邁宣示，「我們既要把實行社會主義制度的內地建設好，也要把實行資本主義制度的香港建設好，我們要有這個信心」。

二、強調香港澳門自回歸之日起即重新納入國家治理體系，融入中華民族命運共同體；憲法和基本法共同構成特別行政區的憲制基礎，要嚴格按照憲法和基本法辦事。

習主席闡釋了一國兩制與堅持、發展中國特色社會主義的內在聯繫，要求牢牢把握一國兩制的根本宗旨，實現香港、澳門與內地優勢互補、共同發展。

習主席多次指出，憲法和基本法共同構成特別行政區的憲制基礎，確立了特別行政區憲制秩序，為港澳長期繁榮穩定提供了制度保障。按照憲法和基本法辦事，最根本的就是要按照這一制度辦事，把中央依法行使權力和特別行政區履行主體責任有機結合起來。要在港澳兩個特區強化憲法意識，加強對全社會特別是公職人員和青少年群體的憲法和基本法宣傳教育。

三、提出全面準確貫徹落實一國兩制和基本法，必須維護中央對港澳的全面管治權，堅守「一國」原則，嚴守正確處理特別行政區和中央關係的「三條底線」，要求做到「三個有機結合」，確保一國兩制行穩致遠。

習近平主席任內提出了中央對港澳享有全面管治權的思想。我學習體會，中央對港澳的全面管治權是憲法和基本法的內在要求，同基本法授予的特別行政區高度自治權是一個有機整體，不可偏廢。強調中央的全面管治權並不是說中央要包攬在港澳的全部管治權，也不是要貶損或取代已授予港澳的高度自治權，而只是切實履行憲法和基本法規定的中央憲制權力，保障一國兩制發展的正確方向。「全面」二字，既指中央管治港澳權力的來源，也指中央管治權的行使範圍，還指中央管治權的行使方式，合法合理，至關重要。「三條底線」，是堅守「一國」原則、正確處理特別行政區和中央關係的最低限度要求，也是港澳社會必須遵循的最基本政治原則和法律準則。「三個有機結合」，特別是中央對港澳的全面管治權與特別行政區高度自治權的有機結合，是新時代全面準確貫徹落實一國兩制的指導原則，構成習近平治港治澳方略的核心內容。

四、提出要把香港澳門建設好，必須維護特別行政區政治體制，維護行政長官權威，處理好行政、立法和司法機構的關係，確保政府施政順暢高效。

我學習理解，特別行政區政治體制的本質在於行政主導。一國兩制下港澳的高度自治權要通過這一體制來行使，「港人治港」、「澳人治澳」也要通過這一體制來實現。習主席一再表示對行政長官及其領導的特區政府的支持和肯定，強調特區的管治團隊是包括行政、立法、司法的一個整體，共同承擔實施一國兩制的履行主體責任。特區政權機構組成人員都要有國家觀念，要善於站在國家的高度來觀察思考問題，這是港澳社會全面準確理解和貫徹一國兩制和基本法的關鍵所在。

五、提出新時代港澳工作的總體要求和解決一國兩制實踐面臨問題的基本方略，為港澳長遠發展指明了方向。強調發展是港澳社會的

第一要務，是香港、澳門的立身之本，也是解決港澳各種問題的金鑰匙，同時應致力於維護港澳社會的和諧穩定。

我學習領會，一國兩制實踐中遇到的種種問題不足為怪，只有通過全面準確實施一國兩制和基本法才能有效解決。港澳回歸以來，中央對特別行政區提出的要求從大的方面看可以概括為兩點：一是要正確把握一國與兩制的關係，全面準確貫徹落實一國兩制方針和基本法；一是要集中精力發展經濟、切實有效改善民生、循序漸進推進民主、包容共濟促進和諧。我體會，習主席提出要抓住發展這個第一要務，促使香港澳門融入國家發展大局，是為解決港澳社會遇到的政治、經濟、社會問題指明了一條必由之路，具有戰略意義。近年來中央先後提出的一代一路倡議、粵港澳大灣區規劃、推動香港成為國際創新科技中心、推動澳門經濟適度多元化等，都體現了國家對香港澳門發展的高度關注，為港澳發展提供了難得機遇、不竭動力和廣闊空間。在發展問題上，中央一方面強調港澳發展的目的是堅持以人為本、以民生為本，發展的道路必須堅守一國之本，善用兩制之力，加強與內地的互利合作；另一方面也一再提出要避免社會的泛政治化，應求大同、存大異，築牢一國兩制根基，努力維護、促進港澳社會和諧穩定。

習近平治港治澳方略內涵宏大，意義深遠，遠不限於我上面這些嘗試性的概述，需要全面深入的學習貫徹。

港澳在一國兩制下再創輝煌

一國兩制思想從鄧小平到習近平的發展過程，是中央港澳工作指導思想不斷豐富發展、成熟完善的過程，是指引一國兩制事業不斷走向成功的過程，構成中國特色社會主義的理論瑰寶，為中華民族偉大復興豎立了一塊豐碑。

當前，國家發展進入中國特色社會主義的新時代，一國兩制事業也站在了新的歷史起點，香港澳門的發展呈現出新局面。我們對一國兩制的成功實施充滿信心，同時也要避免不切實際的盲目樂觀。

　　展望未來，不論會出現什麼樣的艱難險阻，我們都有足夠理由相信，有一國兩制方針的正確指引，有以習近平為核心的中央的堅強領導，有偉大祖國作為堅強後盾，有港澳特區政府和社會各界的團結奮鬥，一國兩制在港澳的實踐一定能夠再譜新篇章，香港、澳門一定能夠再創新輝煌。

2018年6月

08

準確把握「一國」和「兩制」的關係——
學習習近平主席七一重要講話

　　7 月 1 日，習近平主席在慶祝香港回歸祖國 20 周年大會上發表重要講話，就在香港全面準確貫徹一國兩制方針提出了四點希望，其中第一點強調要始終準確把握「一國」同「兩制」的關係，深刻闡釋了一國兩制實踐中的核心問題、根本問題，為香港也為中央對港工作指明了前進方向，具有重大的現實意義和理論意義。今天我就如何理解習主席的這一重要思想談談自己的學習體會。

實現和維護國家統一是一國兩制的初衷

　　一國兩制是在中國改革開放的歷史條件和時代背景下誕生的一個偉大政治構想，勾畫出國家和平統一戰略和治國理政模式的新藍圖。一國兩制方針之所以能夠在中國提出和成功實施，其初衷首先是為了實現和維護國家統一、領土完整。一定意義上，允許一國之下兩制並存，正是實現香港回歸、促成國家統一的必要成本和最佳解決方案，正是為了更好、更有效地體現和維護一國。不妨說，一國原則、國家主權原則，構成一國兩制的核心價值與原動力，貫穿於一國兩制從構想到實踐的全過程。在中英談判期間，中國就旗幟鮮明地提出主權問題不容討論、必須收回對香港的管治權；香港回歸後，我們更是要堅定維護國家主權、安全、發展利益。只有始終堅守一國原則、國家主權原則這個初衷，才能把一國兩制建立在堅實的基礎上，才能真正實現一國兩制的根本宗旨。

---

*　　2017 年 7 月 20 日在北京一個座談會上的發言。

從初衷出發考察一國兩制這個有機體，不難看出，一國與兩制固然缺一不可，但二者並非平起平坐、等量齊觀的關係，而明顯有主次之分、源流之分，一國構成兩制的前提和基礎，是整個一國兩制方針的核心。古語道「皮之不存，毛將焉附」，沒有一國，何來兩制。習主席的話講得非常經典，「一國是根，根深才能葉茂；一國是本，本固才能枝榮」。倘若脫離了對初衷的準確把握，離開一國談兩制，或者只要兩制忽略一國，一國兩制就難免成為無源之水、無本之木。

準確把握「一國」與「兩制」、特區與中央的關係

　　當今世界 197 個國家，196 個都是一國一制，只有中國在管治模式上實行一國兩制，充分彰顯出這一方針的巨大包容和制度自信。一個國家一種制度屬治理常態，一國之內實行統一的憲政體制，國家與地方之間在制度上存在高度同質性、一致性，一般不致形成對立和衝突。而一國兩制屬非常態，一國之下國家主體和個別地區之間實行兩種不同的制度，顯然是對中國憲政體制的重大突破，創造了全新的國家治理模式，也蘊含着重大挑戰。一國兩制本身就是一個對立統一、不同而和的矛盾體，與生俱來地存在着深層次結構性矛盾。在其實施過程中始終存在着一國和兩制、社會主義同資本主義、中央管治與地方高度自治之間的博弈。雖然這些矛盾在一國之下是非對抗性的，完全能夠運用國家力量得到妥善解決，用習主席的話講，就是「在『一國』的基礎之上，『兩制』的關係應該也完全可以做到和諧相處、相互促進」。我們的使命就是要在這種既定的特殊環境中，堅持和善用一國兩制方針，駕馭和化解這些矛盾。

　　一國同兩制的關係、兩種制度間的差異，集中表現為中央與特區的關係、主權與治權的關係。正確處理特區高度自治權與中央管治權的關係，是全面準確實施一國兩制的關鍵所在。為此，習主席七一講話強調了在具體實踐中必須抓住的三方面重要工作：

必須牢固樹立「一國」意識，堅守「一國」原則

這裏所指的一國意識，就是國家意識、憲法意識。強調一個統一的中國，香港屬中國領土不可分離的一部分，是直轄於中央政府的特別行政區，承擔着服膺和維護國家憲法體制的義務。這裏所指的一國原則就是國家主權原則，強調中央代表國家對香港行使主權，擁有對香港的全面管治權，既包括中央直接行使的權力，也包括授權香港特區依法行使高度自治，對於香港特區的高度自治，中央具有監督權力。堅守一國原則，對中央而言，就是堅守對一國兩制的主導權，牢牢把握一國兩制發展方向；對香港而言，就是認同和維護國家憲法，在基本法下保持資本主義、實行高度自治。

為香港特區處理好和中央的關係，畫出了三條底線

習主席強調，「任何危害國家主權安全、挑戰中央權力和香港基本法權威、利用香港對內地進行滲透破壞的活動，都是對底線的觸碰，都是決不能允許的」，對香港激進政治勢力發出了明確無誤的信息。這就是說，香港儘管可以在一國之下保持、發展資本主義，實行單一制國家內最高程度的地方自治，但畢竟要有一個限度、要有一道行為的緊箍咒，這三條底線是碰不得的。不設置底線就不足以保障一國兩制的正確方向，就難以處理好香港同中央的關係。在香港，任何人、任何時候都不得超越、對抗這三條底線，誰碰觸了誰就將受到法律制裁。那些鼓吹港獨、自決的激進主張是沒有出路的，勿謂言之不預也。

重申正確處理香港同國家關係中的三個不可偏廢

即「要把堅持『一國』原則和尊重『兩制』差異、維護中央權力和保障香港特別行政區高度自治權、發揮祖國內地堅強後盾作用和提高香港自身競爭力有機結合起來，任何時候都不能偏廢。只有這樣，『一國兩制』這艘航船才能劈波斬浪、行穩致遠」。不妨說，這是 20 年來

在香港成功實施一國兩制的經驗之談，抓住了具體處理一國和兩制關係中，三對最重要的關係，具有長遠的指導意義，彌足珍貴。

堅守中央主導權，牢牢把握一國兩制的正確方向

香港回歸僅僅是萬里長征的第一步，回歸後的治理任務更複雜、更艱巨，在此過程中清醒意識和把握好一國兩制實施中的主導權問題至關重要。實踐表明，一國兩制方針在香港不會自然而然落地、風平浪靜推進、中規中矩發展。單靠香港自身的力量，單靠「港人治港」、高度自治遠不足以駕馭全域、把握方向。一國兩制猶如一艘在大海航行的巨輪，承載着國家利益和香港利益，劈波斬浪，駛向祖國和香港更加美好的明天，必須有一個堅強舵手，這個舵手非中央莫屬。中央代表國家行使主權，是一國兩制的制定者、實施的主導者和監督者，責無旁貸肩負着掌控一國兩制正確方向的使命。倘若忽略或發揮不好中央的主導作用，不作為或無所作為，就難免陷入軟弱、被動局面，貽誤戰機、積重難返。一國兩制提出三十多年了，我們需要解放思想、總結經驗，不斷探索，在實踐中、在理論上豐富發展這一方針，進一步明確對港工作的指導思想和戰略部署。

確保中央對實施一國兩制的主導權，關鍵在於堅持中央對香港擁有的全面管治權，全面落實中央的管治權。香港回歸 20 年來，中央已經確立起一系列制度機制，有效行使着管治權，保障了一國兩制的成功實施，總體情況是好的。同時實踐中也存在基本法某些條款落實不夠到位、不夠得力的現象，亟需完善同基本法實施相配套的制度和機制，以保障中央憲制性權力的全面落實。今後一段時間似應加強這方面的工作。

2017年7月

中央管治權與基本法的落實

本部分六篇文章主要圍繞基本法實施中的核心問題，即一國與兩制、中央與特別行政區關係而展開，重點探討中央對特別行政區的管治權問題。作者從法律規定和法理基礎層面闡述了中央管治港澳地區的憲制性權力，強調中央管治權和特別行政區高度自治權的有機結合，是全面準確實施一國兩制和基本法的關鍵所在。本部分也談及全國人大常委會對基本法的解釋，以及完善與基本法實施相配套的制度機制問題。

09 堅持基本法維護香港的繁榮穩定

20 年前，中英關於香港問題的聯合聲明發表，中國政府承諾對回歸後的香港實施一國兩制方針。這一方針的目的是，既要實現中國對香港恢復行使主權，又要確保香港長期的繁榮穩定，而這一方針的貫徹實施必須並且只能建立在法律的基礎上。這樣，制訂一部對香港貫徹實施一國兩制方針的憲制性法律的任務，歷史地擺在了中國最高立法機關的面前。

在經歷了四年八個月的起草過程，廣泛徵詢了香港民眾的意見之後，全國人民代表大會終於在 1990 年 4 月制訂、頒佈了具有重大歷史意義的《香港特別行政區基本法》。香港基本法是一國兩制方針的法典化，是一部莊嚴的全國性法律，對香港而言則是一部憲制性法律。它既是規定中國中央政府同香港地區關係的法律根據，也是香港實現一國兩制、港人治港、高度自治的基本依據，凌駕於香港所有本地法律之上。

香港回歸祖國 7 年了，實踐表明，基本法不但是 1997 年前後確保香港平穩過渡、順利回歸的基礎和保障，而且也是香港回歸以後確保一國兩制、港人治港、高度自治的基礎和保障。

香港回歸 7 年的經驗教訓告訴人們，在香港社會實行一國兩制的過程中，始終存在着一個全面正確地理解基本法、堅持依法治港的大是大非問題。具體地講，集中體現在兩個關鍵點上，一個是正確處理好一國同兩制的關係，即中央與香港特區的關係，一個是正確處理好

---

* 2004 年 8 月 4 日在紀念〈中英聯合聲明〉20 周年研討會上的發言。

香港政治制度與民主發展的問題。可以說，一國兩制在香港的成敗以及香港能否維持長期繁榮穩定，很大程度上取決於基本法在上述兩個問題的實施。

在一國與兩制的關係方面，堅持基本法就要堅持一國是兩制的前提和基礎，明確兩制是一國下的兩制，堅持一國與兩制相互依存，不可割裂；既不能片面強調一國而忽視兩制，也不能片面強調兩制而對抗一國。

對中央而言，要始終恪守一國兩制方針，全面準確地實施基本法。既要充分尊重一國下的兩制，尊重基本法規定的港人治港，高度自治，又要敢於堅持一國，理直氣壯地行使基本法規定的中央職權。在自身恪守基本法的同時，積極承擔起督促香港地區遵守基本法的責任。

對香港地區而言，堅持基本法，就是要在堅持一國兩制的前提下依法實施港人治港、高度自治，既要對香港社會負責，也要對國家負責。在促進香港繁榮穩定、社會進步的同時，也必須維護國家主權、安全和統一，維護全中國人民的共同利益。香港地區所有社會團體和個人的活動，都須在尊重基本法、符合基本法的前提下進行。任何割裂、曲解基本法，斷章取義、選擇性適用基本法的做法，都有害於中央和香港關係的正確處理。

在香港政制發展方面，堅持基本法就要堅持基本法所規定的行政主導制，堅持根據實際情況、循序漸進、均衡參與的原則，推進香港社會的民主進程。

行政主導是香港政治體制的本質特徵，是港英時期行之有效超過150年的傳統制度。從保障香港的長期穩定計，基本法保留了這一政治體制中的合理成分，維持了行政長官在香港政制中的核心地位。香港社會對行政主導制的任何變革主張，都涉及到基本法的實質內容和

重大修改，顯然超出了香港特區高度自治的範圍，而屬於全國人大權限之內的事務，必須由全國人大加以解釋或決定。

推進民主、最終實現行政長官和立法會的普選，是基本法明確規定和承諾了的。但基本法同時也明確規定，這一進程的演進必須嚴格遵循從香港的實際情況出發、循序漸進和均衡參與的原則，也就是說，不得偏離基本法軌道、自行其是地任意發展。

那麼當前香港的實際情況如何呢？是否已經達到 2007 年或 08 年實行普選的要求呢？

香港的實際情況是，香港屬於中國的一個地方行政區域，是一個經濟多元社會，是一個國際化大都市，不是一個政治實體，更不是一個國家，它不必也不能簡單地效仿發達國家現行的民主模式，實行對抗性政制；何況民主的發展進程在香港僅僅處於起步階段，配合實行普選的各方面的社會條件尚不成熟；作為香港基本政治體制的行政主導制在回歸以後面臨種種新的情況，還需要有一個摸索、完善的過程，在此階段遽行改變其產生辦法不能認為是一種明智之舉。

香港的實際情況是，相當數量的香港民眾至今對基本法的了解和理解不能説是充分的、全面的，國家觀念、公民意識尤待加強，基本法的全面貫徹實施還有待時日，在此階段不便輕言對基本法的重大變動；更何況香港社會各界人士對普選的意見至今也未能達成共識，倘若遽然採行激進民主的主張，在民意的激烈對抗中實施普選，必將不利香港社會的和諧穩定。

香港的實際情況是，回歸伊始即遭受亞洲金融風暴的重大衝擊，經濟發展處於長時間低迷不振狀態，至今也還在緩慢復蘇階段。當香港經濟和民生面臨暫時困難、社會不穩定因素滋生的時機，片面鼓吹重大的政制變革，有可能使整個社會承擔起動盪不安的政治風險，阻礙經濟復蘇的步伐。

總而言之，目前香港的實際情況尚未達到立即採行普選的政治、社會、經濟條件，普選的時機還不成熟，只能依據循序漸進、穩步發展的原則推進香港的民主進程。

　　目前圍繞香港政制發展的激烈爭論，本質上涉及到要不要堅持基本法、要不要依法治港的問題。全國人大常委會關於 2007、08 年在香港不實行普選的決定，是在全面考察了香港的實際情況後依法做出的。這一決定絕不像有些人所曲解的那樣，是反對香港實行民主，阻扼香港民主進程，恰恰相反，全國人大常委會的決定所堅持的是依據基本法來發展、推進香港的民主，是在保障香港社會穩定繁榮的前提下來實行民主，是期待發展出符合香港實際情況的民主，給未來香港的民主發展預留了很大空間。這一決定不但嚴格遵循了基本法所確定的原則，體現了對香港社會整體利益高度負責的態度，是合理、合法的，而且將有益於香港各界人士就政制發展問題儘快統一認識，有益於平息無休止的爭拗，避免社會不穩定因素，其積極意義必將隨着時日的推移而日益顯現出來。

　　「長風破浪會有時，直掛雲帆濟滄海」。期待香港社會各界人士同心同德，愛國愛港，堅持基本法，跨越政制發展問題爭拗的礁石，維護香港的穩定繁榮，共同推動香港地區在不遠的將來步入一個新的更高的發展階段。

2004年8月

10 中央對香港的憲制性權力及其實踐

　　香港回歸中國，實行一國兩制、港人治港、高度自治，已經 18 年了，但社會上對於一國與兩制的關係、中央對香港行使管治權、香港高度自治範圍等一些重大、基本的問題仍然存在着模糊認識，存在着被誤導、被歪曲的理解。譬如説，認為一國與兩制、中央與香港的關係是平起平坐的；中央對香港的權力只限於國防外交，其餘的都歸香港自己管；政制發展、普選都是香港的內部事務，中央不得介入；中央依法對香港行使管治權是在干預香港的高度自治；等等。這些説法在法理上不能成立，在法律上沒有依據，成為在思想認識層面嚴重阻礙一國兩制順利實施的障礙，實在有撥亂反正、正本清源的必要。

　　今天主要講三個問題：(1) 中央為什麼擁有管治香港的憲制性權力，着重從法理上加以考察；(2) 中央對香港擁有哪些憲制性權力，着重看法律如何規定；(3) 中央管治權與香港高度自治權的關係。

　　這裏所謂中央，是指代表國家行使主權的中央權力機關，主要包括國家最高權力機關 —— 全國人民代表大會及其常務委員會；國家元首 —— 中華人民共和國主席；國家最高行政機關—國務院。

　　這裏所謂中央的憲制性權力，是指中央權力機關依照憲法和基本法規定對香港行使管治的權力。

---

*　　2015 年 12 月在國家行政學院講課稿。

中央對香港管治權的法理根據

一國兩制方針突出了國家（中央）對香港的管治權

　　如何收回香港，如何治理回歸後的香港，決定權在中國，在於代表國家行使主權的中國中央政府。鑒於香港的歷史和現實情況，鑒於香港和內地的差異，中央並未試圖在香港地區採用全國一律的管治方式，無意把內地的制度和管治模式簡單地強行移植到香港，也無意由中央派人直接管理香港本地事務，而是以一國兩制方針作為治理香港地區的基本國策。具體地説，就是在確立香港回歸中國並處於中國主權之下的「一個國家」的前提下，允許香港地區採用與國家主體地區（內地）不同的社會制度，長期保留和發展資本主義；同時，授權香港地區在基本法框架下實行港人治港、高度自治，這就是「兩種制度」。質言之，一國兩制就是國家（通過中央權力機構）在新時期治國理政、管治香港的一種方針和方法，是國家主權的一種行使方式。從法律上看，一國兩制方針在中國憲法（1982 年）第 31 條得到了體現，又經香港基本法予以制度化、法律化，有充分的法律根據

　　一國兩制方針包括「一個國家」和「兩種制度」兩個部分。這兩部分各有其豐富內涵，彼此間不可分割、不可偏廢，共同構成一個有機整體。同時也必須看到，二者之間有層級之分、主次之分、源流之分，並非等量齊觀、平起平坐。在二者關係中，始終居於主導地位的是「一國」。這裏「一國」的內涵，就是突出國家主權的地位和權力，就是彰顯國家統一的管治權。正是因為首先有了「一國」，才得以制定和實施一國兩制方針，才派生出「兩制」，才能產生香港基本法以保障「兩制」的並存與發展。古語説「皮之不存，毛將焉附」，倘若沒有「一國」，何來「兩制」，何來港人治港、高度自治？正因為「一國」是「兩制」存在的前提和條件，「兩制」受「一國」的制約，要想堅持「兩制」，特別是香港的這一制，當然必須首先堅持和維護「一國」。如果像有些人所主張的那樣，脫離「一國」談「兩制」，片面強調「兩制」，特別是

香港的這一制，忽略、架空甚至對抗「一國」，那無異於捨本求末，自毀長城。

「一國」與「兩制」的關係本質上就是主導與被主導、決定與被決定的關係，集中表現為代表國家行使權力的中央和地方的關係，而準確全面地認識和把握「一國」與「兩制」的關係，則是正確實施一國兩制方針的關鍵。

主權原則保障了國家對香港的管治權

現代意義的國家主權概念源起於 16 世紀的歐洲。據西方學界頗具聲譽的《布萊克法律詞典》（〔美〕*Black's Law Dictionary*, West Publishing, 6th ed, 1990, p. 1396）解釋，所謂主權，就是「任何一個獨立國家藉以實行管治的最高的、絕對的、不可加以限制的權力；是（國家）最高的政治權力機構，最高的意志；是對憲法和政府及其管理的至高無上的控制權；是政治權力自給自足的淵源，（國家）所有特定的政治權力都由此而派生；是國家擁有的不受外國支配的管理其內部事務的權利和權力的一種國際上的獨立地位；也意味着一種至高無上的獨立的政治社會或政治形態」。在這裏，國家主權被界定為國家內「最高的、絕對的、不可加以限制的權力」。

中國對香港恢復行使主權，本質上就是徹底結束英國對香港地區的殖民管治，而由中國恢復行使管治的權力。中國對香港恢復行使主權，是維護國家統一和領土完整的具有重大政治、法律意義的國家行為，是一種實質上的而非名義上和形式上的舉措。中國收回香港，絕不是圖個名聲、擺個樣子，而是意味着實實在在地恢復行使國家對香港的「最高的、絕對的、不可加以限制的」主權權力，意味着全面地切切實實地實施國家對香港的管治。其中包括確定國家治理香港的方針政策，決定香港在中國憲政體制中的行政區劃和法律地位，制定在香港地區實行的憲制性法律，規定在香港實行的制度，等等。這些權力是國家主權概念的題中應有之義，也是中國作為主權國家的既有權

力。香港回歸中國，處在中國主權之下，受中國管治，這是一個確定的法律事實，是一個基本前提。而承認中國對香港恢復行使主權，就不能回避、否認國家擁有對香港地區的管治權力。

中國的憲政體制決定了中央對香港享有管治權

憲政體制通常理解為以憲法為基礎的國家權力結構形式，也包括國家整體與其各組成部分的關係。香港回歸中國，意味着徹底擺脫對英國憲政體制的依附，重新納入中國的憲政體制和治理體系。中國如同世界上多數國家一樣，採用的是單一制、即中央集權制的國家結構形式，用以規範國家整體與其組成部分之間的權力關係。遠從兩千多年前的秦王朝開始，中國就延續着中央集權制的政治傳統。現今中國實行的單一制國家結構形式則是建立在憲法的基礎上。在統一的中國境內，只有一部作為國家根本大法的憲法，只有一個國家最高權力機關和一個最高行政機關。在中國的憲政體制下，權力集中於中央。中央權力機構依法統一行使國家的管治權；同時出於國家管理的需要，把全國劃分為若干不同的行政區域，分別由中央授權地方實行行政區域管理。香港、澳門是中國行政版圖上最新的兩個一級地方行政區，它們和內地各地區一樣，都有接收和服膺中央依法管治的義務。

中央代表國家對香港行使的管治權，不是從外部強加給香港的權力，也不是回歸後才追加上來的權力，而是國家對自己所屬領土始終存在的權力，是從香港回歸祖國、中國恢復行使主權的那一刻就開始存在的，伴隨着一國兩制實施的全過程而存在。

中國憲法和香港基本法規定了香港地區在中國憲政體制中的法律地位：香港特區屬於中華人民共和國不可分離的一部分，是中國的享有高度自治權的地方行政區域，直轄於中央政府。正是這種法律地位表明了香港地區對國家的隸屬關係，表明了國家的管治權力。在這一體制中，在堅持中央管治權的前提下，香港地區被允許實行同內地不一樣的制度，可以享有超過所有單一制國家內地方行政區域的高度自

治權，可以説是中國現行憲政體制的例外，也是一種重大突破。然而這種例外和突破沒有也不可能改變香港是中國的一個地方行政區域的法律地位，沒有也不可能改變中央和香港地區之間的管治與被管治、授權與被授權的關係。我們常常提到國家認同的概念，從法律邏輯上看，這種認同當然包含着對接受國家管治的認同。

中央對香港管治權的法律依據

中央擁有管治香港的憲制性權力不僅可從法理上得到充分支持，而且其本身就是一個確定的法律事實，中國憲法和香港基本法對此已有明文規定。

從宏觀上看，根據憲法第 31 條、第 62 條、第 89 條以及香港基本法，中央對香港的憲制性權力至少包括三個方面：首先是確定對香港地區恢復行使主權，制定國家對香港的基本方針政策；其次是決定設立香港特別行政區，制定香港基本法，規定在香港地區實行的制度；第三是按照憲法和基本法的規定，依法對香港行使中央的權力，處理涉及香港特區的事務。這三個方面共同構成中央對香港的管治權，其中前兩個方面已大致完成，而第三個方面則是現在通常所講的中央依法對香港地區行使管治的權力。

作為依中國憲法制定的香港憲制性法律，基本法規定了中央和香港的關係，具體明確了中央管治香港的權力。這一權力至少包括以下十項內容：

對香港特區行政長官和主要官員的任命權

主要依據為憲法第 89 條 (4) 款及基本法第 15、45、48、90 條的規定，用以解決中央對香港高官的人事管轄權問題。中央授權香港實行高度自治，不直接委派官員治理香港，但絕不意味着中央無權或放棄

了對香港高官、特別是對行政長官的人事管轄的權力。不可以設想被授權行使一個地區管治權的高官能夠脫離、背離中央的節制。以愛國者為主體的港人治港原則，是選任香港治港者的政治底線，包含着中央對香港高官基本的政治要求。而基本法更是明確規定特區政府直轄於中央政府，行政長官要對中央負責，承擔領導特區政府執行基本法的責任，中央理所當然地擁有對行政長官的任命權。

中央任命權意味着，儘管行政長官可以由香港本地選舉產生，但其選舉結果並不必然生效或直接生效，不是香港選成什麼樣，中央都必須照單全收。代表國家行使主權的中央政府對當選的行政長官握有最終審批和任命的實質性權力，即可以任命也可以不任命。中央任命權是保障一國兩制在香港順利實施的一個必要的法律程序；香港行政長官的產生實際上是地方選舉與中央任命相結合的產物，構成香港普選的一個特色。

基本法還規定中央政府可依法任命特區政府主要官員，終審法院和高等法院的首席法官的任免須報全國人大常委會備案。這些成員都被限定為在外國無居留權的香港永久性居民中的中國公民，這不僅是以愛國者為主體的港人治港原則的要求，也是國家管治權的必要體現。

決定全國性法律在香港特區實施的權力

主要依據為基本法第 18 條的規定，用以處理香港與全國性法律的關係。在單一制國家內，全國性法律通常都在全國境內各地區統一實施，但為保障和體現一國兩制，涉及內地社會主義制度的全國性法律一般不在香港適用。然而這並非說所有的全國性法律都不能在香港實施，香港可以自外於中國法律；事實是中央依法握有決定和增減在香港實施的全國性法律的權力。

首先，中國憲法適用於香港。香港是中國領土的一部分，處在中國憲政體制內，不言自明地要受中國憲法的制約。憲法「是國家的根

本法，具有最高的法律效力，全國各族人民、一切國家機關和武裝力量、各政黨和各社會團體、各企業事業組織，都必須以憲法為根本的活動準則，並且負有維護憲法尊嚴、保證憲法實施的職責」。憲法中有關國家主權、領土完整、國家安全的規定，關於國家權力結構、行政區劃、國防外交、中央和地方的關係的規定，關於公民基本權利和義務的相關規定等，均屬於普適性條款，全國境內概莫能外，當然也適用於香港，對香港產生約束力。

同時，涉及國家主權、統一、領土完整、外交、國防等不屬於香港自治範圍的特定的全國性法律，也具有在香港適用的法律效力，由中央決定在香港實施，並將之列入基本法附件三，這也是中央管治權的一種必要體現。當然，中央在決定對列入附件三的全國性法律作出增減時，要徵詢其所屬的香港基本法委員會和香港特區政府的意見。在此之外，中央有權在香港被宣佈進入戰爭狀態或緊急狀態時，可發佈命令將有關的全國性法律在香港適用。

對基本法的解釋權

主要依據為憲法第 67 條和基本法第 158 條，用以解決解釋主體及其權限關係。法律通常是可以根據實際需要加以解釋的，但解釋的主體在大陸法系和普通法系國家有所不同。中國憲法規定，全國人大常委會行使解釋憲法和法律的職權。基本法規定，基本法的解釋權屬於全國人大常委會。據此，中央握有解釋基本法的憲制性權力，其解釋範圍包括整部基本法，其解釋方法遵從中國的法律傳統。人大常委會的解釋權不受香港地區普通法解釋傳統的約束。不過，為尊重香港地區由法官釋法的習慣性做法，全國人大常委會授權香港法院在審理案件時可對基本法關於香港自治範圍內的條款自行解釋，也授權香港法院可對基本法其他條款作出解釋。但有一個限制性條件：當香港法院需要對涉及中央權力或中央與香港關係的條款進行解釋，而該條款的解釋又影響到案件的判決時，在其終局判決前，應由終審法院提請全

國人大常委會對有關條款作出解釋，並以人大常委會解釋為准。這一規定規範了香港法院釋法的權限範圍，確立了香港法院釋法與全國人大釋法的關係。香港回歸後，全國人大常委會依法對基本法做出了四次解釋。全國人大常委會出面釋法，是在行使憲法和基本法規定的憲制性權力，是一國兩制實施過程中十分正常的國家行為，具有充分的正當性和合法性，完全談不上對香港司法獨立的干預。相反，如果以香港司法獨立為由，抗拒人大釋法的憲制性權力，反倒是於法無據、本末倒置了。

對基本法的修改權

主要依據是憲法第 62 條（3）款和基本法第 159 條，用以解決修改基本法的主體與程序問題。香港基本法是全國人大制定的一部全國性法律，是香港實施一國兩制的法律保障，在香港享有憲制性法律的地位，必須堅定不移地維護其權威和穩定，不宜輕言修改。不過，法律為適應社會發展需求通常可作相應修改，香港基本法同樣也可以根據實際需要進行適當修改。對此，基本法第 159 條已有專門規定。該條根據憲法第 62 條（3）款明確規定了擔負基本法修改的主體，強調全國人大擁有修改香港基本法的排他性權力。該條還規定了啟動修改的程序以及進行修改的限制性條件。全國人大修改基本法的權力雖然迄今尚未啟用，但它屬於中央對港管治權的一部分，則是確定無疑的。

對香港政制發展的主導權和決定權

主要依據是基本法附件一、附件二，用以明確香港回歸頭十年內行政長官和立法會議員的產生辦法及其後的修改程序。作為單一制國家的地方行政區，香港無權自行制定本地區的政治制度，必須由國家最高權力機關通過法律加以規定。而行政長官和立法會的產生辦法及其修改屬於香港政治體制的組成部分，不在高度自治範圍之列。它們是否需要修改要由中央決定，如何修改及修改的具體方案也需經中央

批准或備案，具體的程序規則表現為修改產生辦法的五步曲。即第一步，特區政府就需要修改產生辦法向人大常委會提交報告；第二步，人大常委會審議決定是否需要修改；第三步，特區政府向立法會提交如何修改產生辦法的議案，並須經立法會議員三分之二多數通過；第四步，行政長官對修改辦法法案表示同意；第五步，向人大常委會提交修改產生辦法的法案，請求批准或備案。顯然從全過程看，香港政制發展的主導權和最終決定權在中央，而香港反對派把中央對這一權力的行使攻擊為對香港高度自治的干預，不過是為了把水攪渾，爭奪政改的主導權。

對立法會制定的法律的監督權

主要依據是基本法第 17 條，用以監督和規範香港立法會的職權。一方面，香港特區被授權享有立法權，由立法會來實施，另一方面，作為一個地區立法機關，香港立法會制定的法律又必須向全國人大常委會報備，後者在一定條件下，有權對特定法律予以否定。具體地說，人大常委會在徵詢其所屬的香港基本法委員會後，如果認為立法會制定的法律不符合基本法關於中央管理的事務及中央與香港關係的條款，可將該法律發回，發回的法律立即失效。基本法所規定的立法會立法報備制度其實就是中央對香港立法權的審查制度，表明中央享有對香港立法的監督權和最終否決權。

管理與香港特區有關的外交事務的權力

主要依據是基本法第 13 條，用以明確中央在涉港外交事務方面的專屬權。外交是國家主權的象徵，是區別國家與非主權地區實體的一個重要尺度，向來排他性由中央政府或聯邦政府掌管。基本法規定由中央政府負責管理與香港特區有關的外交事務，正是進一步明確香港是中國領土的一部分，位居中國主權之下，無法獲得承擔外交的地位和權力。在此前提下，中央授權香港自行處理有關的對外事務，香

港由此獲得其權限遠遠超出單一制國家行政區域或聯邦制國家成員邦的對外事務權。然而地區對外事務權再大也決不是外交權,只能是對外事務方面的地區性職能性權力,從屬並服從於國家對外政策和外交權,不具有主權屬性,不能因而獲得國際法主體地位。把國家外交權與地方對外事務權混為一談,鼓吹香港具有「次」主權、「次外交權」的說法,在法理上完全不能成立,只會搞亂人們的思想,被利用為謀求香港獨立政治實體張目。

管理香港特區防務的權力

主要依據是基本法第 14 條,用以明確中央管理香港防務的權力。作為享有主權的國際法基本主體,國家擁有自衛權,擁有抵禦外國武裝攻擊、維護本國領土完整、統一和安全的權利,有權在本國領土上部署和建設自己的軍事力量。國防也是國家主權的象徵之一,國家的防務通常都是由中央政府或聯邦政府、而不是地方政府來負責。因此基本法規定中央政府負責管理香港的防務,有權在香港派駐軍隊。駐軍不干預香港特區的地方事務,但在必要時可協助特區的社會治安和救助災害。

向香港特區做出新授權的權力

主要依據是基本法第 20 條,用以明確中央權力機關向香港追加授權的權力。基本法是一部授權法,香港擁有的各項自治權都是中央明確授予的。但這種授權主要採取了列舉授權、即逐一授權的方式,既不可能窮盡也很難預測香港特區未來可能還需要擁有但基本法又未能具體規定的權力。為解決這一難題,基本法規定中央可以根據香港的實際需要,向香港追加授予其他的權力。也就是說,香港特區還可能獲得不限於基本法現有規定的權力。當然這種權力也不是香港本身固有的,仍然屬於中央授權。例如,國務院授權香港特區政府在深圳灣大橋深圳一側行使邊檢權的決定。

宣佈香港特區進入戰爭狀態和緊急狀態的決定權

主要依據是基本法第 18 條。為維護國家安全和社會秩序起見，所有主權國家在面臨外敵入侵或出現某種緊急狀態的情況下，都有權決定整個國家進入戰爭狀態、整個國家或特定地區進入緊急狀態。在這種情形下，國家將被迫適用有關戰爭、中立等方面的國際法，將打破常規，對全國或特定地區適用臨時性管治措施，包括宵禁、交通管制、禁止集會遊行等。當全國人大常委會決定宣佈全國進入戰爭狀態時，作為國家一部分的香港自然不可能置身其外；當香港特區發生本地政府不能控制的危及國家統一或安全的動亂時，全國人大常委會可決定香港進入緊急狀態。屆時香港的地方自治即進入非常時期，中央將介入對香港的管治，包括發佈命令，將有關的全國性法律在香港實施。

在基本法上述明確規定的十大項權力外，中央政府還依法享有其他條款中規定的權力。例如，基本法第 12 條規定香港特區「直轄」於中央政府，即直接受中央政府的管轄，可理解為蘊含了中央對香港特區享有對全國地方行政機關的一般性權力。又如第 43 條規定，行政長官要對中央政府「負責」，第 48 條規定行政長官在香港「負責執行」基本法，接受中央政府的指令，表明中央享有對特區政府特定行政事務的監督權和指令權。

受單一制國家中央和地方權力關係的憲制結構所決定，在香港與中央之間不存在所謂的「剩餘權力」問題。專屬於聯邦制國家權力結構的「剩餘權力」理論不適用於香港。香港本身不存在固有權力，它所享有的本地管治權（自治權）被嚴格限制在基本法規定的自治範圍內，只是由中央明確授予的權力。如果實踐中存在涉及對香港本地的管治而基本法又沒有明確其歸屬的權力，這些權力原則上都歸中央保留或享有。雖然中央可以根據香港的需要和實際情況，隨時決定把這些權力再追加授予香港特區行使（基本法第 20 條）。

中央管治權與香港高度自治權的關係

關於香港管治權構成的兩個層面

以回歸中國為分水嶺，香港管治權的構成和性質發生了根本性變化。回歸之前，香港處在英國的殖民統治下，由英王派遣總督直接管治香港，本質上是英人治港，談不上有港人治港，更不存在高度自治。回歸之後，中國對香港恢復行使主權，由中國人自己治理香港，有關香港管治權的構成也隨之發生了變化。

根據一國兩制方針和基本法，香港管治權的內涵包括了兩個層次：一個是中央層面的管治權，一個是地區層面的管治權。前者是由代表國家行使主權的中央權力機構對香港實施的管治，凡與香港有關而屬於國家主權或中央職權轄下的事務，以及屬於中央與香港特區關係的事務，概由中央負責管理或行使職權。後者是由中央授權的香港地區的地方管理，凡屬於香港特區本地事務，由中央授權香港依照基本法自行管理，實行港人治港，高度自治。

這兩個層面的管治在權力來源和性質上有很大差別。第一個層面中央管治，主要彰顯的是「一國」、即國家的權力，用以規範中央和特區的關係，是「一國」原則在管治權上的主要體現。第二個層面主要彰顯的是「兩制」，強調香港特區被授予的自治權，用以規範香港地區的內部管理秩序，是「兩制」原則在管治權上的重要體現。第一個層面是基於國家主權而產生的主權性權力，第二個層面是經中央授權而產生的地方職能性治理權。這兩個層次的管治權都是基於憲法和基本法而產生，都是實施一國兩制、港人治港、高度自治必不可少的。二者之間既密切關聯、不可分割，又不可相互取代、有層級之分，共同構成一個完整的香港管治權概念。

正確認識香港的高度自治權

　　為了更好地認識中央對香港的管治權，處理好香港高度自治與中央管治之間的關係，還必須對香港的高度自治權有一個清醒的實事求是的認識。港人治港、高度自治僅僅是有關香港管治權的一個方面、一個組成部分，而絕不是香港管治權的全部。不能脫離一國兩制和基本法、脫離中央權力來孤立地解讀香港的自治權。

　　從權力來源和性質上看，香港享有的高度自治權並不是本身固有的，而只是在回歸後被國家授予的權力；來源於中國，來源於一國兩制方針，來源於中國的憲政體制。在這裏，中央授權並不意味中央權力本身的放棄或取消，而不過是國家權力行使的一種特定方式，授權仍然是主權者意志的一種體現。不妨說，香港的高度自治本身就是國家管治香港的一種形式，其自治權本質上就是一種中央授權，是國家主權的派生權力，是中央授予的地區性職能性管理權。

　　從權力行使範圍上看，香港的高度自治是有條件、有限度的。**首先**，港人治港、高度自治的前提條件是一國，一個主權的、統一的中國；而參與香港自治的理應是以愛國者為主體的港人。只有在認同和服膺中國主權、遵守中國憲法和基本法的前提下，才能恰如其分地行使香港的自治權。**其次**，權力和權利的行使不是單方面的，從來都伴隨着相應的責任和義務。香港在享有高度自治權的同時，也承擔着維護國家主權、領土完整和核心利益的義務，香港的高度自治不得損害國家的權益。基本法第 23 條就明確規定了香港對國家應擔負的一種義務。**第三**，香港的高度自治是有限自治而不是無限自治或完全自治。也就是說，香港特區只是在基本法所規定的事項上和範圍內，在不涉及國家主權、不涉及中央和香港關係、而單純屬於香港本地事務的範圍內，才得以實行高度自治，享有行政管理權、立法權、獨立的司法權和終審權。香港特區直轄於中央政府，正是表明了香港對中央的隸屬關係，表明了對香港自治權的約束和限制。倘若像香港有些人士所主張的那樣，片面誇大香港的自治權，試圖謀取不加限制的自治或完

全自治，勢必抵觸國家主權原則，抵觸一國兩制方針，與國家憲政體制不符。真要依了那種主張，香港就有可能變成一個獨立或半獨立的政治實體，那就不再是「一國」，而有可能出現國中之國或兩個國家了。

處理好中央管治權和香港自治權的關係

中央管治香港的權力和香港高度自治的權力，本質上反映了一國與兩制之間、中央和地方之間的關係，是一國兩制實施中的核心問題。一國兩制下香港管治權的正確行使，應該是中央管治權和香港高度自治權的緊密結合、合力合為。一方面要確保國家對香港行使主權，中央權力機構要依法充分行使憲法和基本法規定的管治香港的權力；同時也要依法尊重香港的高度自治權，確實保障香港地區的高度自治。另一方面，香港特區依法實行港人治港、高度自治，充分享用中央的授權；同時又必須嚴格遵守一國原則，維護國家的主權、安全和發展利益。在這裏，香港的高度自治不是脫離一國的自治，而是依附於一國的自治，不是特立獨行的自治，而是受制於中央的自治。兩類管治不同而和，缺一不可，和則雙贏，分則兩損。

2015年11月

11 中央對香港的
管治權問題研究

引言

　　如何正確認識和行使對香港的管治權，是全面準確實施一國兩制的核心問題，也是中央治國理政的一個重大課題。對香港的管治，不僅僅表現為港人治港、高度自治，單純的高度自治不足以確保一國兩制在香港全面準確地實施。中央擁有管治香港的全面的憲制性權力，必須責無旁貸地承擔起主導、監督和保障對香港實施一國兩制的第一責任人的使命。全面落實和強化中央管治權，完善與基本法實施相配套的制度和機制，才能更有成效地發揮香港特區實施一國兩制的主體責任，把握好實施一國兩制的正確方向。

　　單一制國家如何處理好中央與地方間的權力關係或許是一個永恆話題，這一問題在實施一國兩制的中國香港特區表現尤其突出。一國兩制是對立統一、不同而和的矛盾體，其實施過程不僅貫穿着中央管治與特別行政區高度自治兩種治權之間的博弈，而且交織着社會主義同資本主義兩種制度之間的競爭。這種博弈和競爭的焦點集中體現於中央管治權問題上。

　　所謂中央對香港的管治權，通俗地理解，就是代表國家行使主權的中央權力機關對香港特區實施管轄和治理的權力。在這裏，所謂中央管治權也就是國家管治權，管治的目的不僅僅是要保持香港的繁榮穩定，更重要的是要維護國家主權、安全和發展利益。香港回歸近 20

---

*　　節選於《香港管治權問題研究課題》的一部分，完成於 2016 年 9 月。

年的實踐表明，如何正確認識和落實中央的管治權，不僅僅是影響香港社會實施一國兩制的關鍵所在，也是對港工作指導思想上的一個核心問題。無論對香港還是對中央而言，都存在着如何全面準確地加以認識和把握的問題。

香港是中國的一個在一國兩制下實行港人治港、高度自治的特別行政區，直轄於中央政府。一個實行資本主義制度的地區如何接受社會主義國家的管治，一個共產黨執政的中央政府如何治理高度自治的香港，這種史無前例的管治模式無論對香港還是對中央都是極大的挑戰。在香港如何體現和落實國家的管治權，如何把中央管治權同香港高度自治權有機結合，也是中央治國理政的一個重大課題。其內涵非常廣泛，例如：如何從一國與兩制的關係來認識香港的管治權，代表國家行使主權的中央權力機關有沒有、有哪些管治香港的權力，中央對香港的管治權如何行使，中央管治與香港高度自治的關係如何，回歸 19 年來有關香港的管治存在哪些問題，中央對香港的管治如何與時俱進，如此等等，錯綜複雜，影響至深。對於這些政治性、法律性問題，香港社會尚存在許多模糊認識和錯誤理解，常常被反對派歪曲利用，引為質疑、挑戰、對抗中央管治權的口實。即使在內地，對港工作隊伍自身對這些問題的認識也很難說都是準確、清晰的，實有從思想上、理論上予以澄清端正的必要。古語道，「致治之本，惟在於審」。我們在踐行一國兩制方針的過程中，需要不斷總結經驗、提升認識。

中央對香港管治權的法理考察

在單一制國家中央和地方關係的實踐中，中國中央政府有關香港的管治模式世所罕見。按照一國兩制方針的設計，中央政府不直接管治香港本地事務，而是通過基本法授權香港在一國之下保留不同於內地的社會制度，依法實行高度自治，享有行政管理權、立法權、獨立的司法權和終審權。香港特區所享有的高度自治的範圍和程度，不

但遠遠超過中國內地的各行政區，超過所有單一制國家下的地方行政區，很大程度上也超過聯邦制國家下的成員邦或州，構成中國憲政體制的一種例外、一個創新性發展。

香港特區固然依法享有史無前例的地方高度自治，但是沒有也不可能排除中央政府管治香港的權力。下面試從三個視角闡釋中央管治權的法理依據。

從國家主權看中央對香港的管治權

主權原則確立了中央管治香港的正當性

現代意義的國家主權概念源起於 16 世紀的歐洲，後被國際社會及學界廣泛使用。據西方學界頗具聲譽的《布萊克法律詞典》解釋，所謂主權，就是「任何一個獨立國家藉以實行管治的最高的、絕對的、不可加以限制的權力；是（國家）最高的政治權力權威，最高的意志；是對憲法和政府及其管理的至高無上的控制權；是政治權力自給自足的淵源，（國家）所有特定的政治權力都由此而派生；是國家擁有的不受外國支配的管理其內部事務的權利和權力的一種國際上的獨立地位；也意味着一種至高無上的獨立的政治社會或政治形態」。在這裏，國家主權被界定為一國內「最高的、絕對的、不可加以限制的權力」，在各說紛紜的學界代表了一種主流觀點。

主權是國家的根本屬性，表現為對國家的管轄治理權，主權與治權不可剝離、不可分割。在國際法上，主權國家被普遍承認享有獨立權、平等權、自衛權和管轄權，其中管轄權是國家最基本、最常見的主權體現。國家擁有對其領土內一切地區、人員、事務的排他性管轄和治理的權力、權利和義務，表現在立法、行政、司法和對外事務等多個方面。各國的政體可以有所不同，治理方式也各有千秋，但不論是聯邦制還是單一制，都同樣不可或缺地包含聯邦政府或中央政府對國家的管治權。

國家管治權具有強制實施的法律效力和特點，國家內的所有領土、人員、事務都有接受其管治的強制性義務。在單一制國家裏，國家的管治主要通過中央權力機構來統籌實施，中央對地方的管治是國家管治權的一種體現。這種管治可以由中央政府直接對地方行使，也可以是由中央政府依法授權地方行使。無論採用哪種方式，本質上都是在行使國家的管治權。

　　領土管治權是國家主權的題中應有之義，討論對香港的管治權問題，無論如何繞不開國家主權原則。香港自古以來就是中國的領土，即便在港英殖民管治末期，英國試圖「用主權換治權」的主張應對中國收回香港的要求，採取了一系列所謂「還政於港」、「還政於民」的策略，也絲毫未能改變香港地區的非主權屬性，香港始終不具有獨立政治實體的地位，不可能自發產生管治的權力。

　　中國對香港恢復行使主權，本質上就是徹底結束英國對香港地區的殖民統治，而由中國恢復行使管治的權力。中國對香港恢復行使主權，是維護國家統一和領土完整的具有重大政治、法律意義的國家行為，是一種實質上而非名義上和形式上的舉措。中國收回香港，絕不是圖個主權虛名、空擺國家的樣子，而是意味着實實在在地恢復行使國家對香港擁有的「最高的、絕對的、不可加以限制的」主權權力，意味着全面地切切實實地實施國家對香港的治權。這其中包括確定國家治理香港的方針政策，決定香港在中國憲政體制中的行政區劃和法律地位，制定香港地區的憲制性法律，規定在香港實行的制度，依法對香港行使中央權力機構的管治權等等。這些權力既是國家主權原則的題中應有之義，也是一國兩制中一國原則的既定內涵。

　　總之，香港作為中國領土不可分離的一部分回歸祖國，處在中國主權之下，作為中國的一個特別行政區，直轄於中央政府，是一個確定的法律事實，是討論香港管治權問題的基本前提。而只要承認中國對香港恢復行使主權，就不能否認、不可回避中國擁有對香港地區的管治權力，香港處在中國的管治範圍之內。至於中央管治權的行使方

式，如何具體管治香港，則是第二位的問題，絲毫不影響或改變香港的主權歸屬。

從國家憲政體制看中央對香港的管治權

中國的憲政體制決定了中央對香港享有管治權

憲政體制通常可簡要理解為以憲法為基礎的國家結構形式，既包括國家權力的配置方式，也包括國家整體與其各組成部分的關係。香港回歸中國，意味着徹底擺脫對英國憲政體制的依附，重新納入中國的憲政體制和治理體系。中國如同世界上多數國家一樣，採用的是單一制，即中央集權的國家結構形式，用以規範國家整體與其各組成部分之間的權力關係。在中國，中央集權制的政治傳統源遠流長，從兩千多年前秦王朝的郡縣制就開始了，現今中國實行的單一制國家結構則是建立在憲法的基礎上。在統一的中國境內，只有一部作為國家根本大法的憲法，只有一個國家最高權力機關和一個最高行政機關。在中國現行憲政體制下，權力集中於中央。中央權力機構依法統一行使國家管治權；同時出於管理國家的需要，又把全國劃分為若干行政區域，分別由中央授權實行行政區域管理。憲法規定全國人大有權批准或決定地方行政區域的設置和制度，規定國務院有權統一領導全國地方各級國家行政機關的工作。中國內地現有 22 個省、5 個民族自治區和 4 個直轄市，共計 31 個一級地方行政區域。香港、澳門是中國行政版圖上最新的兩個一級地方行政區，它們和內地各地區一樣，都有接受和服從中央管治的義務。

中國憲法和香港基本法規定了香港地區在中國憲政體制中的法律地位：香港特區屬於中華人民共和國不可分離的一部分，是中國的享有高度自治權的地方行政區域，直轄於中央政府。正是這種法律地位表明了香港地區對國家的隸屬關係，表明了國家對香港的管治權力。在這一體制中，在堅持中央管治權的前提下，香港特區被允許實行同

內地不一樣的制度，可以享有超過國家主體地區地方行政區域權力的高度自治，可以說是中國現行憲政體制的例外和突破。然而這種例外和突破沒有也不可能改變香港是中國的一個地方行政區域的法律地位，沒有也不可能改變中央和香港地區之間的管治與被管治、授權與被授權的關係。所謂國家認同概念，從法律邏輯上看，當然包含着地方區域對接受中央管治的認同。

香港處於中國主權之下，處在中國憲政體制當中，這是一個法律事實。對香港的管治是國家主權的行使者 —— 中央權力機構對其組成部分的一種固有權力，既不是從外部強加給香港的，也不是回歸後才追加上來的，而是國家對自己所屬領土始終存在的權力，是從香港回歸祖國、中國恢復行使主權的那一刻就開始存在的，並將伴隨一國兩制實施的全過程而存在。

有關香港管治權的雙層結構

以回歸中國為分水嶺，香港管治權的構成和性質發生了根本變化。回歸之前，香港處在英國殖民統治下，由英王派遣總督直接管治香港，本質上是英人治港，談不上港人治港，更不存在高度自治。回歸之後，中國對香港恢復行使主權，由中國人自己治理香港，有關香港管治權的構成也隨之產生根本轉變。

在中國憲政體制下，有關香港管治權的內涵實際上包括了兩個層面：一個是國家層面的管治權，一個是地區層面的管治權。前者是由代表國家行使主權的中央權力機構對香港實施的管治，凡是與香港有關而屬於國家主權或中央職權轄下的事務，以及屬於中央與香港特區關係的事務，概由中央負責管理或行使職權。後者是由國家授權的香港地區的地方管理，凡屬於香港特區的本地事務，概由中央授權香港依照基本法自行管理，實行港人治港，高度自治。對香港的高度自治權，中央具有監督權。

這兩個層面的管治在權力來源和性質上有很大差別。國家層面的管治，主要彰顯的是「一國」，是中央權力，用以規範中央和特區的關係，是「一國」原則在管治權上的主要體現。地方層面的管治，主要彰顯的是「兩制」，包括香港特區的自治權，用以規範香港地區的內部管理秩序，是「兩制」原則在管治權上的重要體現。前者是基於國家主權而產生的主權性權力，後者是經中央授權而產生的地方職能性治理權。這兩個層次的管治權都是基於憲法和基本法而產生，都是實施一國兩制、港人治港、高度自治必不可少的。二者之間有源流之分、層級之分、主次之分，既密切關聯、不可分割，同存並在，又不可相互取代，共同構成一個完整的香港管治權概念。

從一國兩制方針看中央對香港的管治權

一國兩制本身內涵着一國對兩制的統領

中央提出的一國兩制方針意在解決兩大問題，一個是用什麼方式收回香港，一個是如何治理回歸後的香港。不論是收回香港還是治理香港，其決定權都操之於中國，操之於中國中央政府。

上世紀 80 年代初，以鄧小平為代表的老一輩領導人就已確立國家解決香港問題的方針政策：同英國談判，和平收回香港，解決歷史遺留的國家領土問題；對回歸後的香港實行特殊的管治模式：一個國家，兩種制度。不妨說，三十多年來，香港演進的歷史就是圍繞一國兩制方針的確立與實施而展開的。

一國兩制的根本宗旨，或曰出發點和落腳點，扼要地說也是兩點：一個旨在維護國家主權、安全和發展利益，一個旨在保持香港長期的繁榮穩定，二者有機結合，不可偏廢。這一方針貫穿於香港回歸前後的全過程，而其重點、難點尤在於回歸之後，在於對香港管治權的行使。

為有效貫徹一國兩制方針，鑒於香港的歷史和現實情況，鑒於香港和內地的差異，國家並未試圖在香港地區採用全國一律的管治方式，無意把內地的制度和管治模式強行移植到香港，也無意由中央派人直接管理香港本地事務，而是以一國兩制方針作為治理香港地區的基本國策。具體地說，就是在確立香港回歸中國並處於中國主權之下的「一個國家」的前提下，允許香港地區採用與國家主體地區（內地）不同的社會制度，長期保留和發展資本主義；同時，授權香港地區依基本法實行港人治港、高度自治，這就是「兩種制度」。質言之，一國兩制就是國家在新時期治國理政、管治香港的一種方針和方法，是國家主權的一種行使方式。從法律上看，一國兩制方針先在中國憲法（1982年）第31條得到明確體現，形成為國家意志，又經香港基本法予以制度化、法律化，是一項由憲法和基本法予以保障的治理香港的基本國策。

正確認識香港特區的高度自治權

香港高度自治權的來源、性質和範圍

　　為了更好地認識中央對香港的管治權，處理好香港高度自治與中央管治之間的關係，還必須對香港的高度自治權有一個清醒的實事求是的認識。港人治港、高度自治僅僅是有關香港特區管治權的一個方面、一個組成部分，而絕不是香港管治權的全部；在它之外，還存在着中央對香港的管治權。不能脫離一國兩制、脫離憲法和基本法來孤立地解讀和行使香港的自治權。

　　從權力來源和性質上看，香港享有的高度自治權並不是香港本身固有的一種權力，歷史上香港何曾自我產生過這種權力？只是在回歸後經中央授權才得以獲取的。香港自治權來源於中國，來源於中國的憲政體制，來源於一國兩制方針。在這裏，國家授權絕非意味國家權

力的放棄或取消，而不過是國家權力行使的一種特定方式：不由中央直接行使而是授權地方行使，授權仍然是主權者意志的一種體現，並沒有改變權力的最終來源。至於香港高度自治權的性質，從根本上說就是一種國家授權，是國家授予的地區性職能性治理權，屬於國家主權的派生權力，本質上就是國家管治香港的一種特殊形式。

　　從權力行使範圍上看，香港的高度自治是有條件、有限度的。首先，港人治港、高度自治的前提條件是一國，一個主權的、統一的中國。因此在一國原則下參與香港地方自治的，理應是以愛國者為主體的港人，這是憲法忠誠的必要內涵，是符合邏輯的起碼的政治要求。只有在認同和服膺中國主權、遵守中國憲法和基本法的前提下，才談得上恰當行使香港的自治權。其次，權力和權利的行使從來不是單方面的，都必定伴隨相應的責任和義務。香港在享有高度自治權的同時，也承擔着維護國家主權、領土完整和核心利益的義務，香港的高度自治不得損害國家權益。基本法第 23 條就是一例，明確規定了香港對國家安全所擔負的義務。作為必須在香港適用的中國憲法的序言明確規定，「全國各族人民、一切國家機關和武裝力量、各政黨和各社會團體、各企業事業組織，都必須以憲法為根本的活動準則，並且負有維護憲法尊嚴、保證憲法實施的職責」。可見，香港實施港人治港、高度自治，同時也承擔着維護、遵從憲法的義務。第三，香港的高度自治是有限自治而不是無限自治或完全自治。換言之，香港只是在基本法所規定的事項上和範圍內，在不涉及國家主權、不涉及中央和香港關係、單純屬於香港本地事務的範圍內，才得以實行高度自治，享有行政管理權、立法權、獨立的司法權和終審權。超過了這一範圍，即屬越權、違法。基本法規定香港特區「直轄於中央政府」，正是表明了香港地區對中央的隸屬關係，表明了對香港自治權的約束和限制。法律絕不允許香港走向英國人曾經期待的脫離中國的「獨立或自治」。倘若像香港有人主張的那樣，片面誇大香港的自治權，試圖謀取不加限制的自治或完全自治，勢必抵觸國家主權原則，抵觸一國兩制的初衷，與國家憲政體制不符。真要依了那種主張，香港就有可能變成一

個獨立或半獨立的政治實體，就不再是「一國」，而有可能出現國中之國或兩個國家了。

中央管治與香港高度自治的關係

一國兩制下的香港治理，應該是中央管治權和香港高度自治權的有機結合，這種結合構成衡量一國兩制是否全面準確實施的一個標誌。

中央對香港的管治與香港特區的高度自治，本質上反映了一國與兩制之間、中央和地方之間的關係，是一國兩制實施中的核心問題。一國兩制下香港管治權的正確行使，應該是中央管治權和香港自治權的相輔相成，合力合為，二者不可偏廢，不可或缺。對中央而言，一方面要確保國家主權在香港的行使，中央權力機構應理直氣壯地行使憲法和基本法所規定的管治香港的權力；另一方面也要恪守不干預香港自治範圍內事務的承諾，確實依法保障香港地區的高度自治。對香港而言，一方面是依法實行港人治港、高度自治，充分享用中央的授權；另一方面又須嚴格遵守一國原則，按憲法和基本法辦事，維護國家主權、安全和發展利益。在這裏，香港的高度自治不是脫離一國的自治，而是依附於一國的自治，不是特立獨行的自治，而是受制於中央的自治。兩類管治不同而和，缺一不可，和則雙贏，分則兩損。

中央管治香港的憲制性權力

憲法和基本法關於中央管治權的規定

中央擁有對香港的管治權不僅可從法理上得到充分支持，而且其本身就是一個確定的不容置疑的法律事實，有充分的憲制基礎和法律根據。中國憲法和香港基本法明確規定了中央管治香港的憲制性權力，這種管治權是全面的、廣泛的，既包括中央直接行使的權力，也包括授權香港特區依法實行高度自治。對於香港特區的高度自治權，中央具有監督權。

憲法作為國家的根本法適用於香港。憲法關於國家的權力結構、政治體制、中央和地方關係等大多數條款均對香港產生拘束力，中央權力機關基於國家憲法擁有管治香港的權力。而基本法作為香港的憲制性法律則具體規定了中央的權力以及中央與香港的關係。

中央對香港的管治權，從宏觀上看，根據憲法第 31 條、第 62 條、第 89 條以及香港基本法，至少包括三個方面：首先是決定收回香港，確定對香港地區恢復行使主權，將香港納入國家治理體系；其次是制定對香港的基本方針政策，決定設立香港特別行政區，制定香港基本法，規定在香港地區實行的制度；第三是按照憲法和基本法的規定對香港特區行使屬於中央的權力，處理涉及香港特區的事務。這三個方面共同構成中央管治香港的憲制性權力，其中前兩個方面已大致完成，第三個方面則是現行的中央對香港地區行使管治的權力。

需要指出的是，2014 年 6 月，中央政府發表《一國兩制在香港特別行政區的實踐》白皮書，提出在一國兩制下中央擁有對香港的全面管治權。其後，中央領導人多次講話也一再重申中央對香港的全面管治權，強調中央全面管治權與香港高度自治權的有機結合，是全面準確實施一國兩制的核心問題。事實上，中央的全面管治權並非一個新概念，而只是憲法和基本法的內在要求，揭示了一國與兩制、中央與地方關係的題中應有之義。中央強調對香港的全面管治權，決不是要借此擴大中央的管治權，決不是說中央要包攬在香港的全部管治權，決不是要貶損或取代已授予香港的高度自治權，而只是宣示和切實履行憲法和基本法規定的中央的憲制權力，旨在促進中央管治權與香港高度自治權的有機結合，保障一國兩制發展的正確方向。在這裏「全面」二字，既指中央管治香港權力的來源，也指中央管治權的行使範圍，還指中央管治權的行使方式，合法合理，椿椿有據。香港社會對中央全面管治權的正確理解也許需要一個過程，至於有人把它說成「篡改基本法、取消高度自治」，顯然是一種歪曲誤導，混淆視聽。

全面落實中央管治權的思考與建言

阻礙或困擾中央對香港行使管治權的因素

一國兩制在香港的實施，中央管治權在香港的落實，整體上是好的、成功的，但不可忽視仍然存在着阻礙和困擾中央管治權行使的各種因素。這些因素既表現在實踐中，也表現在思想認識上；其深層原因不僅來自香港社會，一定程度也可能受對港工作隊伍自身認識的影響。

香港社會方面

在單一制國家裏，中央和地方之間的權力關係是一對與生俱來、普遍存在的矛盾博弈。這對矛盾不但同樣在香港存在，而且還伴隨着社會主義與資本主義兩種制度、兩種意識形態的較量，二者重疊、交織在一起，使得圍繞中央管治權的鬥爭在香港表現得尤其複雜尖銳。

存在對一國兩制和基本法的認知障礙。特定的價值觀和意識形態構成一個社會深層次民意基礎。中央管治權在香港的落實，阻力之一或來自於人們思想認識方面的障礙，這一阻力將伴隨一國兩制長期存在。香港社會的人口構成有其歷史特點，一部分原有居民和內地移民，很大程度上不認同甚至抵觸內地的社會主義制度。他們習慣於固守既有的意識形態和價值觀，往往表現出對內地制度的某種異己感和優越感，並且把這種個人感受影響到對國家的認知。面對回歸祖國後的憲制秩序變革，部分香港市民在短期內很難自發完成人心回歸及國家認同的思想轉變，一國兩制更多地被視為維護香港資本主義制度、片面強調港人治港、高度自治的護身符，甚至被視為同國家和內地保持距離甚至相抗衡的某種託辭。

不可忽略的是，由於一些媒體的片面宣傳和激進反對派的誤導，香港社會存在着對一國兩制不全面、不準確的理解和另類詮釋，往往

會以訛傳訛，先入為主，積重難返。不但從思想上構成香港市民對國家認同和中央管治權的認知障礙，也日益成為反對派加以利用、製造政治風波、煽動反共拒中的社會民意基礎，突出地表現在對中央管治權的片面認識上。例如把中央的權力僅限於國防外交，把中央依法對港行使管治權統統視為越權、干預、違背基本法而加以反對。香港回歸以來所經歷的人大釋法、23 條立法、政制發展進程、國民教育、行政長官普選等事件都清楚地折射出這種抵觸、抗拒中央管治權的政治傾向。再加上國民教育缺失、激進本土主義流行，對香港青少年荼毒尤深，以至於少數年輕人被教唆為對抗一國兩制、鼓吹港獨的急先鋒。

反共拒中政治勢力的存在。香港的社會制度、治理環境迥然不同於內地。不妨說，一國兩制在香港是立足於盤根錯節的資本主義社會土壤上，實踐中存在着圍繞管治權的明爭暗鬥。香港雖然業已回歸祖國，但缺乏及時系統的去殖民化工作，政治生態並沒有根本改變，香港的社會結構、人口構成仍一如其舊。英國 156 年殖民統治留下了根深蒂固的政治遺產，港英當局在回歸過渡期又有意設置、埋下了大量政治樁腳，培植一批後來成為激進反對派的民主抗共勢力，大大增加了中國治理回歸後香港的政治阻力。

香港社會沿襲了回歸前的兩大政治陣營，始終存在着懷疑、抵制、對抗中央政府和社會主義制度的政治勢力。反對派屢屢以維護人權法治為旗號，以反共拒中為基調，或糾結社會力量，操控輿論，誤導民眾，曲解基本法；或作亂立法會，阻撓政府依法施政；或教唆青年、破壞法治，製造社會撕裂和政治風波；或藉口港人治港、高度自治，阻撓中央管治權的行使。回歸以來，激進反對派的活動一天也沒有停歇，進而滋生出激進分離主義和港獨分子等極端政治勢力，而香港法律似乎力未能逮。

境外政治勢力的干預。冷戰結束並未能減弱境外政治勢力對香港的滲透，相反，他們利用國家安全立法在香港的缺失而長驅直入，十分活躍，深度干預香港政治事務，支持激進反對派干擾、對抗中央的

管治權，鼓動香港成為獨立半獨立的政治實體。從向反對派提供政治資金、培植政治人才，到介入各類選舉、策劃和支持政治風波，處處都能看到他們的活動跡象。20 年來香港形同政治上不設防的城市，往往被境外政治勢力用作干預中國內政、威脅國家安全的基地。在這方面，至今似乎還看不到特區政府、中央政府有效的管制措施。

中央對港工作方面

指導思想上或曾存在某些認識盲區。一國兩制是前所未有的國家治理模式，對中央新時期的治國理政無疑構成一種歷史性挑戰，對港工作在指導思想上同樣面臨如何全面準確地認識、實施一國兩制的問題。一個共產黨執政的中央政府如何管治資本主義制度下的香港地區，誰都沒有經歷過，需要一個探索、適應、提高的過程，不可能有一種全知全能的先驗認識，對港工作指導思想同樣需要在實踐中不斷總結經驗，從必然王國走向自由王國。倘若這一過程中出現認識上的某種偏失或盲區，恐怕不足為怪。

一國兩制在香港的實施，從宏觀看包括保障香港回歸和回歸後有效治理兩大使命，在不同階段具有不同的工作重心，表現出階段性差別。保障香港和平順利回歸固屬不易，對回歸後的香港實施有效治理更為繁重艱巨。97 年以後，中央對港工作重點按理說應立即轉移到如何實施有效管治上來，但今天回過頭來看，回歸初期的治港指導思想很難要求所有人都能立即統一到這一認識高度，都能從政治上清醒意識到一國兩制實施重點的轉變。當時似乎流行一種看法，認為香港回歸了，一國兩制大功告成了，剩下的事情有基本法管着，讓港人高度自治、自己管理好了，中央不必過多介入；河水不犯井水嘛，不管就是最好的管。不妨說，這種看法一段時間內、一定程度上多少影響到中央對港管治權的實施。

與此同時，對港工作隊伍對於一國兩制實踐中的深層次矛盾可能也存在認識不足的問題。一國兩制本身就是一個對立統一、不同而和

的矛盾體，其實施過程始終存在着一國同兩制之間、兩種社會制度之間、中央管治權同香港高度自治權之間的差異和博弈。這種博弈時緩時急，長期存在，不會由於中央良好的主觀意願或單方面示惠行動而自動削弱或消弭，更難以指望香港自身能夠完全處理、解決好這些結構性矛盾，而必須始終有中央堅強有力的主導和掌舵才能保障一國兩制沿着正確方向發展。

從總結經驗的角度看，回歸後一段時間內對港工作實踐中是否存在以下一些傾向，值得反思。例如，重回歸，輕治理；重高度自治，輕中央管治；重法律宣示，輕制度落實；重政制發展，輕經濟調整；重選戰投入，輕民心回歸；重上層，輕基層；重局部問題處理，輕全域戰略部署，等等。對港工作部門對於如何適應新環境、調整工作思路是否也存在重視不夠、認識不到位的問題，也有必要總結反思。例如，對於如何應對一國兩制深層次問題缺乏足夠的思想準備，實踐中多少存在被動、軟弱、不作為或不適當作為的情況，中央對港管治權感覺缺乏着力點和實施力，等等。2003年以後對港工作有很大改進，但整體來看似乎仍然有必要加深對一國兩制的全面認識，在指導思想上樹立戰略性前瞻性的明確思路，採取更有力度的政策調整。

中央管治權的行使或曾不夠到位、不夠得力。 應該説，基本法有關中央管治權的規定是充分、明確的，關鍵在於實踐中是否能夠全面有效地行使，行使的方法、機制、效果如何？基本法確定的中央權力哪些已經行使了，存在什麼問題，應該如何改進？哪些還沒有行使，原因何在，應該如何行使？白皮書提出的中央全面管治權是否已經或能夠有效落實？等等，看來都有必要一一對照基本法的規定，特別是對照上述有關中央管治權的十個方面的規定，認真審視、檢查落實情況。正如一些研究結果所指出的，在充分肯定基本法規定的中央管治權整體成功實施的同時，也應看到實踐中或曾存在一些落實不夠全面、不夠到位、不夠得力的現象，在一些方面感覺缺乏落腳點和着力

點，工作中頗有鞭長莫及之感、投鼠忌器之慮，與基本法實施相配套的制度建設和法律建設還需要加強完善。

　　基本法從頒佈到現在已經 26 年了，在香港實施也快 20 年了。作為香港的憲制性法律，基本法的規定具有框架性、原則性特點，其中一些條款未形成直接的行為規範，有關中央管治權的某些條款，尚缺乏明確的執行機制，其全面落實還有必要輔以配套的制度和機制，否則，基本法難免被視為一部高高在上的孤零零的憲制性法律。這一點過往似重視不夠，動作遲緩。迄今為止，除《駐軍法》外，尚未見到中央層面制定其他的與落實基本法相關的具體法律或實施細則。中央對香港的管治權不應是一句空話，有必要通過相關法律和制度一一具體落實，從現在起就應抓緊不同層面的立法工作，進一步完善與基本法配套的制度和機制。

全面落實中央管治權的建言

對港工作指導思想似需與時俱進

　　一國兩制是一個鮮活的不斷發展的宏大事業，中央承擔着一國兩制的制定者、實施主導者和第一責任人的使命，理當責無旁貸始終把握好這一基本國策的實施方向與節奏，確立全域性、階段性工作目標和策略部署。當前階段似尤有必要認真總結經驗，提升對香港實施一國兩制實踐的認識，進一步明確對港工作指導思想、特別是未來三十年的治港工作思路，以牢牢掌控對港管治權為核心，全面落實中央管治權，強化特區的履行主體責任，致力於中央管治權和香港高度自治權的有機結合。

　　要同時強化中央和特區兩個層面的管治權建設，改變一手軟一手硬或兩手都不硬的現象。對中央而言，一方面要切實尊重和維護香港的高度自治，指導、支持和督促特區政府發揮好實施一國兩制的主體作用，使其能按照基本法和中央要求管治香港，真正體現香港直轄於

中央的地位。另一方面，中央本身要敢於擔當、善於擔當，發揮好主導者、掌舵者、最終決定者的主權者職責，用好、用足中央管治權，用中央強有力的管治去保障、規範、引導香港的高度自治。

工作思路和方法直接關係到中央管治權的有效實施，對港工作方面尤有必要在認真總結經驗的基礎上改進創新。目前還很難說對港工作隊伍對香港社會的資本主義性質都已有足夠深入的研究和認識，都已具備應對資本主義民主政治的成熟經驗，尤其是在香港享有高度自治權、中央缺乏直接執行力的情況下，如何推行中央政策恐怕還是一個有待解決的問題。現在的問題也許不是如何讓香港硬性適應中央的思路，而是中央如何自我調整、適應一國兩制的新環境。這是一個老問題，也是一個時時面臨挑戰的新問題，有必要進一步解放思想、實事求是，探索出更適應對港工作需求的思路、方法和工作機制。

對港政策策略似需適時調整

為全面落實中央管治權計，似應針對工作實踐中的一些重大問題和政策總結反思，與時俱進，相應調整。試略舉下面幾點為例。

關於政改與普選。在資本主義社會推行選舉政治或許是中央既往不大熟悉的領域，普選很大程度上像是一把雙刃劍，行走在社會民主和政治穩定之間。香港普選具有一國兩制下地方選舉的性質和特點，現在的問題是，如何既要體現普選的形式要件，又要符合基本法立法原意和中央要求。實踐表明，香港當前尚不具備立即實施普選的政治環境和條件。在 2015 年普選方案被否決後，現階段似不宜輕允或主動重啟普選，而應審時度勢、順勢而為，堅守基本法規定和人大 8.31 決定的底線，推動香港社會扎實做好普選準備，在條件更加成熟時再穩步實施。推行普選固屬不易，實行普選後也會產生新的棘手問題，圍繞管治權的政治較量不會因此偃旗息鼓，對普選後可能出現的各種前景必須未雨綢繆、預作準備。

關於國家安全立法。國家安全是香港一國兩制實踐中的一個短板。香港至今沒能按照基本法要求完成相關立法，實際上成為一個政治上未設防的城市，形成對香港和國家整體安全的隱患。維護國家安全本是國家主權職責，應屬中央事權，不能歸之於地方自治範疇，不能聽任 23 條立法被無限期推遲。中央宜適時敦促特區政府和立法會履行這項義務。事實上，香港現有法例中保留不少涉及國家安全的條款，是有效的可行的，問題在於未能及時有效地適用。在完成 23 條立法之前，一個可能的暫行替代辦法是，充分適用和落實現有法例中有關國家安全和公共秩序的規定，並將它們彙整起來，作為日後 23 條立法的基礎。如果時間和實踐證明香港特區無力或無意完成 23 條立法，如果香港出現特區政府本身無力應對的政治風波或騷亂，那麼中央不得不考慮主動承擔起維護香港的國家安全的職責，包括由中央制定暫時適用香港的國家安全條例，直至香港本地完成立法為止。此外，也應考慮督促香港建立或完善與國家安全相關的制度和機制。

關於應對反對派的策略。如何認識和應對香港社會的反對派，也許是對港工作中感覺較為棘手、困擾的一個問題。作為資本主義社會的香港不可能沒有反對派，而反對派的多數也不屬於敵對分子；發生在香港的政治對抗不能簡單歸結為敵對性質；內地既往的階級鬥爭做法不應也不能在香港複製。

為適應香港特殊的政治生態，對反對派應考慮交叉運用統一戰線和博弈理論的兩手策略。在一國兩制旗幟下，依靠、團結、壯大愛國愛港陣營，爭取、拉攏中間勢力，包括泛民中佔多數的溫和派，最大限度地孤立、打擊一小撮極右勢力，把朋友圈搞得大大的，把死硬分子搞得少少的。與此同時，借鑒和變通運用博弈理論，容忍香港反對派在一國兩制和基本法框架內的合法存在與活動，逐步把他們改造為體制內的建設性反對派；允許各派政治力量在體制內依法進行公平競爭，而不是零和遊戲。正如有領導人指出的，反對派陣營的多數人士

也是愛國愛港的，應區別對待。對其理性溫和人士要多接觸、多交朋友、多做工作，讓他們看到希望和發展空間，藉以求同存異，化異為同。博弈論及其方法也許是對港工作隊伍不熟悉、不習慣的，卻是應該認真學習和借鑒的。

關於發展經濟、改善民生。香港社會繁榮穩定的基礎在經濟，發展經濟是香港的立身之本、第一要務。當前香港經濟競爭力呈下滑趨勢，單純靠特區政府自身力量似難勝任經濟調整轉型的重任。宜在中央指導協調下，發揮一國兩制的制度優勢，協助特區政府強化對經濟發展的宏觀調控職能，加大香港同內地經貿融合的力度，加快香港經濟調整轉型。中央近年提出一帶一路倡議和粵港澳大灣區城市群建設規劃，為香港提供了難得的發展機遇。中央宜採取多種形式，推動和協調香港企業和專業人士參與進來，藉以提升香港在國家改革開放中的功能和定位，增強其國際競爭力。

切實改善民生，縮小貧富差距，是特區政府面臨的一大緊迫課題，已不容拖延，中央宜督促和協助特區政府加大工作力度。

關於國民教育與人心回歸問題。主權回歸不必然產生人心回歸，香港居民在政治、身份和情感方面的國家認同也許要經歷很長時間才能真正完成。促進人心回歸固然需要教化和引導，但關鍵是要辦好內地自己的事情，彰顯內地的社會進步，用事實說話，自己硬了、強了才有說服力，才能增強香港居民對國家的向心力和認同感。同時中央有必要採取適當措施，加快縮小和取消港人在內地的差別待遇，讓他們及早享受和內地國民一樣的權利義務，產生實實在在的歸屬感，促進其國民意識的樹立。

去殖民化與國民教育看來是回歸後香港社會的一個短板。接受國民教育是公民的義務，特區政府承擔着不可推委的施教職責，中央宜督促和指導特區政府補上這一課。工作重點似應確立國民教育在教育體制中的地位，建立有約束力的實施制度和機制，組織編好、用好官

方統編教材，培訓國民教育師資。教材內容宜以中國歷史、文化、憲法和基本法教育為主，避免意識形態化傾向。

完善與基本法實施配套的制度和機制

中央對香港的管治權不能停留在憲制層面的原則性規定上，而必須抓緊落實環節，完善與基本法配套的制度和機制。這或許是當前和今後一個時期一國兩制實施中的一項重要任務。以下幾點或宜重點考慮：

一、為落實對行政長官的實質性任命權，中央似宜制定對行政長官及其他高官的任免法或任免條例。內容可包括明確規定任命或不任命的條件、理由、規則、程序；對受任命後的監督、考察、述職程序；罷免的依據及程序等。

二、為落實全國人大常委會對基本法的解釋權，中央似宜制定有關基本法解釋的程序性規則。內容可包括提請解釋的動議權，解釋的原則、規則、方式、程序，基本法委員會在其中的作用，解釋的效力等，促使人大釋法制度化和透明度。

三、為落實全國人大常委會對基本法的修改權，中央似宜未雨綢繆,籌劃制定有關基本法修改的實施細則。內容可包括提案權的確定,修改的原則、規則和程序，基本法委員會在其中的作用，修改的效力等。

四、為落實對立法會所定法律的備案審查權，中央似宜制定相應的備案審查實施細則。內容可包括審查的範圍、原則、標準和程序，發回立法會所定法律的形式與效力，基本法委員會在其中的作用等。

五、為落實增減在香港適用的全國性法律的決定權，中央似宜確立增減全國性法律在香港適用的相關工作機制，明確增減的範圍、原則、理由和依據，特區政府及基本法委員會在其中的作用等。

六、為落實行政長官對中央負責及執行中央政府指令的義務，似宜確立相關的工作機制或制度，明確中央行使權力的權限、條件、方式與程序。

七、中央除在國家層面致力於完善與基本法實施相配套的制度和機制外，也有責任督查特區政府在香港地區層面完善與基本法實施相配套的制度和機制。

2016年9月

12 人大釋法與
國家對香港的管治權

　　香港基本法第 104 條是一項宣誓條款，規定了行政長官以及包括立法會議員在內的特定公職人員，就職時必須依法進行宣誓。法律是強制性社會規範，是用來遵守而不是拿來擺樣子的，更不允許任由人褻瀆、戲弄。誰觸犯了法律底線，誰就要承擔法律後果。在香港，不久前偏偏就有人故意挑戰、踐踏作為憲制性法律的基本法，甚至借宣誓程序鼓吹港獨、侮辱國家，演出了一場宣誓鬧劇，並引發社會各界對宣誓問題的意見分歧和爭議，立法會也難以正常運作，致使全國人大常委會不得不站出來釋法，維護法律尊嚴。

　　11 月 7 日，全國人大常委會就 104 條作出了權威解釋，進一步闡釋了就職宣誓的性質、內容、程序要求，以及拒絕或違反宣誓產生的法律後果。這一釋法猶如醍醐灌頂、正本清源，在香港社會引起重大反響。愛國愛港陣營歡呼這一護法反獨的強力法律武器，對招搖過市的港獨分子則不啻迎頭痛擊。釋法的正面作用正在被香港社會消化吸收，有人較多地關注人大釋法的依據、時機及後續結果等問題，固然可以理解，其實更值得重視的是如何深入領會釋法本身的豐富內涵及其深遠意義。

---

*　2016 年 11 月中旬在國家行政學院講課稿。

人大釋法的法律內涵和深遠意義

全面準確地理解人大釋法的法律內涵

　　全國人大常委會負有解釋基本法的不受約束的權力，可以在認為需要的任何時候主動釋法。此次人大釋法以基本法為依據，旨在從宣誓條款入手釋疑解惑，確立完善的宣誓規範，維護基本法尊嚴和一國兩制的正確發展方向。

宣誓的法律性質和定位

　　人大釋法指出，104 條規定的就職宣誓是一種法定儀式，是對參選或出任特定公職人員的一項憲制性要求和條件，是就職前的一項必經程序。這一做法符合國際慣例。眾所周知，要求以宣誓方式明確表達自己對所服務的國家和社會的政治效忠和政治誠信，是幾乎所有國家通行的對高級公職人員最起碼的政治要求，毫不過分。104 條規定的就職宣誓，恰恰正是檢驗特定公職人員是否認同和具備政治效忠品質的一種法律儀式，具有強制性、公開性特徵，是就職前一道必須經過的坎兒，一塊繞不過的試金石。按照基本法和香港本地法律的要求，未經合法有效宣誓或拒絕宣誓，不得就任相應公職，不得行使相應職權和享受相應待遇，實屬正當。

宣誓必須有確定的誓詞

　　人大釋法指出宣誓內容是法定的，也就是說誓詞是不容選擇、不可更改的。宣誓人必須完整誦讀基本法規定的核心誓詞：「擁護中華人民共和國香港特別行政區基本法，效忠中華人民共和國香港特別行政區」。從嚴格法律意義上講，這裏的「擁護」，當然包含着對香港回歸祖國的真誠擁護，對國家必要的尊重和認同，對作為香港憲制性法律 —— 基本法的服膺和遵守。這裏的「效忠」，包含着對一國兩制下的香港特區的忠誠，對香港法治和繁榮穩定的忠誠。既然宣誓了擁

護和效忠，就是表明宣誓者要承擔起對國家和社會的一種法律承諾。有必要強調的是，這裏所言的擁護和效忠，都處在一個共同的法律前提下，即香港是中國領土的一部分、屬於中華人民共和國的特別行政區，一國原則是香港最重要的憲制原則。脫離了這一前提，整個誓詞就會成為無源之水、無本之木。不妨說，這一誓詞猶如套在宣誓者頭上的一個緊箍咒，信奉、遵守者欣然領受、安之若素，違反者則如芒在背，渾身不得自在。

宣誓必須有相應的法定程序

人大釋法指出，宣誓過程必須符合法定的形式和內容要求，宣誓人必須真誠、莊重地進行宣誓，必須準確、完整、莊重地宣讀法定誓詞。這就是說宣誓是一種真誠、嚴肅的法定儀式，這裏的一言一行都是眾目睽睽下的法律行為，必須尊重程序、嚴守規範，不容虛假、不容兒戲。這樣的規定原本屬於政治常識，對公職人員而言更是最起碼的程序要求，本無需多講，但在今日香港卻不得不從基本規範開始做出或重申規矩。因為人們無法想像，一個本該神聖莊嚴的就職宣誓儀式竟然會被個別候任議員變成弄虛作假、戲耍公眾、侮辱國家民族、鼓吹分離主義的醜劇舞台，他們的表演顯然是對國家、對社會、對法律的公然褻瀆和辱謾，是對抗法定宣誓，這樣的現象難道能夠聽之任之而不應該由法律加以規範和制裁嗎？因此人大釋法明確規定，宣誓人故意宣讀與法定誓詞不一致的誓言，故意用任何不真誠、不莊重的方式宣誓，都構成拒絕宣誓。此種所謂宣誓當然無效，並將因此而喪失就任相應公職的資格。應該說，人大釋法正是彰顯了法律的強制力和權威性。

宣誓必須有監誓人和監誓程序

人大釋法進一步明確了監誓人的職責和權利，要求監誓人既要確保宣誓的合法進行，又可對宣誓的合法性、有效性進行裁定，對於無效宣誓者不得安排重新宣誓。這一解釋是保障整個宣誓過程權威性的

必要舉措，澄清了監誓問題上的認識誤區，為當下和今後的監誓人職權立下了規矩，是一種必要的制度完善。

宣誓行為當然產生連帶法律責任

人大釋法進一步明確了宣誓行為產生的法律後果。指出宣誓是一種莊嚴的法律承諾，對宣誓人具有法律約束力。宣誓人有義務真誠信奉並嚴格遵守法定誓言。宣誓人作虛假宣誓或者在宣誓之後從事違反誓言行為的，要依法承擔法律責任。這一解釋闡釋了基本法104條的題中應有之義，是對那些視宣誓為兒戲、以身試法的人們的嚴厲警告，但願稍有法律常識的人都不再會抱着僥倖心理挑戰、戲弄法律了。

全國人大常委會對基本法第104條的解釋，全面闡釋了依法宣誓的法律內涵，明確樹立了宣誓的基本規範，既嚴格遵循了基本法的立法原意，也涵蓋了香港歷來有關宣誓的基本要求。人大釋法同基本法的規定具有同等的法律效力，而且應該視為基本法頒佈時就已具有的含義。

人大釋法的意義和深遠影響

眾所周知，政治效忠，是法治國家對服務於國家和社會的重要公職人員通行的最基本的政治要求，而就職宣誓即是將這一原則轉化為他們公開嚴肅的法律承諾。基本法專門用一個條款來規定宣誓，用意即在於強調行政長官和重要公職人員必須承擔起政治效忠的責任，而人大釋法更是強調了經由宣誓儀式表明政治效忠的必要。政治效忠在不同國家有不同的內涵，在中國香港就是集中體現為基本法所要求的「擁護」與「效忠」，歸結為一句話，也就是人們通常所說的愛國愛港。愛國愛港原則是香港特區政治效忠的本質內涵。

這次人大釋法再次清晰釋放出一個重要信息，即中央和基本法能夠接受什麼樣的人來治理香港。中國收回香港、對香港恢復行使主權，難道會允許把香港交給那些反對國家、分裂國家的人手裏嗎？難

道會坐視香港立法會成為鼓吹港獨、侮辱國家的舞台嗎？那是完全不可能的，絕不是一國兩制的初衷。一國兩制下的港人治港是有界限和標準的，從一開始就被中央明確為以愛國者為主體的港人治港，就是要求治港者必須具備起碼的政治效忠。基本法有關行政長官以及行政機關、立法機關和司法機關組成人員的規定，都貫穿着以愛國者為主體的港人治港的原則。只有堅持愛國愛港的前提和政治誠信，中央才有可能授權香港高度自治，一國兩制才有可能在香港得到順利實施。可見愛國愛港者治港是一條不可逾越的政治紅線，也是一國兩制的一條政治底線。中央作為一國兩制的主導者、基本法的制定者，既有憲制性權利和義務要求香港高級公職人員宣誓和踐行他們的法律承諾，也有能力通過法律手段來堅守自己的政治底線，構築起愛國愛港的法律屏障。

這次人大釋法，釋疑止爭，張揚法力，是中央行使自己對香港憲制性管治權的又一次具體體現，對一國兩制的實施具有現實和深遠的意義。

人大釋法所涵蓋和釋放的基本法第 104 條的法律效力，不單單是針對幾個違反基本法及其宣誓條款的候任議員而言，而且是對 104 條列出的所有相關公職人員就職宣誓時的法律要求和約束，其效力幾乎涵蓋整個管治團隊。

人大釋法也不單單是針對候任就職的當選者或提名者而言，而且是針對所有有意參選或出任相關公職人員的法定要求和條件，從而把 104 條的效力範圍擴展到參選環節，因為參選和宣誓有着密不可分的法律邏輯聯繫，都受同樣的政治要求與條件的約束。

人大釋法不單單是針對當前立法會的特定形勢而言，不是什麼臨時性措施，而是管今後、管長遠的法律規範，其效力時限與基本法相同。

人大釋法甚至不單是對香港憲制性法律—基本法的一種解釋，而且也包括要求香港本地法律予以落實。香港現有本地法律的規定凡是與人大釋法不一致的，應當以釋法為准加以相應修改，特區司法機構此後在審案過程中對基本法該條的解釋，也應當以人大釋法為准。

從法律層面看，這次人大釋法在關鍵時刻維護了基本法和香港法治的尊嚴，確立了宣誓的規範制度，築起了一道堅守愛國愛港原則的法律屏障，不給港獨分子違法言行在立法會留下可乘之機、容身之地，打了一次快捷的法律仗。從政治層面看，這次釋法也體現了中央維護國家主權、堅守一國兩制底線的堅定立場和意志，那就是決不容忍分裂國家、破壞國家統一和領土完整的違法行為，決不允許挑戰和對抗基本法的權威與效力，對香港社會反對、遏制港獨的主流民意是一個極大的鼓舞，打了一次漂亮的政治仗。

人們也注意到，這次人大釋法過程中，中央、特區管治機關、香港主流社會三位一體，共同致力於維護香港的法治，維護國家主權，展示出一種合力護法反獨的特點，值得稱道。一國兩制包含着國家和香港的共同利益，一國兩制在香港的順利實施，端賴國家和香港特區的共同努力。這一過程固然不可缺少中央在一國兩制實施中堅強有力的主導作用，同時也必須充分發揮特區管治機關自身的主體作用，還必須依靠香港廣大市民的社會支持，三者缺一不可。人們有理由相信，只要這三股力量在一國兩制的旗幟下達成共識、形成合力，就沒有解決不了的難題，沒有不可跨越的障礙。

全面準確地理解一國兩制方針

香港回歸 19 年了，但還很難說一國兩制方針已經得到全面準確的認識和傳播。一國兩制實施中的核心問題是如何處理好一國與兩制、中央管治權與特區高度自治權之間的關係。然而恰恰是在這個核心問題上香港社會存在着被誤解、曲解的片面認識，存在背離基本法的另

類詮釋，妨礙一國兩制方針的順利實施。而激進反對派和分離主義勢力往往利用人們在認識上的偏差來混淆是非、搞亂香港，因此撥亂反正、深化對一國兩制方針全面準確的理解和傳播，非常必要。

一國兩制的內涵和宗旨

一國兩制方針內涵豐富，其使命主要包括兩部分，一個是要用和平方式解決歷史遺留的領土問題，推進國家統一大業；一個是允許個別地區實行同國家主體地區不一樣的制度，用有所區別的方式實施治理。應該說，這一方針充分體現了國家對香港歷史和現實的尊重，具有極大的政治包容和智慧。

一國兩制有兩項根本宗旨：一個是要維護國家主權、安全和發展利益，一個是要保持香港長期的繁榮穩定。二者相互依存，構成一個有機整體，任何時候都不可偏廢。毋忘初心，堅持兩大宗旨並舉，是我們考察香港問題的出發點和落腳點，也是檢驗是否全面準確理解一國兩制的主要標準。

中央管治與香港高度自治的關係

自回歸之後，有關香港管治權的構成發生了本質變化。從國家主權、憲政體制和一國兩制方針來看，對香港的治理實際上包括中央管治和香港高度自治兩個方面，中央擁有的是主權性權力，香港享有的是中央授權的地方職能性權力。

從宏觀上看，根據憲法第 31 條、第 62 條、第 89 條以及香港基本法，中央的權力至少包括三個方面：首先是確定對香港地區恢復行使主權，制定對香港的基本方針政策；其次是決定設立香港特別行政區，制定香港基本法，規定在香港地區實行的制度；第三是按照憲法和基本法的規定，依法對香港特區行使屬於中央的權力，處理涉及香港特區的事務。這三個方面共同構成中央管治香港的憲制性權力。

從微觀上看，依據基本法中央對香港直接行使的權力至少包括十大項：(1) 對香港特區行政長官和主要官員的任命權；(2) 決定全國性法律在香港特區實施的權力；(3) 對基本法的解釋權；(4) 對基本法的修改權；95) 對行政長官產生辦法和立法會產生辦法修改的決定權；(6) 對立法會制定的法律的審查權和監督權；(7) 管理與香港特區有關的外交事務的權力；8) 管理香港特區防務的權力；(9) 向香港特區做出新授權的權力；(10) 宣佈香港特區進入戰爭狀態和緊急狀態的決定權。由上可見中央的權力決不只限於外交國防，而香港除基本法明確授予的自治權外，不存在所謂「剩餘權力」。

一國兩制不能僅僅理解為港人治港、高度自治，而首先應視為國家治理香港的一項基本國策，是中央行使國家主權的一種形式。一國兩制、港人治港、高度自治，是有關香港治理的一個完整表述，不可以割裂或曲解。但在香港有人習慣於把這句話只強調為港人治港、高度自治，有意無意地忽略其中重要的前提性條件：即一國、愛國和授權。須知，這裏講兩制，是指「一國前提下的兩制」；講港人治港，是指「以愛國者為主體的港人治港」；講高度自治，是指「基本法授權下的高度自治」。脫離這三個前提條件，「一國兩制、港人治港、高度自治」就會變形走樣，誤入歧途。

堅定不移、全面準確地實施一國兩制方針

香港和內地同屬一個命運共同體，一榮俱榮，一損俱損。香港能夠並且只能在一國兩制下發展其資本主義，保持繁榮穩定。香港回歸19 年了，回過頭來思考一國兩制，會更加認識到這一方針來之不易，彌足珍貴。歷史已經並將繼續證明，一國兩制是解決香港回歸最現實、最明智的政策選擇，是國家治理回歸後香港的最佳制度安排，也是香港利益、國家利益最大化的最大公約數。維護和堅持一國兩制是香港的根本利益所在，也是解決當前社會發展問題的關鍵所在。

2047 年後香港走何方

從歷史角度考察，一個國家一種制度本是常態，而一國兩制應屬於非常態，兩制終究會走向一制。但就當前情況而言，一國兩制是國家現階段的一項基本國策，會堅定不移長期堅持的。一國兩制的制定初衷是鑑於內地和香港在歷史上形成的制度差異不易彌合，需要一個較長時期的相互磨合、適應、融合過程，需要幾代人化異為同的共同努力，因此基本法規定了一個 50 年的時間節點，有關一國兩制的現有法律制度至少要保持到 2047 年。

那麼 2047 年以後前景如何呢？從當前人們的議論來看，似乎香港社會存在三種可能的前途：一個是絕大多數港人所期待的，繼續實施一國兩制；一個是有些人所擔心的：香港正向內地靠攏，擔心 2047 年後會改行一國一制；一個是港獨分子所鼓吹的：香港從中國分離出去，徹底脫離一國兩制。那麼，這三種選擇中哪一個最符合香港的最大利益、最具有現實可行性呢？就我個人的認識，第一種選項無疑最可取，具有最大可行性；第二種判斷缺乏事實根據，不足取信；第三種預測主要來自港獨分子的臆想，企圖把香港帶入災難，無異於癡人說夢，完全不可能、不可信。

我們應該牢記一國兩制方針制定時的初心：鑑於香港和內地的制度差異短期內不易消除，在較長一段時間內國家允許兩制並存是最現實、最明智、最符合兩地利益的政策選擇。這一過程的歷史跨度很可能超出人們最初的預計。如果實踐表明，這種制度差異在 2047 年後依然沒有明顯縮小或消除，繼續實施一國兩制的客觀需求依然明顯存在，或者說屆時仍不具備改變目前這一國策、實行一國一制的必要條件，那麼就有必要將它再延長一段時間，再繼續搞下去，有什麼根據和理由去驟然改變這一方針呢？所以人們有理由、有信心期待國家會在 2047 年後根據當時的情況與時俱進，繼續推行一國兩制方針。

當然，在香港繼續實行一國兩制不是沒有條件的，那就是這一歷史過程必須始終處於國家的掌控下，始終得到香港絕大多數民眾的擁戴和維護，始終遵循一國兩制的正確方向發展，而不是任其信馬由韁，率性奔野，誤入歧途。退一萬步講，假如實踐證明兩制差異無法彌合，社會對抗更趨激烈，兩地漸行漸遠，假如香港出現嚴重損害國家主權、安全和發展利益的事件或趨向而香港本身束手無策，又或者假如香港出現無力靠自身力量保持其繁榮穩定的情況，那麼堅持要求中央原封不動、繼續推行這一方針的理由是否足夠充分呢？

誠然，如同當年制定一國兩制方針的決定權在國家、在中央一樣，2047 年後是否繼續實行一國兩制的最終決定權也在中央。但同樣確定的是，影響中央決定的一個關鍵因素始終在於香港社會本身對一國兩制的認同度和實施情況，球最終還是在香港自己手裏。如果香港社會的主流民意未能表現出珍惜、維護一國兩制的強烈意願，如果主流社會對於背離、違反一國兩制和基本法的激進言行熟視無睹、無所作為，甚至情願選擇沉默，那麼有什麼充分理由去要求中央繼續推行這一方針嗎？

香港社會需要反思和總結

這些年來香港社會政治紛爭不斷，亂象頻頻發生，難免模糊、遮蔽人們的理性之光。有識之士實有必要靜下心來進行反思，認真總結 19 年來的經驗教訓。要深入梳理影響香港社會發展的各種因素，理性認識香港當前的形勢，認清香港的長遠利益、根本利益所在，在社會亂象面前，明辨是非，發出主流民意的正義呼聲，捍衛香港的法治與秩序，抵制、反對一切背離一國兩制和基本法的言行，做有良知、敢擔當的香港人，共同維護香港的繁榮穩定。相信社會各界人士能夠採取負責任的建設性態度，尋求理性溝通的渠道和機制，增進政治互信，促成社會共識，在一國兩制框架下尋求解決問題、走出困境的辦法。

中央的立場和態度

在一國兩制面臨問題和挑戰的情勢下，中央的態度如何呢？習近平主席在 2015 年 12 月 23 日接受香港特首梁振英先生述職時強調，中央實施一國兩制、港人治港、高度自治的立場堅定不移，不會變，不動搖；全面準確地貫徹實施，不走樣，不變形。這一講話集中體現了中央立場，明確表達了對一國兩制和香港的信心，既是一種政策重申更是一種政治堅守。相信習主席講話有利於打消人們的疑慮、猜忌，增加香港與中央的互信，有利於香港社會形成共識，共克時艱。

此時此刻，不禁想起唐代詩人李白的詩句，「長風破浪會有時，直掛雲帆濟滄海」，可以用來表達人們對未來香港發展的願景。讓我們繼續高揚起一國兩制的旗幟，在香港社會、中央和祖國內地的共同努力下，迎來香港更加美好的明天。

2016 年 11 月

13 完善與基本法實施相配套的制度和機制

對香港的管治由中央管治和高度自治共同構成

香港回歸前屬英國人管治，回歸後則由中國人治港。在一國兩制框架下中國對香港的管治權實際上由兩部分組成，一個是中央權力機關對香港的管治，一個是中央授權香港實行的高度自治。前者源於國家主權，是中央代表國家行使的主權性權力，後者源於授權，屬地方性職能性權力。兩者層級不同，源流不同，相輔相成，不可偏廢。沒有港人治港、高度自治固然談不上一國兩制，而倘若缺失了中央對香港的管治，一國兩制就失去了存在的前提、基礎和保障。

中國決定收回香港，不是圖虛名、走形式，而是意味着實實在在地對香港恢復行使主權，包括制定管治香港的方針政策，設立香港特別行政區，制定香港基本法，確立在香港實行的制度，依法對香港行使管治等。作為香港的憲制性法律，基本法不但明確規定授予香港的高度自治權，而且也明確規定了中央對香港管治的權力。與一些人們的誤解甚或有意曲解不同，中央對香港的管治權絕不只限於國防外交，還包括其他一系列重要權力。基本法清晰地規定，中央擁有對行政長官和主要官員的任命權，對基本法的解釋權和修改權，對香港政制發展的最終決定權，對立法會所定法律的備案審查權，決定增減適用於香港的全國性法律的權力，對香港追加授權的權力，對行政長官發出指令的權力，以及宣佈香港進入戰爭狀態或緊急狀態的權力，等等。這些權力都是行使和維護國家主權的必要體現，是中央擁有的憲

---

* 原載香港《紫荊》雜誌 2017 年 4 月號。

制性權力。我們平常說要全面準確地理解和實施基本法，不但指要切實保障中央授予香港的高度自治權，還包括要不折不扣地實施中央對香港的管治權，唯此，才能確保一國兩制的實踐不動搖、不走樣、不變形。中央依法管治香港決不是對香港高度自治的「干預」，而是在忠實行使自己的憲制性權力、權利和義務。

香港回歸 20 年來，中央始終堅持一國兩制、港人治港、高度自治的方針，嚴格按憲法和基本法辦事。一方面嚴守際分，依法行使管治香港的權力，一方面支持行政長官和特區政府依法施政，香港整體上保持着繁榮穩定。面對一國兩制實踐中出現的問題和挑戰，特別是香港社會中存在的重兩制、輕一國、重高度自治、輕中央管治的傾向，在今天強調對中央管治權的正確認識和全面落實尤有必要。

一國兩制不是一條在大海中自行漂泊、任其所為的小船，而是一艘有確定航向、有強大動力和堅強舵手的巨輪。實踐證明，僅僅有港人治港、高度自治不足以掌控和把握一國兩制的正確航向，而必須由國家、由中央來擔任船長和舵手，中央對香港的管治權恰恰就是起到這種掌舵、領航的作用。一國兩制能否全面準確地貫徹實施，很大程度上取決於中央管治權的落實情況。

中央管治權的落實需要配套的制度和機制

香港回歸 20 年來，中央已確立起一系列制度機制，有效行使着對香港的管治權，保障了一國兩制的成功實施，總體情況是好的，應予充分肯定。不過也有學界意見認為，如果對照基本法的既有規定，在實踐中中央的管治權似乎還存在不夠到位、不夠得力的現象。誠然，從學理上看基本法有關中央管治權的規定都是非常必要、非常明確的，應當而且可以行使，儘管其中有些部分不乏規而備用、應時而用的考慮，未必在當下就需要立即、全部地付諸實踐。有些權力要否行使以及如何行使要取決於社會實踐的需求與可能。但是從另一方面

看，基本法有關中央權力的一些條款缺乏有效落實，缺乏落腳點和着力點，難免產生鞭長莫及之感、投鼠忌器之慮。究其原因，很突出的一點就是與基本法實施相配套的制度建設和法律建設還不夠完善。今天強調全面落實中央的管治權，題中應有之義就包含必須完善與基本法實施相配套的制度和機制。

作為香港的憲制性法律，基本法的規定具有框架性、原則性特點，一些條款帶有政策宣示的性質，未能直接構成行為規範，其全面落實還有必要輔以配套的法律、制度和機制。倘若沒有完善的配套措施，基本法的實施就容易停留在字面上、口頭上，流於形式。這一點過往實踐中多少存在重視不足、行動遲緩的短板。迄今為止，就中央管治權的實施而言，除制定《駐軍法》、全國人大有關處理香港原有法律、《國籍法》的實施以及政制發展的幾次決定、還有剛剛通過的《港區全國人大代表選舉辦法》等外，尚未見到其他的與落實基本法相配套的具體法律或實施細則，致使一些條款缺乏明確的執行機制而徒具其名。倘無架橋鋪路、眾星捧月，基本法也就難免成為一部高高在上的孤零零的憲制性法律。中央對香港的管治權不應成為一句空話，而必須通過相關法律和制度一一具體落實。從現在起就抓緊不同層面的法制建設工作，完善與基本法配套的制度和機制，或許應成為當前和今後一個時期一國兩制實施中的一項重要任務。

如何完善與基本法實施配套的制度和機制

落實與基本法實施相配套的制度和機制，實際上包括中央和香港兩個層面的工作，本文重點談談中央層面。我們不妨對照基本法有關中央管治權的規定，逐一梳理一下，看看哪些條款的落實尚需要完善配套的制度和機制，哪些問題需要重點考慮、優先考慮。當然，這裏所提議的僅僅是筆者個人偏重學理層面的探討，與官方立場無涉。

一、為落實基本法第 45 條規定的中央對行政長官的任命權，似宜制定行政長官任免法或任免條例。在一國兩制下中央雖然不派人直接治理香港，香港高官皆在本地產生，但不等於說中央喪失或不具有在人事管理方面對香港高官的制約權，對行政長官的實質性任命權就是基本法規定的中央的一項管治權。然而香港回歸至今，有關中央任命權的成文規範依然暫付闕如，任命權的行使過程似缺乏制度化、透明度。可否考慮以立法的形式，明確規定中央對香港選舉產生的行政長官人選予以任命或不任命的條件與規則，任命權行使的程序，對受任命後特首及有關高官的監督、考察、述職的程序，以及做出罷免決定的依據及程序等內容。

　　二、為落實基本法第 158 條規定的全國人大常委會對基本法的解釋權，似宜考慮制定有關基本法解釋的實施細則。人大常委會已經做出了五次釋法，非常必要，效果很好，唯覺遺憾的是尚未看到人大釋法成文化的程序性、制度性規範。可否考慮以立法的形式明確以下內容：提請釋法的動議權，人大釋法的範圍與對象，解釋的原則、規則、方式和程序，香港基本法委員會在釋法中的作用，解釋的效力、人大釋法與香港司法解釋的關係等內容。人們有理由期待儘快出臺有關人大釋法的實施細則，促使人大釋法的制度化、常態化。

　　三、為落實基本法第 159 條規定的全國人大對基本法的修改權，似宜制定有關基本法修改的實施細則。基本法是一部憲制性法律，理當維護其權威性、穩定性，不宜輕言修改。不過對基本法的修改可能是社會需要的，也是法律允許的，雖然至今尚未付諸實踐，但有必要未雨綢繆，預先制定有關基本法修改的實施細則。其內容可考慮包括提請修改的提案主體，修改的依據、原則、規則和程序，香港基本法委員會在其中的作用，以及修改的效力等。

　　四、為落實基本法第 17 條規定的全國人大常委會對香港立法會所定法律的備案審查權，似宜制定相應的備案審查實施細則。第 17 條規

定了中央對香港立法的審查監督職能，這是中央管治權的重要體現，但是具體如何操作尚未見到成文化的程序性規則。建議制定的實施細則可考慮包括：備案審查的範圍與對象，審查的原則、標準和程序，常委會決定發回所定法律的理據及發回形式，被發回法律的效力，香港基本法委員會在其中的作用等內容。

五、為落實基本法第 18 條規定的人大常委會有權增減在香港適用的全國性法律的職能，似宜確立常委會決定增減適用香港的全國性法律的相關工作機制，包括明確相應的工作程序，決定增減所適用法律的範圍、標準、原則和理據，特區政府與香港基本法委員會在其中的作用等。

六、為落實基本法第 43 條和第 48 條（8）款規定的行政長官須對中央負責以及執行中央政府指令的義務，也有必要確立相關的工作機制或制度，以明確中央行使相關權力的原則、權限、方式與工作程序等。

七、基本法第 20 條有關中央授予香港特區其他權力的規定，即追加授權的權力，實踐中已有很好的先例，概由中央單方面適時決定，似無需更多的配套措施。至於基本法第 18 條規定中央宣佈香港進入戰爭狀態或緊急狀態的權力的實施，固然可借鑒相關的國際法和國際慣例，具體操作的透明度較大，並且當前似無立法的急迫需要，但也應該未雨綢繆，列入議事日程，及早制定與之配套的實施機制。

八、有關香港的政制發展，中央擁有最終決定權。基本法除有第 45 條和第 68 條的原則規定外，還有附件一和附件二加以具體落實的規定，再加上全國人大常委會已做出的幾次釋法和決定，已經形成相對完整、成熟的制度和機制，似無需再專門為此制定相關的法律或實施細則。

九、基本法明確規定中央直接管理與香港有關的外交和國防事務。外交與國防均屬國家主權性事權，歷來排他性地由中央政府管理。香港回歸 20 年來，中央政府在這兩方面已確立起卓有成效的成熟的管理制度和機制，充分體現了一國兩制的特色與優勢，固然可在實踐中進一步改進和完善，但似無很大必要再系統訂立專門的法律或規章了。

總之，結合實踐依法完善與基本法實施相配套的制度和機制，不但是對基本法的必要補充和豐富，也是依法治港的法制建設的重要內容；不但可增加基本法實施的透明度、制度化，而且有利於保障一國兩制實踐不走樣、不變形。

還需要指出的是，不僅在中央層面，在香港特區層面同樣也存在着如何完善與基本法實施相配套的制度和機制的問題，存在着需要在行政、立法、司法諸方面加大工作力度的空間。中央除了自身致力於完善與基本法實施相配套的制度和機制外，也有權利和義務督促特區政府在香港地區層面制定、完善與基本法實施相配套的制度和機制。

綜上所述，如何正確認識和行使對香港的管治權，是全面準確實施一國兩制的核心問題，也是中央治國理政的一個嶄新課題。基本法關於中央管治權的諸項規定能否有效落實，一定程度上取決於是否已具備與之相配套的制度和機制。對香港的管治，不能僅僅表現為港人治港、高度自治，單純的高度自治不足以確保一國兩制在香港全面準確地實施。中央擁有管治香港的憲制性權力，責無旁貸地承擔着主導、監督和保障在香港實施一國兩制的第一責任人的使命。只有落實和強化中央管治權，完善與基本法實施相配套的制度和機制，才能促進香港特區更有成效地發揮實施一國兩制的主體作用，才能更好地把握一國兩制的發展方向。

2017年3月

14 正確認識和處理香港與內地的社會文化差異

　　香港地區是鑲嵌在中國版圖南端的一顆璀璨奪目的明珠，香港同胞是中華民族大家庭中不可或缺的成員。香港和內地民眾共同沐浴着中華文化之光，攜手共進在國家振興強盛的大道上。

　　香港回歸祖國快要 15 年了，兩地的交流融合從來沒有像今天這樣密切深入，這樣利益攸關、榮辱與共。實踐證明，一國兩制是現階段國家治理香港的最明智的制度安排；實踐也表明，一國兩制實施過程中的深層次問題日漸浮現水面，亟待解決。其中一個問題就是如何正確認識和處理香港與內地民眾之間的社會文化差異。

　　當今世界，文化的多元化及多元共存是一種普遍現象，國際社會如此，國家之內不同地區之間也何嘗不是這樣。毋庸諱言，儘管同屬一個國家，有大量的共同點，但香港和內地之間存在多方面的差異，表現在社會制度、文化、生活和價值觀等不同領域，有的是顯性的有的是隱性的，有的屬於表像有的處在深層，有的可以較快地趨同，有的可能會長期存在。這些差異是歷史、現實、地域等多種因素綜合作用的結果，其存在各有其合理因素，不以現階段人們的主觀意志為轉移，因此難以簡單地把這些差異的出現歸咎於某一方民眾自身的偏好或固執。

　　兩地民眾對同一事物的看法可能會因為各自的價值取向和經歷感受表現出差別。譬如說對國家的認同感，內地民眾可以認為是一個天經地義、理所當然的核心價值觀，而對回歸祖國僅十多年的香港民

---

*　　原載 2012 年 3 月香港《紫荊》雜誌。

眾而言，要真正做到人心回歸、普遍樹立起對國家的認同恐怕尚需時日。這一現象看起來似乎不可思議，但是如果結合香港的歷史和現實情況來考察就不難理解了。香港數百年、上千年偏處國家一隅，遠離內地的社會變遷，家國意識很難像內地民眾一樣強烈；英國長達一百五十年的殖民統治和教育，留下的殖民文化痕跡根深蒂固；一國兩制下的高度自治，允許香港保持區別於內地的原有制度和生活方式；國際化都市地位以及外來因素的作用等等，都在客觀上影響着香港同胞國家意識的最終確立。因此應該以一種理性和包容的態度來看待兩地在這方面的差異。充分尊重和考慮到香港的歷史和現實情況，和而不同，也恰恰是一國兩制方針和香港基本法所依據的一項重要原則。

誠然，當前香港和內地存在不少的差異，這是不容否認的客觀現實，也是一個難以跳躍的歷史階段。現在問題的關鍵不在於兩地在社會文化上是否存在差異，而在於如何正確地認識和處理這些差異，特別是如何引導兩地民眾共同處理好相互關係。這也是深入推進一國兩制方針所要解決的一個重大問題，不但是兩地政府也是兩地民眾所共同面對的一個問題。

民眾的交流互動是兩地關係的社會基礎。過往歷史，我們一起見證了香港、內地人民血濃於水的手足情深，見證了兩地共慶國家、香港發展成就和守望相助、共克時艱的動人場面，見證了兩地經濟深度融合、互為奧援的重大事件。當然，我們也注意到兩地民眾交往中不時出現的某些不和諧之音，它們雖然遠非兩地關係的主流，雖然在兩地文化的碰撞中在所難免，但是如果對此缺乏警覺，處理不當，則有可能傷害彼此的情感，增加隔閡，擴大差異，妨礙兩地進一步的交流與融合，影響一國兩制大局，因此有必要引起兩地政府和民間的高度重視。

國家與香港的共同利益，內地與香港民眾的長遠福祉，要求我們必須重視和處理好這一問題。而兩地民眾共同的文化源流和同胞情誼，求同存異、和諧共處的共同心願，則為我們在一國兩制和基本法

保障下，處理好兩地文化差異及交往互動中的問題，提供了條件與可能。

　　進一步擴大交流互動，增進相互間的深層了解，是處理好兩地社會文化差異的基礎性工作。儘管香港與內地的交往已經十分頻密，但實事求是地說兩地民眾的多數彼此間仍然缺乏全面深入的了解，對對方所以生存發展的環境與歷史缺乏認識，難免對一些現象產生歧義、誤解甚至曲解，容易接受片面宣傳的誤導。只有在相互充分了解的基礎上，才能對彼此的文化差異有更好的理解、諒解和包容，才有利於增強彼此的信任和尊重，才有利於求同存異，和諧共處。期望兩地政府和民間社會能夠繼續採取多種形式，堅持致力於加強兩地民眾的溝通和相互了解，致力於對一國兩制方針和基本法的正確傳播，促進兩地民眾獲得一個有關內地與香港的正確全面的認識。這項工作知易行難，耗時費力，然而卻是必不可少的，堅持下去必見成效。

　　面對兩地民眾交往中可能出現的問題，應該提倡理性、平和、文明的方式加以應對，促使問題妥善及時的解決，維護兩地手足同胞的親情，維護兩地關係的大局，這是我們兩地每一個中國人應有的胸懷和責任。社會上的有識之士尤其要嚴於自律、以身作則，避免助長情緒化的過激言行。也期望兩地媒體的朋友本着高度的社會責任感，堅持正面、積極的報道，多做促進兩地融合的工作。

　　「長風破浪會有時，直掛雲帆濟滄海」。一國兩制事業猶如一艘大船，承載着香港和內地的共同利益，同舟共濟，揚帆遠航，行駛在中國現代化建設的航道上。我們有足夠的理由相信，兩地民眾能夠相互理解，相互支撐，求同存異，和諧相處，共同致力於國家與香港的繁榮穩定、長治久安。

2012年2月

香港行政長官普選

本部分七篇文章集中探討與香港行政長官普選相關的問題。筆者試圖闡明一國兩制下香港行政長官普選的法律根據、性質、特點和實施辦法，回應了有悖基本法和人大決定的一些說法和主張；強調特首普選本質上屬於中國一個地區（特別行政區）首長的選舉，不能簡單照搬國外的模式和做法，必須嚴格按照基本法和全國人大所確立的原則、程序和辦法實施。

15

香港行政長官普選問題之芻議

按照基本法第 45 條規定和全國人大常委會 2007 年 12 月 29 日決定，香港特區將在 2017 年普選行政長官，標誌着香港實施一國兩制、推進民主政治的一個里程碑式的重大發展。普選的先期準備即將開始，香港社會各界反響熱烈，也引起海內外的高度關注。

香港特首普選的時空特點

普選是現代民主制度的標誌性內涵，在當前各國的憲政體制中廣泛採用。不過，國際社會的普選實踐是豐富多樣的，表現出各國各地區的不同特色。不久後將在香港實行的普選也擁有自身的時空特點。

回歸祖國前的一百五十多年裏，香港長期處在英國的殖民管治下，實行港督治港，談不上有什麼民主制度，更遑論普選。香港真正的民主政治始於回歸之後，始於基本法的規定，是實施一國兩制、港人治港、高度自治的產物。民主的發展需要經歷一個歷史過程，香港特區很難跨越式地一步邁進到採用高端民主形式的階段。基本法規定要根據香港的實際情況和循序漸進原則，最終達至普選的目標，顯然是考慮到民主的傳統和經驗在香港尚不豐富，民主政治的成熟程度在香港也有待提升。香港回歸祖國才不過十年，就確定了 2017 年實行普選的時間表，速度不可謂不快；無論對香港特區還是中央政府，在香

---

*　　2013 年 11 月 26 日在香港 / 澳門基本法研究會成立會上的發言。

港搞普選都是破天荒的第一次，挑戰不可謂不大。如何順利實施普選，需要香港和國家的協同努力。

香港特首普選，不是一個獨立國家內的全民普選，也不是一種國家元首的選舉，而是實行單一制結構形式的中國的一個地方行政區內的選舉，是一種地方行政長官的選舉。這種普選不能不帶有中國憲政體制的特色，帶有地方選舉的特徵，不能不受制於國家法律的規定和中央的節制，不能簡單套用或模仿一般國家層級的、國家領導人的普選經驗或形式，只能根據香港的實際情況，根據香港在中國憲政體制下的法律定位，做出符合法律的合情合理的安排。

香港特首普選的法律根據

《公民權利和政治權利國際公約》締約國承擔了按照公約規定實施普選的義務，在本國境內無一例外地適用。但一般國家和地區普選的實施都主要是基於國家憲制性法律的規定，是一種國內法行為；即便受制於有關國際公約的約束，也要通過國內法予以實施。國內法構成一國普選的法律根據。

根據基本法、《中英聯合聲明》以及中英雙方的共同努力，香港回歸中國後維持了人權公約有關條款在香港繼續實施的實際效力，儘管香港已經失去因依附英國所獲得的適用條約的地位。但是，從嚴格法律意義上看，《公民權利和政治權利國際公約》目前不具有在香港適用的法律地位，當前在香港繼續有效的並不是整個公約，而僅僅是回歸前該公約原已適用於香港的有關規定。因為中國至今尚未正式成為公約的當事國，按該公約第 50 條的合理推論，非締約國內的部分領土，無法單獨或優先於國家獲得適用公約的法律地位。

即便《公民權利和政治權利國際公約》在香港繼續適用，該公約有關普選的第 25 條 B 款也不具有在香港實施的法律效力。香港回歸

前，英國特別對該條款適用香港做出了保留，排除在適用範圍之外。迄止到撤退前，英國沒有以任何方式表示對其保留的撤銷，保留依然有效。中國尚不是該公約的當事國，無權對英國的保留做出任何肯否的法律行為，事實上是維持了該保留的原狀，保留繼續有效。因此迄今為止，有關普選的公約第 25 條 B 款始終不具有在香港適用的效力，該條款不得成為香港普選的法律依據。

事實表明，即將在香港實行的普選，既不是來源於英國政府的賜予，不是經由《中英聯合聲明》所規定，也不是因為受人權公約的約束而產生，更不是由香港反對派爭取到的，而是在二十多年前，由中國最高權力機關全國人民代表大會在制定基本法時自主規定的。基本法尊重人權公約的有關規定，尊重香港居民的民主訴求，根據香港社會的實際情況，主動規定了在香港特區最終達至普選的目標及實行普選的程序性原則性。全國人大常委會據此進一步承諾，香港可在 2017 年實行特首普選。毋庸置疑，不是任何別的法律，而只是基本法才構成香港特區普選的法律根據，香港普選當然應該嚴格按照基本法和全國人大常委會的規定進行。

香港特首普選的實施模式

被普遍接受的普選概念始於《公民權利和政治權利國際公約》。該公約並沒有明確規定實施普選的特定標準，但強調了「這種選舉應該是普遍的和平等的」。如果一定要說普選有什麼「國際標準」的話，那麼這種標準可定位在「普遍和平等」這一原則上。只要在選舉中能夠保障普遍、平等權利的實施，那麼選舉的具體模式是在所不計的。至於如何理解和實施選舉的「普遍和平等」，各國的實踐各有千秋，不盡相同。聯合國人權委員會在其對公約第 25 條 B 款的解釋時指出，「我們認同沒有任何一個適合於所有人和所有國家的政治制度或選舉模式」，應該說，這一結論是很實事求是的。實踐證明，國際社會並不存在一

種統一的普選模式，各國如何實行普選，那是要由各國根據本國或地區的具體情況來自行確定的。

作為實施一國兩制的中國的一個地方行政區，香港如何實行普選，沒有現成的模式可循，只能由中央政府根據香港歷史和現實的情況，根據香港在中國憲政體制下的法律地位來確定。基本法第 45 條規定了行政長官產生辦法最終達至普選的目標，指出了政制發展必須遵循的原則；附件一規定了產生辦法的修改程序；而人大常委會 2007 年 12 月 29 日的決定則認可香港在 2017 年普選行政長官，規定了相關的工作程序。這些文件形成一套相互關聯的原則和框架，香港的普選只能在這一法律框架下進行。至於普選的具體方式則可留待香港市民依法在民主的基礎上協商產生，再報中央批准。香港普選的路徑和模式即將在這樣一個過程中形成，或許這就是有中國香港特色的普選模式。在一國兩制下，一方面要最大限度地保障香港市民參與普選的民主權利，另一方面又要堅持普選的開展必須依法實施、體現中央主導，二者有機結合，不可偏廢。這或可視為中國香港普選的特色之一。

香港普選的實施並沒有改變香港在中國憲政體制下的法律地位，沒有改變基本法所規定的香港政治體制，也沒有改變香港特區與中央的政治關係。如何實行普選不能認為僅僅是香港特區內部的事務，中央擁有主導和決定香港政制發展進程的權力。試圖採用民粹主義的激烈方式逼迫中央接受某種特定方案，或者堅持超越或違背基本法規定的其他辦法，都有悖於實施普選所應遵循的法制原則，不利於普選的順利開展，是不可取的。

香港特區政府不久即將開展有關特首普選方案的政治諮詢，這是廣泛聽取香港各界意見、凝聚社會共識的好形式，也是普選全過程中的必要步驟。當前的焦點似集中在候選人的產生上，關係到推選委員會的構成如何更加合理，推選委員的產生如何更加民主，候選人提名的程序如何更加公平，候選人的總人數如何更加適當，等等。這些都是香港市民參政議政、行使民主權利的好機會，有很大的民主空間。

期待香港市民能夠抓住這一機會，形成一個既能保障香港市民民主權利、又能符合基本法規定和人大常委會決定的政改方案，共同促進普選的順利進行。

2013年11月

16 香港普選與香港管治的關係

　　香港當前的政制發展集中在行政長官普選的問題上，而普選同香港的管治問題密切相關。如何把握好普選的方向和進程，藉實施普選加強中央對香港的管治、改進特區政府的有效管治，值得認真研究。

香港管治權的雙層結構

　　一、在一國兩制框架下，有關香港的管治決不僅僅限於港人治港、高度自治，而是包括國家層面（通過中央權力機構）的管治和香港地區層面的管治兩部分。兩個層面有機結合，不可偏廢，也不可取代。

　　二、一國兩制方針本身就是中央治理香港的基本國策，內中既包括「一國」原則，也包括「兩制」原則。有關香港地區的管治，是中國的一個地區的管轄和治理，屬於整個國家管治的組成部分，其中首要和決定的因素是中央對香港的管治，包括決定管治香港的基本方針，制定管治香港的憲制性法律，行使中央管治香港的法定權力，把握一國兩制在香港實施的方向和進程。中央的管治權是「一國」原則的本質內涵和要求。

　　三、中央管治權和香港自治權是來源、性質和地位不同的兩種權力。前者是基於國家主權而產生的主權性權力，是「一國」原則在管治權上的主要體現，在兩制並存並行的過程中始終處於主導和決定的地位。後者是經中央授權產生的地方性職能性治理權，屬於授權和派生權力的性質，屬於授權自治，是「兩制」原則在管治權上的重要體現。

---

* 　　此文為 2014 年 1 月在北京一次座談會上發言的摘要。

香港高度自治是有條件、有限度的地方治理：不是脫離一國的自治，而是依附於一國的自治，不是特立獨行的自治，而是受制於中央的自治，不是漸行漸遠的自治，而是逐步融入一國的自治。

四、回歸以來香港社會深層次政治較量的核心問題，無不圍繞香港管治權而展開，爭奪和掌控香港管治權是各派政治勢力鬥爭的焦點。香港普選正是在這一背景下展開的。

香港普選的性質和特點

一、普選是基本法所規定的香港民主政治發展的一個標誌性目標，是在香港實施一國兩制的具有里程碑意義的政治行為，也是對新時期中央治國理政能力的一場重大挑戰和檢驗，受到國內外高度關注。

二、香港普選是中國的一個地方行政區域內的民主選舉，是產生地區行政首長的選舉，明顯不同於一般的國家普選及國家領導人的普選，而是一個受中國法律制約、由中央主導和把握方向、具有中國特色和一國兩制特色的地方普選，不可能照搬國外的標準和模式。

三、香港普選是在一個缺乏民主政治傳統和經驗的前港英統治地區的社會環境下實施，是在一個被授權高度自治、中央不直接管理的資本主義地區實施。香港現存的政治生態制肘着中央主導作用的發揮。

四、香港普選本身不是目的，而應該是促進香港民主發展、社會穩定的一種手段。不能為普選而普選、就普選論普選，正確的方向是必須將普選同全面落實一國兩制的根本宗旨緊密結合起來，同改善香港的管治狀況結合起來。普選的重點似不應專注於選舉的具體方式，而應側重於普選所達到的目的和實際效果。

五、普選不能包治百病，不是可以解決香港所有社會問題的靈丹妙藥。普選不必然自動提升特區政府的管治能力，並非能夠自發增強

社會的穩定繁榮。普選之外，對加強中央和特區政府的管治而言都還有大量的工作要做。

六、可以預見的是，各派政治勢力都對普選抱有期待，都會緊緊抓住普選機會大展身手，爭奪在香港管治權上的發言權和影響力。普選不啻為香港社會的政治競技場，是圍繞管治權爭奪的一場嚴峻的政治較量。從中央的角度看，普選不能為他人做嫁衣裳，不能坐視普選為他人所用。

主導和掌控普選方向　促進香港管治的改善

站在國家和中央的立場，對香港普選的期待與政策設計，或者說衡量香港普選成敗的標準，是否可著重考慮以下幾點：

一、普選的實施應有利於維護、改善和加強中央對香港管治的權威和權力，有利於完善與基本法實施相關的制度和機制，有利於理順香港特區與中央之間的隸屬關係和工作關係，扭轉反對派干擾、對抗中央管治的被動局面。

二、普選的效果應有利於今後三十多年一國兩制在香港的繼續實施和順利實施，有利於落實和強化中央政府管治香港的能力，有利於理順一國和兩制之間以及兩制相互之間的關係，減少未來施政的阻力。

三、普選的實施應有利於確立和增強香港的行政主導體制，強化特首的社會基礎和政治資源，增強其依法施政的能力；有利於建立行政長官在香港行政、立法、司法三者關係中的主導地位，把立法會和司法機構的權力限制在基本法規定的範圍內，而不是坐視行政長官弱勢地位的繼續和加劇，坐視特區政府管治危機的出現而無所作為。

四、普選的實施應有利於推進 23 條立法的完成，切實保障國家主權、安全和發展利益在香港的維護；有利於把反對派的政治行為限制

在法律規定的範圍內，有效應對違反基本法、對抗中央的內外政治勢力，有利於增加香港社會的穩定因素，促進香港政治生態的正面轉化。

五、普選的實施應有利於削弱、分化和爭取反對派，縮小和規範反對派的政治發展空間，讓他們感受到中央權威和法律的威懾力，有利於將其逐步轉化、納入為體制內的反對派。

六、普選的實施還應有利於建制派的協調和整頓，促進建制派隊伍的團結和參政能力的提升，有利於青年領袖人才的鍛煉和培養。

七、基本法規定兩個產生辦法漸進修改，最終達至普選，在客觀上有可能帶來香港政治體制架構的不確定性，預留出各派政治勢力競鬥的空間。是否可考慮藉普選的實施，一攬子解決兩個產生辦法的修改問題，一錘定音，為香港的政制發展畫上一個句號，確立一個不再輕易變動的政制框架，能夠一直沿用到 2047 年。換言之，從源頭入手，從制度層面堵住足以觸發香港政制紛爭的漏洞，使香港的政治局面為之一振。

2014年1月

17 基本法規定的政治體制原則與行政長官普選

當前香港社會正在圍繞行政長官普選展開公眾諮詢，爭議的焦點集中在候選人的產生程序上。諮詢過程中有不同意見並不奇怪，要致力於化解爭議，凝聚社會共識，就必須遵循共同的法律基礎。我們今天研討會的主題「回歸基本法」正是指明了這個共同法律基礎，即關於香港普選問題的討論，必須堅守基本法和人大決定所確定的政制發展原則。下面，我願以一個內地學者的身份談談個人的學習體會，和大家一起重溫基本法和人大決定所確定的香港政治體制原則。

作為中國的一個地方行政區域，香港無權自行制訂本地區的政治體制，而必須由中央通過憲制性法律來加以確定。基本法用了專門一章（第四章）來規定香港的政治體制，就香港特區政治權力機構的構成、地位、職權、相互關係等做出了具體規定。這一章的內容非常豐富，包括和體現的原則也很多，例如一國兩制、「港人治港」、「高度自治」原則，行政主導原則，三權之間相互制衡又相互配合原則，政制發展原則，等等。不過嚴格地說，有關香港政治體制的內涵遠不限於第四章，還應包括總則和第二章所闡述的香港在中國憲政體制中的地位、中央與香港特區的關係等重大內容。這些內容決定和影響着香港本地的政治體制，應視為香港整個政治體制的組成部分。

基本法所確立的政制發展原則

我們今天重點討論基本法關於香港政制發展原則的規定。所謂政制發展，簡單地說就是香港政治體制的發展演進，主要表現為行政長

---

* 2014 年 3 月 22 日在香港特區政府舉辦的研討會上的主題發言，後曾被稱作「一錘定音」。

官和立法會產生辦法的修改問題，當然也涉及普選。這裏集中討論有關修改行政長官產生辦法的原則。這方面的法律根據主要體現在基本法第 45 條、附件一和全國人大常委會 2007 年 12 月的決定。

基本法第 45 條是關於行政長官產生辦法最基本的法律依據。它規定了行政長官產生的方式，即在香港當地通過選舉或協商產生，由中央政府任命；規定了制定行政長官產生辦法的基本原則，即根據香港特區的實際情況和循序漸進原則；規定了行政長官產生辦法的發展方向和目標，即最終達至普選。

附件一規定了行政長官產生的具體辦法及其修改的程序性規則，與基本法具有同等法律效力，內容包括選舉委員會的組成以及修改產生辦法的五步曲。

全國人大常委會 2007 年 12 月有關香港普選問題的決定，則確定了實施普選的時間表，並就如何實施行政長官普選的程序安排做出了原則規定。包括必須組成一個有廣泛代表性的提名委員會；該委員會可參照基本法附件一有關選舉委員會的現行規定組成；提名委員會必須按照民主程序提名產生若干名行政長官候選人；由香港全體合資格選民普選產生行政長官人選，報中央政府任命。人大決定同樣具有確定的法律效力，規範香港普選的進行。

香港當前政改諮詢的各種議論突出地表現在如何認識行政長官候選人的產生程序以及候選人的政治標準這樣兩個問題上。這兩個問題都同政制發展原則有密切關聯。

關於行政長官候選人的產生程序

行政長官候選人的產生過程是一個法定程序，包括法定的提名機構、機構提名原則、提名的民主程序等內容，構成一人一票普選的

前提和基礎。這一程序不是可以任由個人或團體自行組織、決定或更改的。

提名委員會是基本法和人大決定確定的唯一的提名機構，參照體現了香港民主政治傳統和均衡參與原則的選舉委員會而組成，代表了香港社會各階層、各界別的利益和訴求，具有廣泛的代表性和相當的認受性。如果僅僅因為它的法定機構性質，就貶損它的社會基礎，試圖把它同香港民意對立起來，排除在廣大選民之外，說成是什麼「小圈子」，恐怕是難以成立的。

提名委員會是具有專屬性和排他性的法定機構。這裏的所謂專屬性，就是行政長官提名權專屬於提名委員會，只有提名委員會才有權提名和產生行政長官候選人人選；所謂排他性，意味着排除提名委員會之外還存有其他的提名主體和提名形式，任何其他機構、團體和個人都沒有被法律賦予正式提名的權利，不得以各種名義削弱、架空或取代提名委員會的職能。

基本法第 45 條明確規定提名委員會實行機構提名的原則，這意味着不單不存在由法定機構之外的任何個人或團體自發提名的空間，即便在提名委員會內部，也不是實行委員個人提名制，而只能表現為整個委員會按民主程序集體提名。

現在有人提出了「公民提名」、「公民推薦」、「政黨提名」「政黨推薦」等名目的要求，姑且可以視為一部分人的民主訴求，但任何民主訴求都不能脫離法律、對抗法律，都不具有無視法律、自行其是的特權。上述訴求不但不能從基本法和人大決定中獲得任何支持的根據，而且是明顯違背基本法立法原意的，從法律上看不能成立。倘若執意堅持這種背離法律的訴求，只能被視為是打着民主的旗號，鼓動民眾同法律相對立。

普選的全過程就是香港市民行使民主權利的過程。民主權利行使的方式多種多樣，相互之間並不排斥。機構提名是一種法定的民主程序，政改諮詢本身也是香港市民表達民意、參與普選方案產生過程的一種民主形式，存在着充分的民主空間。例如，在遵守基本法和人大決定的前提下，如何在各界別內改進產生提名委員的民主程序，增強提名委員的代表性和民意基礎；如何有利於提名委員有效聽取和吸納香港市民對候選人提名的建議；怎樣規定提名委員會提名的民主程序；提名委員會產生的候選人人數以幾名為好；全港選民一人一票的選舉採用什麼具體方式，等等問題，都存在民主協商的空間，有待香港社會在諮詢過程中廣泛討論、凝聚共識，共同推動政府形成一個體現多數市民認同的行政長官產生方案，為普選的下一步驟奠定基礎。

關於行政長官候選人的政治標準

　　中央政府一再強調行政長官候選人的愛國愛港標準，在香港社會引起強烈反響。那麼，行政長官候選人在基本法明文規定的條件之外，還應不應該具有政治標準，政治標準是否具有法律意義呢？

為什麼要規定政治標準

　　一個國家、一個地區的領導人首先定位為政治人物，當然而且必須具有一定的政治立場；而對領袖人物的選舉不可能不包含政治標準的考察。看看世界各國實踐，要求候選人愛國、忠於國家都是不言而喻的最起碼的政治標準，從國家主權的角度看，執政者的政治效忠原則是最低限度的政治要求。具體到香港行政長官候選人，中央之所以提出愛國愛港的政治標準，主要是由香港在中國憲政體制中的地位、中央與香港的關係以及行政長官的特殊身份所決定的，也是基本法的內在要求所決定的。

香港是中國領土，歸屬在中國主權之下，不是獨立的政治實體、可以自行其是，而是受中國憲法和基本法約束、受中央政府直接管轄的，承擔有維護國家主權、安全和發展利益的義務。基本法授權「港人治港」、高度自治，中央不從內地派遣官員直接治理香港，但並不是說中央就不具有或是放棄了對香港的管治權，怎麼可以設想，一個單一制國家的中央政府對自己地方政府的高官能夠沒有任命和約束的權力呢？不是這樣的！基本法明確規定中央享有對行政長官和其他高官的任命權和監督權，這其中當然包含着對行政長官的政治要求。因為行政長官不單是香港特區的首長，是特區政府的首長，還是中央任命的官員，是中國的一個高級官員；他不但要對香港負責，還必須對中央負責，承擔着在香港實施基本法的領導責任，有服從中央指令的義務，可以說行政長官是香港特區對中央負責的第一人，是連接中央和香港的政治橋樑。如果一個候選人連愛國愛港這一條最起碼的政治標準都不具備，怎麼設想他能夠獲得中央政府的信任和任命、能夠在香港承擔起領導實施一國兩制的職責？作為代表國家行使主權的中央政府，對香港行政長官候選人提出愛國愛港的政治標準難道不具有正當性、難道是過分的、多餘的嗎？

政治標準是否具有法律意義

有人以「愛國愛港」僅僅是一個政治標準、不是法律規定為理由，就把它同基本法割裂開來，同法律對立起來，否認它的正當性，這種說法能夠成立嗎？

誠然，看起來「愛國愛港」標準是一種基於價值觀的政治判斷，是一種政治語言的表述。但是這並非說政治標準就沒有法律根據，不具有法律意義，不存在與法律規定內在的邏輯關係。不是這樣的。

愛國愛港是基於基本法關於香港政治體制的原則而提出來的，符合基本法立法意圖的要求，因此，它的內涵也可以借用法律語言來表

述，猶如一個銅幣的兩面。在法律語境中，愛國愛港標準不妨表述為一個候選人必須滿足「擁護香港回歸祖國、擁護並遵守基本法、效忠香港」的法律要求。因為香港回歸是確定的法律事實，基本法是公認的憲制性法律，擁護回歸、遵守基本法就體現了愛國的法律內涵。只要承諾並踐行這兩點，就意味着候選人通過法律確信方式承認香港是中國的一部分，承認中國的國家主權，承認中央政府對香港具有管治的權力；就意味着承擔有愛國家、維護國家權益的義務，承擔了實施一國兩制和基本法的義務。一個候選人只有承諾並踐行「擁護香港回歸祖國，擁護並遵守基本法」，具備愛國愛港的立場，才能滿足參選行政長官候選人的最起碼的政治要求。在這裏法律的內在要求和政治標準的內涵是吻合的、統一的。

全體香港人不是都見到過行政長官和其他高官就職前要出席一個宣誓儀式嗎？在他們的誓詞中都包含有「擁護香港回歸，擁護和遵守基本法」的內容。基本法第 104 條規定的就職宣誓儀式是一個法定程序，對行政長官和其他高官產生法律拘束力，表明他們都承擔了愛國家、維護國家權益的義務。既然行政長官能夠用宣誓的法律方式來表達自己的政治立場，那麼為什麼不能在普選過程中對候選人提出愛國愛港的政治要求呢？顯然，愛國愛港，不僅僅是一種政治要求，也包含着法律的內在要求，是政治和法律的融合。

強調行政長官人選必須是愛國愛港人士並不是今天才提出來的，而是包含在基本法的立法原意中，是二十多年前基本法起草過程中就曾強調過的一項政治原則。人們還記得，當時鄧小平先生曾多次對基本法起草委員會闡明過這一原則，並為起草委員會所接受。這一原則的要求體現在基本法的多個條款、特別是第 104 條中，在基本法草案先後兩次徵求意見的過程中早已公諸社會，被香港同胞廣泛認同，怎麼到今天就突然成了一個外來之物、強加之物了呢？

普選必須以基本法和人大決定為依據，行政長官候選人要符合愛國愛港標準，這是中央為香港普選劃出的底線，符合一國兩制的根本

宗旨，體現了國家主權和基本法的要求。任何偏離、背離或對抗這一底線的做法都於法無據、與理相違。

　　一國兩制是體現香港利益最大化的基本國策，基本法是香港繁榮穩定的法律保障。香港回歸至今的局面來之不易，值得人們倍加珍惜。為了如期實施普選，為了保障普選的順利開展，排除干擾，回歸並堅守法治之路，嚴格遵循基本法和人大決定辦事，顯然是香港市民的根本利益所在，是唯一明智和現實的選擇，期待這一理念能夠成為香港社會的共識。

2014年3月

18 一國兩制下的
香港行政長官普選原則

概論

民主政治與普選制度

　　據史料記載，民主實踐起源於古希臘的城邦國家。「民主」一詞也最先出現在希臘，詞源是 Demokrati, 含有人民的統治或治理的意思。

　　民主是什麼？按照美國《布萊克法律詞典》的解釋，民主就是一種治理模式，在這一模式下國家主權權力歸屬於全體公民，並由全體公民經由代表制直接或間接地行使（*Black's Law Dictionary*, 6th ed, p. 432）。民主是什麼，簡單地說就是人民當家作主，就是針對君主制、貴族制、寡頭制的統治而言，由多數人參與國家和社會事務的管理。民主是一種「民治」的政治制度，是一種政體形式，是一種國家形態（《法律辭典》，445–446 頁）。民主不只是一個目的，更是一種手段、一個過程，旨在促進國家的善治和社會的發展。

　　民主可分為直接民主和代議民主。直接民主中，政治決定由全體公民做出，採納多數人的意見。代議民主中，政治決定由選出的代表做出，代表向全體公民負責。這一概念現在擴大運用於社會、經濟領域，強調減少權力、權利、特權和財產上的不平等（《牛津法律大辭典》，317–318 頁）。

---

*　　2014 年 5 月為香港高級公務員講課稿。

在民主概念基礎上逐步形成的現代民主政治經歷了一個很長的歷史發展過程。為代議制所推動，19、20 世紀民主的基本特徵是通過廣泛的選舉權自由產生代表大會，行政機關通常向代表大會負責並從中獲得自己的權力，形成為民主政治制度。與民主相關的其它特徵有：定期而自由的選舉，獨立司法權，新聞、言論、集會、結社自由方面的大量措施，以及法治觀念，也就是行政部門和行政官員受法律的約束，並能夠要求他們對其侵權行為承擔責任。（《牛津法律大辭典》，318 頁）。

民主政治的一個重要內容就是選舉制度的確立。選舉是公民的一種政治權利，是指公民通過投票方式選擇公職人員、接受或拒絕某種政治主張的一種正式程序，體現「主權在民」原則和公平競爭原則。從歷史上看，各國選舉實踐中公民的選舉權曾因其財產、身份、地位等不同而出現過歧視性差別。西方國家的選舉權最初就只屬某些特殊公民，並且持續了很長一段時間。選舉同代議制密切相連，因為早期的代議制存在選舉權嚴重的不平等，從而在後來使得爭取普選權成為代議制改革和民主運動的重要內容。19 世紀後西方國家開始出現謀求普遍、廣泛的選舉權的運動，直至 20 世紀後半葉，普選逐漸成為現代民主制度的重要指標。

普選（universal suffrage），也被稱為普選權、普遍選舉、普遍選舉權或普及選權制等，通常被解釋為普遍和平等的選舉。現代國家中法律所規定的公民選舉權包含和體現了普選的幾項重要原則：（1）普遍性原則。公民的選舉權不受不合理的限制，即不受性別、民族和種族、宗教信仰、教育程度、居住年限、社會出身、職業種類和財產狀況的限制，強調選舉權的普及性。（2）平等性原則。公民在行使選舉權時，他們表達的選舉意願在法律上具有同等效力，強調投票權的平等性。（3）直接和無記名秘密投票原則，這是保證選舉人意志自由表達的必要形式。當然，這些原則在各國的選舉實踐中表現出多樣性的特點。

《公民權利和政治權利國際公約》與普選

當今世界，普選能夠成為相當普遍的國家實踐，很大程度上得益於《公民權利和政治權利國際公約》（以下簡稱《公約》）的產生和實施。該《公約》同其他國際人權公約一樣，是一類性質特別的國際條約，是一類由締約國國家承擔義務，保障公約所規定的公民的基本權利和自由在本國得到遵守和實施的條約。該《公約》以 1948 年《世界人權宣言》為基礎，於 1966 年由聯合國大會制定，確立了有關個人的公民權利和政治權利的國際標準以及國際保護機制。《公約》於 1976 年生效，現有約 157 個參加國。中國政府於 1998 年簽署該《公約》，至今尚待全國人大批准。

該《公約》共有 53 項條款，其中實體性條款為其第三部分的第6–27 條，規定了 23 項有關個人的基本權利和自由。其中第 25 條專門對選舉事項做出了明確規定：

> 每個公民應有下列權利和機會，不受第 2 條所述的區分和不受不合理的限制：(a) 直接或通過自由選擇的代表參與公共事務；(b) 在真正的定期的選舉中選舉和被選舉，這種選舉應是普遍的和平等的，並以不記名投票方式進行，以保證選舉人的意志的自由表達；(c) 在一般的平等的條件下，參加本國公務。

與第 25 條直接相關的第 2 條的規定是：

> 本公約每一締結國承擔尊重和保證在其領土內和受其管轄的一切個人享有本公約所承認的權利，不分種族、膚色、性別、語言、宗教、政治或其他見解、國籍或社會出身、財產、出生或其他身份等任何區別。

上述條款是迄今為止關於國家選舉或普選問題的最重要的國際條約規定，成為各締約國實施普選的國際法上的根據和保障。在這裏，

普遍和平等的選舉被規定為公民的一項基本的政治權利，而實施普選則被規定為締約國必須履行的一項義務。

需要指出的是，「條約不及於第三國」。該公約只對締約國有效，所有締約國都承擔着履行公約條款的義務，但對聲明保留的條款除外。至於非締約國，原則上不受該公約的制約。

民主政治在香港的發展及香港普選的由來

民主政治在香港的發展

民主決定於特定的政治體制。所謂政治體制（在香港習慣上簡稱為政制），通常指政權的組織形式和運行原則，其實質是管治權的配置和行使。各國及各地區的政治體制一般都由國家憲法或憲制性法律所規定。作為一個地區實體的香港的政治體制，以 1997 年回歸祖國為分水嶺，可劃分為港英時期和一國兩制時期。

港英時期的政治體制，簡單地說就是港督制，本質上是英國人管治香港的殖民主義統治體制。港督由英國女王直接任命，實行權力高度集中的總督制，包括聽命於總督的決策、立法諮詢制度，行政、立法制度等。在這一體制下不存在選舉制度，立法局委任議員的歷史就曾持續了 142 年，完全談不上現代意義的民主政治。可以說，在英國管治香港的頭一百年裏，這種以維護港督絕對權力為目標的英人治港政治體制基本上維持不變。

到了上世紀 80 年代初，在中國表明要收回香港的意圖後，英國人的治港策略發生了急劇變化。在 1985 年至 1997 年的過渡時期，英國出於應對撤離香港的政治考慮，匆忙對香港原有政制進行結構性調整。打着「還政於港」、「還政於民」的旗號，急匆匆推行所謂「代議制改革」，在立法局引進選舉產生議員的民主機制，實行一套由英國人

設計的代議制政權架構，試圖將一個「民主化」的香港交給中國。對於這種突如其來的變化，人們有理由質疑英國殖民者在香港推行民主的動機和時機。

一國兩制時期香港的政治體制標誌着民主政治在香港的確立。這種體制由基本法加以規定，分為兩個層次。一個是在中國憲政體制下中央與香港的關係，中央基於國家主權保有對香港的管治權，其規定主要集中在基本法第二章；一個是香港根據基本法的授權，實行港人治港、高度自治，享有行政管理權、立法權、獨立的司法權和終審權。同時也確立了香港居民的基本權利和義務，建立起了一套民主政治的體制。其規定主要集中在基本法第三章和第四章。這一政治體制終結了一百五十多年的英國殖民管治歷史，開創了中國在香港恢復行使主權、實行民主政治的新時期。這一體制符合一國兩制方針，符合香港的實際情況，五十年內維持不變，不存在作大修改的問題。

但與此同時，在基本法確定的香港政治體制中關於行政長官和立法會的產生辦法，又留下了一定的發展空間，留出了民主政治進一步發展的餘地。具體講就是基本法第 45 條、第 68 條及附件一、附件二的落實與修改問題，也就是香港政制中一個重要組成部分——選舉制度的發展問題。因為基本法第 45、68 條載明，行政長官和立法會的產生辦法根據特區的實際情況和循序漸進原則而規定，最終達至普選的目標，但沒有具體規定普選的時間表和實施方式。附件一和附件二規定了香港回歸後頭十年（1997 至 2007 年）行政長官和立法會的產生辦法，但對十年後的產生辦法沒有具體規定，只是規定了產生辦法的修改程序。正因為香港政制中存在着兩個產生辦法如何修改以及普選如何落實的問題，才出現了香港回歸至今的所謂「政制發展」。顯然，香港當前的政制發展有其特定的含義，不是指香港特區的整個政治體制，而只是就兩個產生辦法的修改和最終達至普選目標而言。

基本法全方位地確立了香港的民主制度。民主制度的議題很廣，我們今天偏重就其中的選舉制度進行討論。首先，中國收回香港、恢

復行使主權，集中體現了包括香港居民在內的全體中國人民的民主權利，為在香港建立民主制度提供了前提和條件。其次，基本法規定香港保持原有的資本主義制度和生活方式五十年不變，授權香港特區高度自治，由香港當地人自己管理，同時賦予香港居民充分的民主權利，從而使香港的民主制度具有了豐富的實體內涵。第三，充分保障香港居民的基本權利和自由，包括參與管理國家事務及香港事務的各種民主權利。香港居民享有選舉權和被選舉權，依法產生行政長官和立法會，香港居民在歷史上第一次獲得了在國家、在香港的主體地位，體現了香港特區民主制度的實質。第四，循序漸進推進民主政治在香港的發展。回歸後歷屆行政長官和立法會議員均由香港本地選舉產生。產生行政長官的選舉委員會由 800 人增至 1,200 人，具有廣泛的代表性；立法會議員分區直選的數目也在逐步增加，從 2004 年開始已佔立法會一半議席。基本法還規定了最終達至行政長官和立法會全部議員由普選產生的目標。實踐表明，香港特區民主制度的設計和發展，妥善處理了香港上下、內外各種複雜關係，保障了香港的順利回歸和社會穩定，相比起港英時期的總督高度集權制無疑是一個很大的歷史飛躍。

歷史出現了有趣的交織點。中國始終致力於在香港回歸後建立、發展民主制度，英國殖民者則在從香港撤退前匆忙推行代議制民主，雖然中英兩國對在香港發展民主的目的、意圖不同，但在客觀上都激活了香港社會長期以來被壓抑的民主訴求。

基本法確立了香港實施普選的目標

作為香港民主政治重要標誌的普選目標是由誰確立、什麼時候確立的呢？首先，可以肯定地説不是由英國人確立的，港英時期竭力維護的不是香港居民的民主權利，而是英國殖民者的管治權，英國人沒有也不可能提出普選目標。《中英聯合聲明》也沒有規定普選的要求；對於回歸後香港的民主如何發展，那是中國人自己的事，英國人沒有

發言權。其次，是否實行普選也不是當時香港居民自身能夠決定的，雖然回歸前香港社會出現了有關普選的訴求，但在當地不具有制訂政策、法律的能力和權力。當然，普選的創制權也記不到泛民的功勞簿上。真正把普選列為香港民主政治的發展目標、並以憲制性法律加以明確規定的，是中國的最高立法機關全國人民代表大會，是基本法，是在基本法制訂時期。從一國兩制方針出發，考慮到香港的實際情況和民主政治的發展需求，為有利香港的順利回歸和長期的繁榮穩定，基本法起草委員會廣泛聽取和接納了香港市民的意見，在基本法的最終文本中，規定了行政長官和立法會全體議員最終經普選產生的目標，表明了中央對香港民意的尊重和對普選的莊嚴承諾。

考慮到香港不具有民主政治的傳統，考慮到香港回歸後在中國憲政體制中的法律地位，基本法強調要根據香港特區實際情況和循序漸進原則最終達至普選目標。中央一再表明穩步推進香港普選的意願和誠意。直至 2007 年 12 月，全國人大常委會做出決定，明確了香港實行普選的時間表，現階段則支持特區政府開展有關普選的前期準備。

圍繞普選，就基本法所規定和保障的香港民主政治發展而言，始終受到三方面因素的重大影響：一個是英國殖民者撤退前留下的以民主為幌子推行的代議制政治遺產，他們鼓吹「還政於港」、「還政於民」，試圖與中國政府爭奪未來香港政制設計的主導權，促使香港變成獨立或半獨立的政治實體。一個是香港社會有些人一直存在「民主抗共」的政治思維，在「民主」旗號下對抗一國兩制，試圖把香港民主引入同基本法相背離的歧途。三是香港迄今仍缺乏維護國家安全、香港政權安全的社會意識和法律制度，從而對民主的發展形成制約。不妨說，香港是一個政治上不設防的城市。這三種因素交織在一起，在很大程度上阻礙着香港民主的發展，不能不引起人們高度重視。

香港普選的法律根據

國際人權公約不構成香港普選的法律根據

作為現代民主制度中的一項重大內容，普選需要嚴格按照法律規定來實施。條約固然可以成為一國普選的國際法依據，國家承當了必須按照條約規定實施普選的國際義務；但一般而言，如同公民其他的基本權利和自由一樣，一國的普選首先和主要的是由國內法加以保障的，首先必須存在國內法上的相關法律根據。即便是參加了人權公約，公約規定也並非凌駕於國內法之上，而且一般也不直接適用，而是經過本國法加以實施。

中國不是人權公約締約國，香港也不具有締約主體資格，不能一般地說人權公約還在適用於香港。那麼香港普選的法律根據是什麼呢？本來這是一個很確定的不存在爭議的問題，因為基本法和人大決定早已對普選有明確規定，但是香港有些泛民人士仍然主張香港的普選必須以《公民權利和政治權利國際公約》（以下簡稱人權公約）為依據來實施，特別是要遵循公約涉及普選的第 25 條 B 款所確定的標準。那麼這種說法有沒有道理、能不能成立呢？我們不妨用法律事實來予以回答。

英國於 1976 年參加了人權公約，同時聲明擴展適用於香港。但是因為當時香港立法局沒有實行選舉，英國特別提出保留公約第 25 條 B 款不在香港適用。所謂保留，就是排除條約特定條款對締約國適用的法律效力，這種保留也可以經由正式程序予以撤銷。儘管後來港英當局對立法局引入了選舉機制，儘管公約下屬的人權事務委員會在 1995 年就指出英國的保留已不適應香港的現實，但是直至回歸前夕，英國政府在有權利、有理由、有機會撤銷保留的情況下並沒有採取任何正式的法律作為，英國的保留實際上仍然存在下來，因此公約第 25 條 B 款在整個港英時期都不具有適用香港的法律效力。

基本法制訂時期（直至現在），中國還不是人權公約的當事國，無權對英國為香港做出的保留採取任何法律行動，更無權主張該公約繼續適用於回歸後的香港，只能採取一個靈活變通的辦法，維持公約原已在香港適用的實際狀況，包括尊重英國為香港作出的有關保留，既不增加也不減少原已適用的任何條款，從而最大限度地延續了香港居民從人權公約中所獲得的國際保護。這就是基本法第 39 條的規定：各人權公約「適用於香港的有關規定繼續有效，通過香港特別行政區的法律予以實施」。中國的這一立場，最先出現在對香港的 12 條政策中，後來又知會了英國，寫入了《中英聯合聲明》，並且正式照會了聯合國秘書長，得到各締約國的認同。中國這一打破常規的做法，既表明了對回歸前國際公約在香港適用狀況的尊重，也表達了維護香港居民基本權利的誠意。中國的做法實際上是默認並維持了英國保留的法律效力，回歸後在香港繼續有效的公約有關規定並不包括涉及普選的第 25 條 B 款，當然也就談不上這一條款在香港適用的問題。

　　還需要指出的是，從法律上看，中國的做法只是保證了公約原已適用香港的有關規定繼續有效，而不能簡單地說公約在香港回歸後可以繼續享有適用的地位。因為按公約本身的規定，在一個國家尚未正式加入的情況下，公約是不允許僅僅適用於該國一部分的。

　　有人或許會提到人權事務委員會的一般性評議。自 1995 年以來該委員會多次針對香港的人權報告作出評議，認為在香港實際發生的選舉不符合人權公約第 25 條 B 款的規定，要求對該條款的保留予以取消。香港有人因此把這一評議作為英國保留應該取消的依據和已經取消的證據。然而，無論從法律還是法理上看，這種說法都是不能成立的。人權事務委員會並不是聯合國的法定機關，而只是人權公約具有監察職能的條約機構。該委員會由人權專家以個人身份組成，不是權力機關或司法機關，沒有被授權作出對當事國有拘束力的決定。其審議結論固然應受到尊重，但畢竟只是建議性質，不具有改變締約國權利義務的法律效力，當然，也無權對保留在香港的存續問題做出任

何實質性改變。更何況，中國尚不是公約當事國，香港也不是締約主體，該委員會無權要求中國和中國香港對保留的存廢採取特定立場。坦率地說，人權事務委員會的一般性評議對香港起不了多大作用，既不能證明有關保留已被取消，也無法作為保留必須取消的法律根據。對此，特區政府政制及內地事務局發言人 2013 年 3 月 28 日的一個回應講得非常好，他指出，「聯合國公約監察機構（指人權事務委員會）所作的建議並非國際法律，故此並沒有法律拘束力，而是屬規勸性質。……我們與委員會在實施個別建議方面或會略有分歧」。

由上可知，無論回歸前後，涉及普選的人權公約第 25 條 B 款從來不具有在香港適用的法律效力，當然也不可能構成香港實施普選的法律根據和遵循標準。

香港實施普選的法律根據是基本法與人大決定

雖然中國承諾在香港回歸後繼續有效的人權公約有關規定，不包括本來就不適用於香港的第 25 條 B 款，但這一立場並不表明中國排斥這一條款，反對在香港實施普選。恰恰相反，中國最高立法機關在制定基本法時，特意把因英國保留而不得在香港適用的第 25 條 B 款的實質性內容寫入了基本法，對包括普選在內的香港民主政治發展進程做出了明確承諾和保障。基本法和人大常委會決定構成香港普選當然的也是唯一的法律根據。

具體地看，普選的法律根據主要是集中在基本法第 45 條、68 條，附件一、附件二，和人大常委會 2007 年 12 月的決定上。其中

（1）基本法第 45 條明確規定了行政長官最終經普選產生的目標，以及推進這一目標的原則和主要程序。條文如下：

> 香港特別行政區行政長官在當地通過選舉或協商產生，由中央人民政府任命。

行政長官的產生辦法根據香港特別行政區的實際情況和循序漸進的原則而規定，最終達至由一個有廣泛代表性的提名委員會按民主程序提名後普選產生的目標。

　　行政長官產生的具體辦法由附件一《香港特別行政區行政長官的產生辦法》規定。

(2) 基本法第 68 條明確規定了立法會產生辦法及全部議員最終由普選產生的目標，以及推進這一目標的原則。條文如下：

　　香港特別行政區立法會由選舉產生。

　　立法會的產生辦法根據香港特別行政區的實際情況和循序漸進的原則而規定，最終達至全體議員由普選產生的目標。

　　立法會產生的具體辦法和法案、議案的表決程序由附件二《香港特別行政區立法會的產生辦法和表決程序》規定。

(3) 附件一規定了行政長官選舉委員會的組成，以及 2007 年後行政長官產生辦法的修改程序。附件二規定了立法會的產生辦法、法案、議案的表決程序，以及 2007 年後產生辦法和表決程序的修改程序。

(4) 全國人大常委會 2004 年關於基本法附件一第七條和附件二第三條的解釋，闡明了修改兩個產生辦法的完整程序，即所謂「五步曲」。

(5) 全國人大常委會 2007 年 12 月有關普選問題的決定，明確了實施普選的時間表以及產生行政長官候選人的有關程序。摘要如下：

　　根據香港基本法第四十五條的規定，在香港特別行政區行政長官實行普選產生的辦法時，須組成一個有廣泛代表性的提名委員會。提名委員會可參照香港基本法附件一有關選舉委員會的現

行規定組成。提名委員會須按照民主程序提名產生若干名行政長官候選人，由香港特別行政區全體和資格選民普選產生行政長官人選，報中央人民政府任命。

上述文件確立了香港政制發展和實施普選必須遵循的原則：

中央主導和最終決定原則

政制發展構成香港政治體制的一部分，其設計、制定和修改都不是香港自身能決定的，政制發展的主導權和最終決定權在中央，中央握有對修改行政長官產生辦法的批准的權力。普選屬政制發展的核心內容，如何實施只能並且必須嚴格按照基本法和人大決定來開展。

符合香港的實際情況和循序漸進原則

雖然一國兩制開創了「港人治港」、高度自治的民主新時代，但民主政制在香港的發展歷史並不長，還處在探索和積累經驗的階段。政制發展要符合香港的法律地位和實際情況，要在保持香港社會穩定的前提下循序漸進，平穩過渡到普選。

均衡參與原則

行政長官產生辦法的修改，包括普選，關係到香港的社會穩定、經濟發展，必須兼顧各階層、各界別的利益，必須考慮到均衡參與，這是業經實踐證明行之有效的治港經驗。基本法關於功能界別以及選舉和提名委員會的規定，正是表明了對這一原則的尊重和堅守。

修改行政長官產生辦法的程序規則及實施普選的原則

包括修改產生辦法的五步曲，實現普選的目標和時間表，行政長官候選人的提名制度等等。

香港回歸 17 年來的政制發展以及 2017 年行政長官普選，都源於基本法和人大決定的相關規定。基本法和人大決定構成香港政制發展

的憲制性依據，不僅是香港普選的來源和基礎，而且是香港普選必須遵循的唯一的法律根據，具有不可挑戰、不可逾越的權威地位。

香港普選的模式

一國兩制下的香港普選：性質與特點

預計於 2017 年在香港實行的普選是香港歷史上破天荒的第一次，是香港民主政治發展的一個指標性成果，也是在香港實施一國兩制具有里程碑意義的重大事件。目前整個中國內地，除在村一級實行村民直接選舉外，尚未實行全國性普選，內地民眾也都很關注香港的普選。

香港普選是實行單一制的中國的一個地方行政區域內的民主選舉，是地方選舉而不是一般的國家普選；是產生地區行政首長的選舉，而不是一個國家的國家領導人普選。這種性質的普選既要體現和保障香港地區居民的民主權利，又要尊重中國的憲政體制、符合基本法的要求，因此不能不帶有一國兩制的特色、帶有一國兩制下地方選舉的特色，不能不受制於國家的法律規定和中央節制。香港普選不可能簡單套用或模仿一般國家層級的、國家領導人的普選經驗或形式，只能根據香港的實際情況，根據香港在中國憲政體制下的法律定位，做出符合法律的合情合理的安排。

香港普選本身不是可以包治百病、解決香港所有社會問題的靈丹妙藥，而應該是推進民主、促進香港社會發展的一種手段。普選的方向是否正確、成敗如何，應該同全面實施一國兩制的根本宗旨緊密結合起來，既要有利於改善香港特區的管治狀況、促進香港的經濟繁榮和社會穩定，又要有利於維護國家主權、安全和發展利益。不能為普選而普選、就普選論普選。

國際社會不存在普選的統一模式

香港普選是在一個缺乏民主政治傳統和經驗的前港英統治地區的社會環境下實施的，是在一國兩制下授權高度自治、實行資本主義的地區實施的，有自己特定的時空條件和特色，可以借鑒其他國家和地區的普選做法，但又不能照搬國外普選的標準和模式。

被普遍接受的《公民權利和政治權利國際公約》規定了人權保護的國際標準，但沒有明確規定實施普選的特定標準，只是強調了「這種選舉應該是普遍的和平等的」。如果一定要說普選有什麼「國際標準」的話，那麼這種標準可定位在「普遍和平等」這一原則上。只要各國在選舉中能夠保障公民普遍、平等權利的行使，那麼選舉的具體模式是不作統一規範的。美國的由選舉團間接選舉總統的做法，英國議會由實行普選產生的下院和由世襲、冊封、貴族內部推選產生的上院兩部分組成的做法，並沒有被認為是違反普選的所謂「國際標準」。事實上，如何理解和實施選舉的「普遍和平等」，各國的實踐各有千秋，無法強求一律。正如聯合國人權高專署在其於 1994 年出版的《人權與選舉：選舉的法律、技術和人權手冊》一書中所指出的，「我們認同沒有任何一個適合於所有人和所有國家的政治制度或選舉模式」。也如公約下屬的人權事務委員會於其 1996 年對公約第 25 條 B 款的解釋時所指出的，「公約並未對締約國強加任何特定的選舉制度」。應該說，這些結論都是很實事求是的。實踐證明，國際社會並不存在一種統一的普選模式，各國如何實行普選，那是要由各國、各地區根據本身的具體情況來自行確定的。

普選在香港的實施

在香港普選序幕即將拉開之際，中央多次強調，香港普選必須按照基本法和人大決定來實施，行政長官必須由愛國愛港人士擔任，在香港社會引起強烈反響。那麼如何認識中央的這一立場呢？

基本法和人大決定所確立的行政長官候選人產生程序

基本法和人大決定已經對香港實施行政長官普選作出了框架性安排，概括起來講包括以下五項內容：

1. 行政長官普選時，需要參照選舉委員的現行規定，組成一個有廣泛代表性的提名委員會；
2. 任何符合基本法第 44 條規定資格的人，都可以向提名委員會爭取提名，被提名權、被選舉權沒有不合理的限制；
3. 提名委員會實行機構提名原則，按民主程序正式提名若干名候選人，供香港全體合資格選民選舉；
4. 根據提名委員會提名產生的行政長官候選人，香港全體合資格選民均有一人一票的投票權，選出行政長官人選，選舉權是普及而平等的。
5. 行政長官人選在香港當地產生後，報中央政府任命。

上述五項步驟應該說已構成一個符合香港實際情況、有法律根據、公平合理的普選框架安排，同世界各國各地區的普選相比，沒有實質性差別。當然在這一框架下有關普選的一些技術性細節問題，還可由香港社會廣泛討論，凝聚共識，形成具體的實施辦法。

行政長官候選人的產生過程是一個法定程序，包括法定的提名機構、機構提名原則、提名的民主程序等內容，構成一人一票普選的前提和基礎。這一程序不是可以任由個人或團體自行組織、決定或更改的。

提名委員會是基本法和人大決定確定的唯一的提名機構，參照體現了香港民主政治傳統和均衡參與原則的選舉委員會而組成，代表了香港社會各階層、各界別的利益和訴求，具有廣泛的代表性和相當的認受性。如果僅僅因為它的法定機構性質，就貶損它的社會基礎，試圖把它同香港民意對立起來，排除在廣大選民之外，說成是什麼「小圈子」選舉，恐怕是說不通的。

提名委員會是具有專屬性和排他性的法定機構。這裏的所謂專屬性，就是行政長官候選人提名權專屬提名委員會，只有提名委員會才有權提名和產生行政長官候選人人選；所謂排他性，意味着排除提名委員會之外還存有其他的提名主體和提名形式，任何其他機構、團體和個人都沒有被法律賦予正式提名的權利，不得以各種名義削弱、架空或取代提名委員會的職能。

　　提名委員會按民主程序實行機構提名。這意味着不單不存在由法定機構之外的任何個人或團體提名的空間，即便在提名委員會內部，也不是實行委員個人提名制，而只能表現為整個委員會按民主程序集體提名。當然，任何合資格市民盡可以自行向提名委員會爭取提名。

　　現在香港有人堅持「公民提名」、「公民推薦」、「政黨提名」「政黨推薦」等名目的要求，姑且可以視為一部分人的民主訴求，但任何民主訴求都不能脫離法律、對抗法律，都不具有無視法律、自行其是的特權。這些訴求不但不能從基本法和人大決定中獲得任何支持的根據，而且明顯違背基本法的立法原意，從法律上看站不住腳。

關於行政長官候選人的政治標準

　　中央政府一再強調行政長官的愛國愛港標準，那麼，行政長官候選人在基本法明文規定的條件之外，還應不應該具有政治標準，政治標準是否具有法律意義呢？

為什麼要規定政治標準

　　一個國家、一個地區的領導人首先定位為政治人物，當然而且必須具有一定的政治立場；而對領袖人物的選舉不可能不包含政治標準的考察。看看世界各國實踐，要求候選人愛國、忠於國家都是不言而喻的最起碼的政治標準；從國家主權的角度看，這也是最低限度的政治要求。具體到香港行政長官候選人，中央之所以提出愛國愛港的政

治標準，主要是由香港在中國憲政體制中的地位、中央與香港的關係以及行政長官的特殊身份所決定的，體現了基本法的內在要求。

香港不是獨立的政治實體、可以自行其是，而是中國領土，歸屬在中國主權之下，受中國憲法和基本法約束、受中央政府直接管轄，承擔有維護國家主權、安全和發展利益的義務。基本法授權「港人治港」、高度自治，中央不從內地派遣官員直接治理香港，但並不是說中央就不具有或是放棄了對香港的管治權，怎麼可以設想，一個單一制國家的中央政府對自己地方政府的高官能夠沒有任命和約束的權力呢？不是這樣的！基本法明確規定中央享有對行政長官和其他高官的任命權和監督權，這其中當然包含有對行政長官的政治要求。因為行政長官不單是香港特區的首長，是特區政府的首長，還是中央任命的官員，是中國的一個高級官員；他不但要對香港負責，還必須對中央負責，承擔着在香港實施基本法的領導責任，有服從中央指令的義務，可以說行政長官是香港特區對中央負責的第一人，是連接中央和香港的政治橋樑。如果一個候選人連愛國愛港這一條最起碼的政治標準都不具備，怎麼設想他能夠獲得中央政府的信任和任命、能夠在香港承擔起領導實施基本法的職責？作為代表國家行使主權的中央政府對香港行政長官候選人提出愛國愛港的政治標準難道不具有正當性、必要性、難道是過分的、多餘的嗎？

政治標準是否具有法律意義

有人以「愛國愛港」僅僅是一個政治標準、不是法律規定為理由，就把它同基本法割裂開來、對立起來，否認它的正當性，這種說法能夠成立嗎？

誠然，看起來「愛國愛港」標準是一種基於價值觀的政治判斷，是一種政治語言的表述。但是這並非說政治標準就沒有法律根據，不具有法律意義，不存在與法律規定內在的邏輯關係。不是這樣的。

愛國愛港是基於基本法關於香港政治體制的原則而提出來的，符合基本法立法意圖的要求，因此，它的內涵完全能夠借用法律語言來表述。在法律語境中，愛國愛港標準不妨表述為一個候選人必須滿足「擁護香港回歸祖國、擁護並遵守基本法」的法律要求。因為香港回歸是確定的法律事實，基本法是公認的憲制性法律。只要承諾並踐行這兩點，就意味着候選人通過法律確信方式承認香港是中國的一部分，承認中國的國家主權，承認中央政府對香港具有管治的權力；就意味着承擔有愛國家、維護國家權益的義務，承擔了實施一國兩制和基本法的義務。一個候選人只有承諾並踐行「擁護香港回歸祖國，擁護並遵守基本法」，具備愛國愛港的立場，才能滿足參選行政長官的最起碼的政治要求。在這裏法律的內在要求和政治標準的內涵是吻合的、統一的。

全體香港人不是都見到過行政長官和其他高官就職前要出席一個宣誓儀式嗎？其實在他們的誓詞中都包含有「擁護香港回歸，擁護和遵守基本法」的內容。宣誓儀式是一個法定程序，對行政長官和其他高官產生法律拘束力，表明他們都承擔了愛國家、維護國家權益的義務。既然行政長官能夠用宣誓的法律方式來表達自己的政治立場，那麼為什麼不能在普選過程中對候選人提出愛國愛港的政治要求呢？顯然，愛國愛港，不僅僅是一種政治要求，也包含着法律的內在要求，是政治和法律的融合。

強調行政長官人選必須是愛國愛港人士並不是今天才提出來的，而是包含在基本法的立法原意中，是二十多年前基本法起草過程中就曾強調過的一項政治原則。人們還記得，當時鄧小平先生曾多次對基本法起草委員會闡明過這一原則，並為起草委員會所接受。這一原則的要求體現在基本法的多個條款中，在基本法草案先後兩次徵求意見的過程中早已公諸社會，被香港同胞廣泛認同，怎麼到今天就突然成了一個外來之物、強加之物了呢？

普選必須以基本法和人大決定為依據，行政長官要符合愛國愛港標準，這是中央為香港普選劃出的底線，符合一國兩制的根本宗旨，體現了國家主權和基本法的要求。任何偏離、背離或對抗這一底線的做法都於法無據、與理相違。

　　行政長官普選問題一直是回歸以來困擾香港社會的重大爭議問題，這一問題不僅涉及到香港社會各階層、各界別的政治利益分配，而且涉及到中央和香港特區的權力關係，錯綜複雜，事關全域。問題的癥結所在，就是是否允許與中央對抗的人成為行政長官，爭議背後的實質就是爭奪香港管治權的鬥爭。現在香港社會的許多說法，例如「國際標準」、持不同政見者等等，都不過是對這一核心問題的包裝，值得人們引起警惕。

　　一國兩制是體現香港利益最大化的基本國策，基本法是香港繁榮穩定的法律保障。香港回歸至今的民主政治成果來之不易，值得人們倍加珍惜。為了保障普選的如期舉行，香港社會有必要嚴格遵循基本法和人大決定辦事，排除干擾，形成共識，推動政制發展各個步驟的順利實施。顯然這才是香港市民的根本利益所在，是唯一明智和現實的選擇。衷心祝願香港普選目標的如期實現。

2014年5月

19

與香港青年朋友談普選問題

當前香港的政治紛爭和佔中事件都是圍繞行政長官普選問題而產生。對普選本身及如何實施普選的認識，香港社會岐見紛紜，存在不少模糊認識和誤區，甚至出現兩大陣營對峙的局面。如何正確認識、尋求共識呢？正確認識香港普選問題要有一個衡量標準、一個法律尺度。這一尺度和標準不能是別的，只能是香港普選所由產生的一國兩制方針和基本法。說到底，還是一個如何全面準確地認識和貫徹一國兩制方針的問題。

如何認識香港普選的主導權和決定權

有人說，普選是我們香港人自己的事，是我們的民主權利，是高度自治範圍內的事情，應該由我們自己說了算，中央不要也不應干預。這種說法涉及到對中央管治權和香港高度自治權的認識，不論從法律上還是法理上都是不能成立的。

是否及如何實施普選超出了香港高度自治的範圍

香港作為中國的一個特別行政區，其高度自治權不是本身固有的，也不是自身能夠產生的，而是屬於中央授權行使的地方性管治職權，是有限度、有條件的自治權，只能在基本法所確定的範圍內行

---

*　　2014 年 11 月 1 日在北大香港青年專業人士座談會上的講話。

使。香港無權自我設計和規定政治體制，政制發展和普選遠遠超出了香港高度自治的職權範圍，不屬於香港高度自治範圍內的事。

普選涉及如何產生香港地區的最高行政首長，是香港政治體制中的一個關鍵環節，屬於政治體制的重要組成部分。而香港的政治體制不是自身能夠決定的，而必須由國家最高權力機關，經由香港的憲制性法律—基本法來規定。

以上內容可從基本法序言第三段、第 2 條、第 11 條、第 16 條、第 17 條、附件一等規定中找到依據。

中央擁有對香港普選的主導權和最終決定權

中央對香港普選的這一權力是由國家主權原則、中國憲政體制和一國兩制原則所決定的。

國家主權是一國內最高的、絕對的、不可加以限制的權力，擁有對本國境內一切人、物、事的管治權。在單一制國家，主權由中央權力機關代表全體人民統一行使。

在中國的憲政體制內，中央權力機關對所有的地方行政區域，包括特別行政區，享有管治的權力。中央對特區的管治權，可以直接行使，也可以在中央授權並監督下行使。

一國兩制是中央決定和主導實施的基本國策，其中，一國是兩制存在的前提和條件，一國原則在一國兩制中居於主導和決定的地位。

香港的政治體制屬於整個中國憲政體制的一個組成部分，由基本法來決定。憲法和基本法構成香港實行港人治港、高度自治的憲制基礎。香港行政長官和立法會的產生辦法及其修改，普選的目標、時間表和實施的制度安排，都必須由中央最終確定。中央對香港普選擁有不可置疑的主導權和決定權。

以上論斷的法律根據可參閱中國憲法第 31 條、第 62 條、第 67 條、第 89 條，基本法序言第三段、第 1、2、12、43、48 等條，附件一、附件二，人大常委會 2004 年的釋法、2007 年 12 月及 2014 年 8 月的決定等。

如何認識香港普選的性質與特點

有人把香港普選混同於一般國家的普選，要求完全按照國家普選模式和標準來實施，否則就是假普選、假民主，就要抵制和反對。這種說法有道理嗎？

香港民主政治、選舉制度的真正確立是在回歸祖國以後，是實行一國兩制和基本法的產物。可以說沒有一國兩制就沒有今日香港的普選。

普選的實施，是香港民主政治發展進程中的一個里程碑，是一國兩制的一個指標性成果，是香港歷史的一個跨越式發展。

主權國家如何實行普選，可以由國家自身決定，在它之上不存在別的政治權力的制約。香港如何實行普選不是自身能決定的，在它之上還存在代表國家行使主權的中央權力機關，必須受中央的管治。

香港普選是一種特殊類型的選舉，是實行單一制的中國的一個地方行政區域內的民主選舉，是地方選舉而不是一般的國家普選；是產生地區行政首長的選舉，而不是一個國家的國家領導人普選；也是世界上少見的一種地方行政首長由本地選舉產生而又由中央任命的普選。這種性質的普選既要體現和保障香港地區居民的民主權利，又要尊重中國的憲政體制、符合基本法的要求，因此不能不帶有一國兩制的特色，帶有一國兩制下地方選舉的特色，不能不受制於國家的法律規定和中央節制。香港普選不可能簡單套用或模仿一般國家層級的、

國家領導人層級的普選經驗或形式，只能根據香港的實際情況，根據香港在中國憲政體制下的法律定位，做出符合法律的合情合理的安排。

如何認識香港普選的法律根據

本來這不是一個問題，因為基本法早已作出明確規定，但在香港被有些人搞亂了。他們置規定了普選的基本法和人大決定於不顧，卻堅持把對香港不產生法律效力的人權公約普選條款奉為選舉依據。

人權公約不構成香港普選的法律根據

人權公約關於普選的第 25 條 B 款從來不具有在香港適用的法律效力。該條款回歸前因為英國的保留而不得適用，回歸後不屬於中國承諾在香港繼續有效的人權公約的條款。英國保留的效力實際上依然存在。

人權事務委員會不是聯合國的正式機構，而只是《公民權利和政治權利國際公約》的下屬機構；不是一個權力機關和裁決機關，而只是一個由人權專家個人組成的具有監督職能的條約機構。該機構無權改變締約國在公約中的權利義務，它對香港情況的審議結論不具有法律拘束力，無權改變保留條款在香港存廢的地位。

香港人權法案條例雖然包括有普選條款，但仍然將普選條款列為保留和例外，無法成為保留已被取消的根據。況且人權法案不具有凌駕於基本法之上的法律地位。

坦率地說，中國不受人權公約的約束，香港不受仍處於保留狀況的公約條款的約束。人權公約的普選條款不構成香港普選的法律根據。

香港普選的法律根據是基本法和人大決定

中央不反對人權公約的普選條款，不反對在香港實施普選，反而是主動、明確地將被英國保留的普選條款寫入了基本法，把普選確定為香港民主發展的最終目標。

中英聯合聲明不涉及任何有關普選的規定。英國對香港普選不具有發言權。普選的目標、時間表、實施辦法、制度安排都是由基本法和人大決定確立的。這是香港普選唯一的法律來源和根據。

香港普選的法律根據必須是並且只能是基本法和人大決定。這是一個確定的法律事實。

如何認識香港普選的選舉模式

有人說世界上存在有關普選的國際標準，香港普選必須遵循國際標準來實施，否則就是假普選，要以公民抗命爭取真普選。那麼實際情況如何呢？

國際社會不存在統一的普選模式

實踐證明，國際社會並不存在一種統一的普選模式，不存在被所有國家認同和遵循的所謂「國際標準」。人權公約各締約國如何履行公約義務、實行普選，那是要由各國、各地區根據本身的具體情況來自行確定的。

誠然，人權公約規定了人權保護的國際標準，但是並沒有明確規定實施普選的特定標準，只是強調了「這種選舉應該是普遍的和平等的」。如果一定要說普選有什麼「國際標準」的話，那麼這種標準只能

定位在「普遍和平等」這一原則上。只要各國在選舉中能夠保障公民普遍、平等權利的行使，對於選舉的具體模式是不作統一規範的。美國的並非一人一票而是由選舉團間接選舉總統的做法，英國議會實行的普選產生下院議員和由世襲、冊封、貴族內部推選產生上院議員的做法，並沒有被認為是違反普選的所謂「國際標準」，更談不上是確立了一種「國際標準」。

事實上，如何理解和實施選舉的「普遍和平等」原則，各國的實踐各有千秋，無法強求一律。正如聯合國人權高專署在其於 1994 年出版的《人權與選舉：選舉的法律、技術和人權手冊》一書中所指出的，「我們認同沒有任何一個適合於所有人和所有國家的政治制度或選舉模式」。也如公約下屬的人權事務委員會於其 1996 年對公約第 25 條 B 款的解釋時所指出的，「公約並未對締約國強加任何特定的選舉制度」。應該說，這些結論都是很實事求是的，並沒有提出和要求所謂「國際標準」。

順便提一句，中國尚不是人權公約締約國，不受公約的約束。即便公約規定了普選的「國際標準」，中國也沒有遵守的義務。

反對派鼓吹普選國際標準的用意

香港反對派雖然極力鼓吹存在什麼國際標準，但是時至今日，對於到底什麼是國際標準卻講不清楚。他們對國際標準內涵的說法往往是各執一詞、自說自話、混亂不堪，沒有一個統一的界定，也始終未能確切指明國際標準的法律根據和出處，可以說是生造出來一個所謂「國際標準」，並且強加在香港頭上。其目的與其說是真的信奉什麼國際標準，而不如說是愚弄民眾、把水攪渾，以所謂國際標準來對抗、否認基本法關於普選的規定，抵制中央對香港普選的主導作用，為他們在基本法之外另搞一套選舉辦法提供依據。

如何認識全國人大常委會「8.31」決定

在香港，人大「8.31」決定遭到曲解、攻擊，被妖魔化了，佔中借機爆發，矛頭直指中央權威和對香港的管治權。

全國人大常委會「8.31」決定重申了中央關於香港普選的原則立場，確認了香港實施普選的制度性安排，為下一階段制定政改方案指明了方向。該決定是中央在香港普選的關鍵時刻作出的一個有重大意義的政治決斷，具有法律效力。

「8.31」決定的目的，旨在保障香港普選嚴格按照基本法和人大決定正確實施，保障由愛國愛港者治港，保障一國兩制在香港實施的正確方向。

關於行政長官的普選辦法

8.31 決定的核心內容是確定產生行政長官候選人的制度安排。由提名委員會產生候選人是香港普選的一大特色，是根據香港的實際情況和一國兩制的要求而設計的，早在 25 年前基本法起草過程中就確立為未來香港普選的一項制度安排，並經基本法明確規定和人大常委會多次決定確認。「8.31」決定不過是再次確認並制度化這一法定程序，避免香港普選走樣、變形，避免因普選結果與中央任命不一致而產生某種憲制危機，避免民粹主義對香港社會的干擾。

提名委員會由香港社會各階層、各界別推選的代表組成，體現了均衡參與、協商民主的要求，具有廣泛代表性，構成唯一合法的提名機構。提名委員會實行機構提名原則，具有提名產生候選人的專屬性和排他性。公民提名、公民推薦、政黨提名、政黨推薦等主張不符合基本法和人大決定。

少數服從多數是機構決策通行的民主原則，表現為多數決的民主程序。而以過半數成員通過決議是通常的多數決量化指標，人大決定確定的過半數要求不算高標準。

把候選人人數明確為 2–3 人，主要是從保障普選的可操作性、選舉效率和成功率等技術層面考量，既參照了各國實施普選時的慣常做法，也充分尊重了 2010 年香港政改方案提出的候選人人數以 2–4 名為宜的意見，是實事求是、合情合理的。

關於對行政長官的政治要求

對於參與公共事務管理的領導人的選舉而言，從來都存在對他們的政治立場和政治倫理的要求。其中熱愛和效忠國家，無疑是一個不言而喻、無需強調的最低限度的政治標準。世界各國，概莫能外。而就被授權高度自治的香港地區的特首普選而言，對行政長官候選人政治態度的考察和要求尤為必要。

中央在確定一國兩制下港人治港、高度自治的政策時，在基本法起草過程中，都反復強調了由愛國者為主體的港人治港的政治原則。對於香港行政長官而言，尤其必須堅持由愛國愛港人士擔任的原則。這是一國兩制方針內在的基本要求，是行政長官的法律地位和重要職責所決定的，是保持香港長期繁榮穩定、維護國家主權、安全和發展利益的客觀需要。因為按照基本法的規定，香港特區行政長官既要對香港負責，也要對中央負責，是連接香港和中央的第一人，承擔着領導香港執行基本法的責任。不可以設想，中央能夠信任和任命一個不愛國愛港、反而是對抗中央的人物出任這樣的職位，能夠聽憑普選放任自流，產生出一個與自己作對的行政長官人選。

中央之所以在香港面臨普選爭議的關鍵時刻重申並強調對行政長官的政治要求，並不是憑空而來，而是因為現實中存在着提出這一問題的必要。人們注意到，回歸以來，個別一貫對抗中央、違抗基本法

的政治人物，在外部政治勢力的支持下，企圖通過普選來謀取行政長官的職位，合法掌控香港的管治權，對由中央主導的一國兩制在香港的實施形成挑戰和潛在威脅，這一情況不能不引起人們的憂慮，尤其引起中央的高度關注和警覺。23條至今未能立法，香港成為政治上不設防的城市。中央從維護和主導一國兩制的全域出發，有必要為確保愛國愛港者出任行政長官提供制度保障。現在，基本法和人大決定所規定的行政長官普選辦法正是為實現這一目標而提供的制度保障。這是一個很直白的立場。

如何認識香港當前圍繞普選的政治鬥爭

「佔中」不是偶然發生的，而是一場蓄積已久、必然要到來的政治對抗，是香港回歸以來最大的一次社會政治動盪。當前香港正處在民主發展的歷史轉戾點上，正在經歷社會變革的陣痛。

從法律角度看，「佔中」運動是一場打着民主、普選的旗號，違背「一國」原則、挑戰中央權力、對抗基本法的嚴重社會政治事件，是公然違反香港現行法律的非法活動。

當前的這場鬥爭，已經不單純是佔中的問題、普選的問題了，而是要不要尊重基本法、維護中央的憲制權力、要不要堅持一國兩制、要不要維護中國國家主權、安全和香港長期繁榮穩定的大是大非的問題。鬥爭的實質是對香港管治權的爭奪。站在中央的立場，按照基本法和人大決定實施普選、由愛國愛港者擔任行政長官，是必須堅守、不容後退的底線，很難想像會在反對派的激進行動面前退讓。

就香港激進反對派的立場而言，他們把佔中看成是按照自己意願爭取真普選的最後機會，大話已經講出，難以收回，成敗在此一役。更何況由他們挑起和組織的佔中運動已經騎虎難下、失去了控制。佔中如何收場，反對派似乎已失方寸，只好硬撐着一路走下去。

不論佔中的結局如何，後佔中的形勢都很嚴峻，普選的前景不容樂觀。比較而言，回歸基本法，在中央確定的普選辦法框架下，協商出一個各方都大致能接受的政改方案，共同推動政改方案的通過，保障 2017 年如期實行普選，也許才是對香港更為有利的選擇，有可能把對各方的損失降低到最低限度。

　　佔中已經持續快五周了，究竟要如何收場、善後，佔中為什麼會發生，香港普選要走向何方，香港在中國憲政體制下的地位和權限，一國兩制究竟如何實施，等等，這些重大問題需要全體香港居民認真考慮，值得靜下心來好好反思，求得一個正確認識和共識。關鍵在於解決思想認識問題。

　　一國兩制是保持香港長期繁榮穩定的最佳制度選擇，是保障國家利益和香港利益最大化的政治安排，是新時期治國理政的一項偉大事業，也是一項具有長期性、複雜性和艱巨性的社會系統工程。實踐已經證明並將繼續證明這一方針的正確和必要。我們已經取得了歷史性成功，但更大的挑戰和考驗擺在我們面前。讓我們勇敢地承擔起這一歷史使命，堅定不移地去開創一國兩制更大的成功。

2014年10月

20 政制發展與
香港行政長官普選

我今天講四個問題:一,政制發展與普選;二,香港普選面臨的
社會政治環境;三,香港普選的性質和特點;四,香港普選的前景。
與學員朋友們交流。

關於政改

香港的政改或曰政制發展問題,就是行政長官和立法會議員兩
個產生辦法的修改以及最終實現普選的問題,屬於香港政治體制的一
部分。

所謂政治體制就是以憲法或憲制性法律為基礎的權力結構關係。
按照基本法的立法原意,香港的政治體制及其發展要符合一國兩制的
原則,要從香港的法律地位和實際情況出發,以保障香港的穩定繁榮
為目的。為此,必須兼顧社會各階層的利益,有利於資本主義經濟
的發展;既要保持原政治體制中行之有效的部分,又要循序漸進地
逐步發展適合香港情況的民主制度。(見姬鵬飛 1990 年的《草案說明
報告》)

按照一國兩制方針的設計和基本法的規定,香港的政治體制實際
上包括有機組成的兩部分:一個是中央與香港的權力關係,一個是香
港本地的權力結構關係。前者是講中央權力機關握有對於香港全面的
管治權,同時授權香港實行高度自治,中央與香港的關係是中央和地
方、授權與被授權、管轄與被管轄的關係。後者是講香港特區的行政

---

* 2015 年 6 月初在國家行政學院講課稿。

主導體制，行政長官被授予權力結構中的主導地位，行政、立法相互制衡、相互配合，司法獨立。憲法和基本法所確立的香港政治體制五十年不變，所謂政改，不是說整個政治體制都要改，而僅僅是指其中的行政長官和立法會議員的產生辦法，可依照基本法，根據香港的實際情況和循序漸進原則逐步發展，最終達致普選。對此基本法第45、68條，附件一、附件二，以及全國人大常委會的幾次釋法和決定，做出了明確的規定。

不妨說，香港政改本質上就是民主政治的發展，就是用選舉的法治的方式實現行政長官和立法會議員的和平更替，保障香港居民民主權利的充分行使。實現政改的前提是對現行政治體制的高度認同和維護，是保障一國兩制的正確方向和順利發展，既要維護香港居民的民主權利和香港的繁榮穩定，又要維護國家主權、安全和發展利益。

香港政改是在一國兩制的框架下，在一個被授權高度自治的地區來推進政治體制的發展。政制發展不屬於高度自治的範疇，不能由香港自身決定，中央對香港政改擁有主導權和最終決定權。

政制發展集中反映了香港社會的各種矛盾，關係到中央對香港的管治權以及香港的高度自治權，實質就是管治權掌握在誰的手裏，觸及到一國兩制的核心問題。圍繞這一問題香港始終存在複雜激烈的政治較量。

香港實行普選面臨的社會政治環境

香港社會存在兩大對立的政治陣營

政治生態問題。香港在經歷一百五十多年的英國殖民統治之後回歸中國，由中國恢復行使主權，管治權回到了中國政府手中，但這並不等於香港的政治生態立即適應了這種重大的憲政體制變化。實際情

況是，香港的政權移交是在社會基礎沒有根本性改變、原有政治格局沒有根本性觸動的條件下實現的，香港回歸後也沒有進行大規模的去殖民地化教育。這樣，英國統治後期產生的支持和對抗香港回歸祖國的兩大政治陣營延續下來，演變為以中央、特區政府和愛國愛港力量為一方、以反對派及其外部支持勢力為一方的擁護還是對抗一國兩制實施的兩大政治陣營，並展開激烈的爭執較量，這是香港回歸後的基本政治態勢。香港回歸後發生的所有重大政治事件，比如全國人大常委會釋法、23 條立法、政制發展、國民教育、佔領中環等爭議和事件，都能看到這兩個政治陣營之間的政治較量。

反對派陣營內部各種政治力量雖然有分歧，但在以下三個問題上形成合流：一是採取與中央政府對抗的立場，二是把香港視為獨立的政治實體，三是尋求並獲得西方勢力的支持。他們把設計一套對其有利的普選制度視為奪取香港管治權的最大抓手，然而他們的政治主張與一國兩制和基本法的規定相違背，危及國家的主權安全和發展利益，危及香港長期的繁榮穩定，觸犯了中央政府事先宣示過的政治底線，這也就決定了中央不會容忍由他們來執掌特區的管治權。

普選政治具有放大各種政治、社會矛盾的傾向，怎樣防止香港社會存在的政治對立加劇，防止激進反對派奪得管治權，這是在香港推行行政長官普選的一大挑戰。

香港社會存在對一國兩制的兩種對立理解

社會認識層面的問題。與兩大政治陣營的存在相對應，香港社會存在着對一國兩制的兩種不同理解。愛國愛港陣營站在香港和國家的立場來理解、貫徹落實一國兩制和基本法，反對派陣營則站在企圖把香港變為獨立政治實體的立場來曲解一國兩制和基本法。正如劉兆佳教授所說，「雖然反對派在基本法的政制安排下無法取得特區管治權，但他們在爭取群眾認同或贊同其對一國兩制的另類詮釋方面卻頗為奏

效，從而使得不少港人對一國兩制的內涵、中央的權力範圍、中央與特區的關係、人大釋法的法律意義、香港政制發展所應遵循的準則和高度自治的界限等核心問題，與中央和內地有不同甚至截然不同的認識」。

反對派的主張借助媒體在香港社會獲得先入為主的效果，從思想認識層面給普選設置了障礙。這裏要強調的是，一般而言，普選是以法治手段實現國家或地區的政權更替，而要取得成功，參與選舉的各種政治力量對國家和國家憲法的認同是必不可少的條件。但是香港反對派陣營不僅不認同國家憲法，而且肆意排拒憲法、歪曲基本法的規定。怎樣在推進香港社會普選的過程中建立起國家認同，糾正對一國兩制和基本法的各種錯誤認識，這是在香港推行普選面臨的第二個挑戰。

行政長官產生過程存在選舉和任命兩個步驟

選舉制度內在的結構性問題。基本法規定行政長官在當地選舉產生後，要報中央政府任命，也就是說行政長官產生辦法包括選舉和任命兩個部分，是地方選任制和中央任命制的結合。這在很大程度上不同於一般的國家普選過程。基本法規定的中央任命權是實質性而非程序性權力，這是由香港特區直轄於中央政府的法律地位以及行政長官在一國兩制中的特殊地位所決定的，是前所未有的憲制安排。這就從程序制度上要求做到，經選舉長生的行政長官人選能夠順利獲得中央任命，保證由愛國愛港人士出任行政長官，防止可能出現的憲制危機，這是在香港推行普選所面臨的第三個挑戰。

香港社會各階層利益保障要防止兩個極端

均衡參與和發展資本主義問題。香港在英國殖民管治時期，港英政府壟斷政治權力，政治參與只限於少數經其精心挑選的社會精英，對英資和外國投資者採取極端保護政策，完全談不上民主政治。回歸

後香港居民的政治地位發生了重大改變，特別是在引入選舉政治以後，香港進入了一個平民政治時代，初級民主形式大行其道。不過，從宏觀上看，香港社會本質上始終是一個國際化程度很高的工商社會，如何持續增強香港本地工商界和各國投資者的信心，保持和發展資本主義，從香港過渡時期開始就始終是一個重大政治問題。要保持香港長期的繁榮穩定，必須正視香港社會的定位和基礎，兼顧社會各階層的利益，保障資本主義發展的基本要素。既要充分尊重大眾的民主權利，不能繼續少數人壟斷政治權力的精英政治，又不能搞民粹主義和泛政治化，衝擊香港現有的經濟秩序，必須在這二者之間尋求平衡。普選政治很容易把社會引向民粹主義和福利主義，影響投資者的信心和資本流向，如何防止這種情況出現，是香港普選面臨的第四個挑戰。

由上可見，香港普選面臨的社會政治環境是複雜、嚴峻的，如何在這種條件下按照基本法規定順利推進普選，對中央、對香港都是嚴峻的挑戰。

香港行政長官普選問題

令人遺憾的是，基本法所規定的香港普選從一開始就被有些人汙名化、妖魔化了，被說成是假民主、假普選，嚴重阻礙了普選的順利開展。因此有必要撥亂反正、正本清源。

香港普選的來由、根據、性質和模式

普選來由。香港真正的民主政治是在回歸祖國後才開始的，是基本法提出和確立的。基本法規定行政長官可在香港本地選舉產生，由中央政府任命，最終達至普選產生的目標，從而徹底終結了由英國女王派遣總督治理香港的殖民管治歷史，開啟了港人治港、行使民主權利的新時期。

法律根據。香港普選的法律根據是基本法和人大決定，而不是在香港不具有適用效力的人權公約普選條款，更不是缺乏法律依據的所謂普選國際標準。這是不爭的法律事實，有關這方面的論述，請參考我最近發表的文章，此不多言。

　　普選性質。香港行政長官普選本質上是實行單一制的中國的一個地方選舉，是地方領導人的選舉，不是國家層級和國家領導人的普選，不同於一般的國家普選，因此不能簡單套用外國經驗。而普選性質很大程度決定了它的特點和模式。

　　普選模式。人權公約沒有規定也不要求統一的普選模式，各締約國可根據本國實際情況自行確定普選方法，只要符合 25 條 B 款要求的普及而平等的原則，就是普選。國際社會不存在統一的普選模式，各國普選模式多種多樣，比如英國、美國。反對派找不出所謂國際標準的公約依據，說法混亂、自相矛盾。他們鼓吹普選國際標準的用意，不過是試圖用人權公約取代基本法、用第 25 條 B 款對抗基本法 45 條，爭奪普選的法律根據、話語權和主導權。一國兩制下的香港普選有自成一體的特定模式。

香港普選具有一國兩制下地方選舉的特點

　　首先，香港普選不是自身能決定而是要由中央主導和最終決定。主權國家的普選可以由國家自身決定，在它之上不存在更高的權力約束。作為單一制國家的一個地區，香港的政制發展和普選制度不屬於自治事務，不是香港自身能夠決定的，而必須由國家最高權力機關通過基本法加以規定，其具體實施也必須相應地由中央根據基本法作出決定。人們注意到，包括行政長官普選的目標、進程、時間、制度、程序等關鍵問題，都是由基本法和人大常委會決定來規定的，具有法律約束力。這些法律規範絕不是中央對香港自治事務的所謂「干預」，而是中央在正當行使憲法和基本法規定的權力，中央握有香港普選的主導權和最終決定權。基本法 45 條規定香港的政制發展要符合香港的

實際情況，而香港屬於中國的一個特別行政區，直轄於中央政府，受國家管治，就是香港最突出的實際情況。

其次，香港行政長官在當地選舉產生後要由中央政府任命。通常國家的普選，是主權者的法定行為，其選舉結果一般都會直接生效，不需要也不存在國家之上更高的權力機關對選舉結果予以審批。但香港不同，它是直轄於中央政府的一個特別行政區，受制於國家，行政長官要對中央政府和香港特區負責。雖然行政長官是由香港當地選舉產生，但其選舉結果並不必然生效或直接生效，不是香港選成什麼樣，中央都必須接受，照單全收。代表國家行使主權的中央政府對當選的行政長官握有最終審批和任命的實質性權力，這也是保障一國兩制在香港順利實施的一個必要的法律程序。不妨說，香港行政長官實際上是地方選舉和中央任命相結合的產物，中央任命是正式確認行政長官行使職權的必要環節，這一點顯然構成香港普選的一大特色。

第三，行政長官普選由提名委員會制度和一人一票普選相結合。45 條規定行政長官最終可由香港地區普選產生，但同時又規定，行政長官候選人必須由一個有廣泛代表性的提名委員會按民主程序提名產生。這也是香港普選的一大特色。提名委員會是一個機構，對候選人擁有專屬和排他的提名權，提名過程表現為機構提名。整個行政長官普選就是由提名委員會提名候選人和選民普選這樣兩個環節共同組成，二者有機結合、缺一不可，不能夠脫離或繞開提名委員會這一環節直接進入普選。

提名委員會組成體現了均衡參與和廣泛代表性原則，有利於產生各方面認可、接受的候選人。其民主性遠遠高過特定政黨的提名。這一制度也有利於防止普選中可能出現的對抗性政治、憲政危機和民粹主義。

提名委員會制度的設計在很大程度上也是為了保障行政長官候選人必須符合基本法對他們的最低限度的政治要求，即候選人應該擁護

基本法、效忠國家和香港，能夠對中央和香港負責、在香港負責執行基本法。而對候選人進行鑒別、遴選的工作首先是交由香港本地來操作，由具有廣泛代表性的提名委員會按民主程序來認定。

提名委員會制度不是一個隨意設定或臨時提出來的程序，而是經當年基本法起草委員會深思熟慮、反復徵求香港社會各界意見後確立的；是香港實行普選的必要條件，而不是可有可無的選擇性規定，不容許用別的非法定方式來衝擊和取代。不妨說，沒有提名委員會制度就沒有香港的普選，實行普選就必須遵循提名委員會制度。那種只要一人一票普選，罔顧或隨意改變提名委員會制度的訴求，只會阻礙、延誤普選。

按憲法規定，作為國家最高權力機關的常設機構，全國人大常委會有權解釋法律、監督法律實施、做出有法律拘束力的相關決定。8.31 決定是嚴格依據基本法 45 條做出的，是為實施香港普選做出的，既有充分的法律根據，也是落實 45 條的必要措施，具有強制性約束力，不容挑戰。

香港行政長官普選的前景

不論反對派人士以什麼理由和方式來阻撓普選，試圖將普選引入背離一國兩制和基本法的歧途，普選必須按基本法和人大決定實施卻是任何人也無法改變的，中央政府的立場從來沒有像這次這樣明確和堅定。當前香港社會圍繞普選制度的政治爭議曠日持久、陷入膠着狀態，事實證明這已經不是什麼要不要民主的問題了，而是直接關係到要不要一國兩制、要不要中央管治權的問題，直接涉及對香港管治權的爭奪。普選之爭本質上就是管治權之爭。

應該說，特區政府按照人大 8.31 決定制定的普選法案符合普及、平等的普選原則，是迄今為止香港最好的選舉制度安排，大幅度提高

了港人的政治參與度，來之不易。民調顯示，多數市民支持如期依法落實普選，期待普選方案獲得立法會通過。愛國愛港力量在依法實現行政長官普選問題上團結一致，信心堅定。而泛民陣營試圖「捆綁」否決普選法案，剝奪市民的普選權利，延緩香港的民主政治進程，勢將加劇香港社會撕裂，難逃背負阻礙普選的歷史責任。泛民人士應該放棄幻想，不要期望中央會在普選原則立場上讓步。泛民派要想在香港社會立足發展，必須重新認識國家、認識香港社會，認識自己，採取對香港負責任的立場，回歸到基本法這一唯一的政治法律基礎上來。

在我看來，中央政府是真誠期望香港普選能夠依法如期舉行，也在盡最大努力推動普選方案的通過。與此同時，中央恐怕也對立法會投票的嚴峻形勢已有充分估計，做好了應對各種結果的準備。

再過幾天，立法會就要對普選方案進行表決了。政改方案能否通過，普選能否如期實現，七百萬港人都在看，數億內地民眾都在關注。香港社會的一個歷史飛躍能否出現就要看立法會投票能否達到三分之二多數，關鍵點也許就是那麼四、五票之爭，在這裏，歷史似乎表現得空前脆弱。最終結果如何，至今也很難看出一個清晰的圖像，整個香港社會似乎都感覺到很沉重。可以預料的是，如果普選法案被否決，中央很難輕易同意重啟政改「五步曲」。而沒有行政長官普選，當然也就沒有立法會全面普選，普選只能暫時擱置起來。

時至今日，人們還無法對立法會投票結果作一個精准的判斷，只好籠統地說：不排除普選方案通過的可能性，要力爭到最後一刻；但形勢嚴峻，變數始終存在，通過的難度很大，要做好通不過的準備。也許，順其自然，因勢利導，有所作為，才是更可行的對策。

沒有必要用下賭注的方式來看待普選方案的成敗。其實，方案是否通過，各有利弊。要看到普選並不是什麼靈丹妙藥，可以包治百病。不好說普選一實行，香港社會的什麼問題就都迎刃而解了；也不是說方案通不過，香港社會就全盤皆輸、亂象橫生、難以收拾。歷史

恐怕不會這樣寫的。我們堅信一國兩制方針的生命力，堅信中央的領導能力，堅信香港社會的自我更新能力，香港一定能夠出現「柳暗花明又一村」，能夠從普選一時的挫折中走出來。希望香港市民能夠從挫折和彎路中吸取教訓，學會不僅從香港而且也從整個國家的角度來看待香港普選問題，看待一國兩制，進一步認識香港、認識國家，認清自己的根本利益所在，做出理性明智的選擇。香港社會也應珍惜國家快速發展帶來的歷史機遇，集中精力發展經濟、改善民生，提高競爭力，和國家一起共同維護香港長期的繁榮穩定。

2015年6月初

21 香港行政長官普選的性質和特點——
談談對基本法第 45 條的學習體會

　　當前香港社會正處在推進行政長官普選的關鍵時刻，政見對立，營壘分明。為縮小分歧，凝聚共識，最重要的還是要回歸基本法，回歸到基本法有關條文的明確規定上來，回歸到基本法通篇所貫穿的立法精神上來。

　　普選是香港民主發展史上的一件大事，是實施一國兩制的一件大事，備受社會高度關注。但是這件大好事從一開始就被一些人污名化、妖魔化了，受到嚴重干擾阻。因此有必要追根溯源，從基本法入手搞清楚香港普選的性質和特點，以撥亂反正，還事物本來面目。

　　毋庸置疑，基本法和全國人大常委會決定是實施香港行政長官普選的法律根據，特區政府制定的普選方案必須符合基本法和人大常委會「8.31 決定」。這既是一個法律事實，也是一項法律規範。在這裏，法律邏輯的源頭在於基本法第 45 條，我們不妨循 45 條來認識香港普選的性質與特點。就此，我願同大家交流一下自己的學習體會。

　　基本法第 45 條是關於香港行政長官產生辦法的專項規定和核心條款，內容非常豐富，規定了行政長官在香港本地協商或選舉產生、中央和香港選舉的關係、香港政制發展的原則、最終達至普選的目標、以及實施普選的制度安排等一系列事項。基本法附件一則是落實這一條款的具體辦法，而全國人大常委會的有關解釋和決定也主要是根據這一條款作出的。不妨說，45 條是香港政制發展和民主進程的綱領性條款，是實行香港行政長官普選的基礎與核心的法律根據，具有重大的政治意義和法律意義。

---

* 　2015 年 5 月 6 日在中山大學粵港澳研究中心的演講稿。

首先，45 條開創了香港的民主制度。45 條徹底終結了由英國女王直接委派總督治理香港的殖民管治模式，確立了香港行政長官由本地居民協商或選舉產生的民主制度，為實行一國兩制、港人治港奠定了重要的法律保障和制度基礎。香港居民第一次被授予民主選舉的政治權利，香港的民主政治由此發端，實現了一個歷史性飛躍。

其次，45 條確立了普選目標。港英時期英國人無意也無法實行普選，45 條把港英時期因英國對人權公約的保留而不得實行的普選確立為香港特區政制發展的終極目標，大大加速了香港社會民主發展的步伐和進程，體現了中央推進香港民主的誠意和決心，體現了一國兩制方針巨大的包容性和創新性。

第三，45 條規定了香港政制發展的原則和行政長官普選的制度性安排。45 條為香港走向普選、實行普選指明了方向，確立了普選的制度安排，是實施香港行政長官普選最重要的法律根據，具有不容置疑、不可挑戰的法律權威。

最後，全國人大常委會根據 45 條，分別在 2007 年 12 月 29 日和 2014 年 8 月 31 日，決定了香港行政長官普選的時間表和實行普選的具體制度安排，同基本法一起構成實施普選的法律根據。

45 條以及基本法相關條款為人們深入認識香港普選、特別是認識香港普選的性質和特點提供了法律依據，也為識別所謂「假普選」、普選「國際標準」等說法提供了思想武器。細細解讀基本法，至少可以歸納出以下四個要點：

香港普選的地方選舉性質和模式

香港行政長官普選本質上是中國的一個地方選舉，是地方領導人的選舉，而不是國家層級或國家領導人的普選，也不是人權公約當事國的普選。這一點很重要，它決定了香港普選的方式不能簡單照搬世

界上其他國家普選模式，因為香港不具有國家主體資格；也不受人權公約普選條款的約束，因為該條款不屬於在香港有適用效力的公約規定，不足以構成香港普選的法律依據。當然，這並非說香港普選不需要尊重和參照人權公約普選條款所確立的普及而平等的選舉原則。

就普選模式而言，人權公約並沒有對締約國如何實施普選加以具體規定，各國有權根據本國的實際情況，自行決定實施普選的具體制度。只要一國的選舉能夠體現普及和平等的原則，沒有不合理的限制，都可被視為是對普選條款的遵守，符合普選要求。英國、美國的選舉實踐即為一例。實踐表明，世界上不存在實施普選的統一模式，主張所謂「國際標準」，要求各國一體實施，找不出確定的條約根據。以所謂「國際標準」來限制、對抗基本法和人大 8.31 決定，在法律上站不住腳。

香港普選由中央主導和最終決定

毫無疑問，主權國家的普選可以由國家自身決定，在它之上不存在更高的權力約束。作為單一制國家的一個地區，香港的政制發展和普選制度不屬於自治事務，不是香港自身能夠決定的，而必須由國家最高權力機關通過基本法加以規定，其具體實施也必須相應地由中央根據基本法作出決定。人們注意到，有關行政長官普選的目標、進程、時間、制度、程序等關鍵問題，都是由基本法和人大常委會決定加以規定的，對香港有明確的法律約束力。這些法律規範絕不是中央對香港自治事務的所謂「干預」，而是中央在正當行使憲法和基本法規定的權力，中央握有香港普選的主導權和最終決定權。45 條規定香港的政制發展要符合香港的實際情況，而香港屬於中國的一個特別行政區，直轄於中央政府，受國家管治，就是香港回歸後最大的實際情況。

從基本法的規定來看，香港行政長官普選顯然具有一國兩制下地方選舉的性質和特色，這一性質和特色是由香港特區及其行政長官在

中國憲政體制下的法律地位所決定的。人們都認同一國兩制是獨一無二的，那麼香港普選表現出不同於世界上其他國家普選的特點，不足為奇。

香港行政長官在當地選舉產生後由中央政府任命

通常國家的普選，是主權者的法定行為，其選舉結果一般都會直接生效，不存在也不需要國家之上更高的權力機關對選舉結果加以審批。但香港不同，它是直轄於中央政府的特別行政區，受制於國家。基本法第 43 條規定，行政長官要對中央政府和香港特區負責，第 45 條規定，行政長官在香港通過協商或選舉產生後，要由中央政府任命。這就是說，雖然行政長官是由香港當地選舉產生，但其選舉結果並不必然生效或直接生效，不能說香港選成什麼樣，中央都必須接受，照單全收。代表國家行使主權的中央政府對當選的行政長官握有最終的審批和任命的權力，屬於一種實質性權力，可以任命也可以不任命，這也是保障一國兩制在香港順利實施的一個必要的法律程序。不妨說，香港行政長官實際上是地方選舉和中央任命相結合的產物，中央任命是正式確認行政長官行使職權的必要環節。這一點顯然構成香港普選的一個特色。

特首普選由提名委員會產生候選人與選民普選相結合

45 條規定行政長官最終可由香港地區普選產生，但同時又規定，行政長官候選人必須由一個有廣泛代表性的提名委員會按民主程序提名產生。這也是香港普選的一大特色，而且或許是其中最突出的一個特色。提名委員會是一個機構，對提名候選人擁有專屬性和排他性權力，表現為一種機構提名。整個行政長官普選就是由提名委員會提名候選人和選民普選這樣兩個環節共同組成，二者有機結合、缺一不可，不存在脫離或繞開提名委員會這一環節而直接進入普選的可能。

提名委員會制度有利於體現兼顧社會各階層利益、均衡參與和廣泛代表性原則，有利於產生各方面認可、接受的候選人，有利於防止因普選而可能產生的對抗性政治、憲政危機和民粹主義，是對香港普選的一種制度保障。

　　提名委員會的設計在很大程度上也是為了從制度上保障行政長官候選人必須符合基本法對他們的最低限度的政治要求，即候選人應該擁護基本法、效忠國家和香港，能夠對中央和香港負責，在香港擔負起執行基本法的職能。而候選人是否能夠滿足這些標準，對他們進行鑒別、判斷的工作首先是交由香港本地來操作，是由具有廣泛代表性的提名委員會按民主程序來認定，體現了對香港社會協商政治傳統和港人治港原則的尊重。有必要指出，提名委員會制度不是一個隨意設定或臨時提出來的程序，而是經當年基本法起草委員會深思熟慮、反復徵求香港社會各界意見後確立的，是早已公之於世的普選制度，是香港實行普選的必要條件，而不是可有可無的選擇性規定，不容許用別的非法定方式來衝擊和取代。從法律角度看不妨說，沒有提名委員會制度就沒有香港的普選，實行普選就必須遵循提名委員會制度。中央強調要全面準確地實施基本法，當然也意味着不能選擇性適用普選條款、割裂基本法對於普選的完整規定。那種只要一人一票普選，罔顧或隨意改變提名委員會制度的訴求，只會阻礙、延誤香港的普選。

　　根據憲法，作為國家最高權力機關和立法機關的常設機構，全國人大常委會有權解釋法律、監督法律的實施，有權做出有法律拘束力的決定。事實上，全國人大常委會已經就基本法在香港的實施作出過兩次決定，即 2007/08 年不實行普選、2017 年可實行行政長官普選。8.31 決定是嚴格依據基本法 45 條做出的，是為實施香港普選做出的，既有充分的法律根據，也是落實 45 條的必要措施，同樣具有法律拘束力，不容挑戰。

　　正確認識香港普選的性質和特點有助於撥亂反正、正本清源，有助於縮小分歧、凝聚共識，支持特區政府提出的普選方案。該方案整

體上符合、體現了 45 條和 8.31 決定的要求，反映了多數市民的意願，人們期待這一方案能夠獲得立法會的通過，及早實現香港歷史上的第一次普選。

當前圍繞普選制度的政治爭議，已經超出要不要民主的範圍，而是涉及香港管治權的歸屬問題，本質上是管治權之爭。應該說，特區政府按照人大常委會決定制定的普選法案是迄今為止香港最好的民主制度安排，大幅提高了港人的政治參與度。民調顯示，多數市民支持如期依法落實普選。愛國愛港力量在實現政長官普選問題上協同努力，信心堅定。泛民陣營試圖「捆綁」否決普選法案，剝奪市民普選產生特首的權力，勢將導致香港社會撕裂，延緩香港的民主政治進程，到頭來難免要承擔阻礙普選的歷史責任。泛民人士應放棄幻想，不要期望中央會在普選原則立場上讓步。政改方案能否通過，普選能否如期實現，看來難度很大，前景未蔔。但可以預料的是，即使普選法案被否決，也不會立即重啟政改「五步曲」；而沒有行政長官普選，當然也就沒有接下來的立法會普選，香港的普選將變得更不確定。反對派要想在香港社會立足發展，必須重新認識國家、認識香港的法律地位，採取對香港負責任的立場，回歸到基本法這個唯一的政治法律基礎上來。

近來「港獨」思潮在香港社會的滋生蔓延，也再次提醒人們，香港需要大力培育國家觀念，加強對國家的認同。港人在普選問題上應有正確心態，要學會不僅從香港、也要從整個國家角度來看待普選和一國兩制的實施。香港社會有必要珍惜國家快速發展帶來的歷史機遇，集中精力發展經濟、改善民生，提高競爭力，和國家一起共同維護香港長期的繁榮穩定。

2015年5月

一國兩制與香港的國際法實踐

本部分六篇文章，主要從國際法視角考察一國兩制在香港的實踐。其中既包括基本法頒佈前筆者對與香港回歸有關的國際法問題的思考，也包括對香港特別行政區對外事務權在國際法上地位的探討，還闡釋了中國實施一國兩制對國際法實踐的貢獻。特別是重點論述了國際人權公約在香港的適用問題，強調該公約的普選條款因英國保留而不具有適用香港的效力，不構成香港特區行政長官普選的法律根據。

22 香港特別行政區與 國際法有關的幾個問題

香港在當今世界可說是一個特殊的地區。一方面,它是亞太地區最發達的現代化工商業港口城市和國際大都會,是世界上重要的金融、貿易、航運、通訊中心,以其雄厚的經濟實力與交往能力,在國際社會佔有獨特的一席;另一方面,在過去的一個半世紀裏,它被迫脫離中國的管治、始終以英國直轄海外屬地的身份著稱於世,其權利地位雖不及主權國家,但遠優於一般的地方實體。長期以來關於香港的國際法律地位問題引起許多人的興趣。然而,這一作為英國海外屬地的歷史不久即將宣告結束。到 1997 年 7 月 1 日,中國將收回香港,對香港恢復行使主權,並定位為國家的一個特別行政區。

即將頒佈的香港特別行政區基本法(以下簡稱「基本法」)將為未來香港的發展提供重要憲制性法律,其中包括明確規定香港在對外事務中的權限範圍,從而為香港特別行政區的國際法律地位提出了國內法上的依據。那麼,根據基本法 1997 年以後的香港在國際社會將處於什麼樣的法律地位,現今涉及香港權利義務的國際條約關係將如何交接轉換,香港居民的國籍問題是怎樣解決的,這些都是隨着中國恢復對香港行使主權而產生的問題。

* 原載《一國兩制與香港基本法律制度》(蕭蔚雲主編,北京大學出版社,1990 年)第十三章,第 394–417 頁。

香港特別行政區是中國主權下享有廣泛對外事務權的地方實體

香港的穩定繁榮與其國際法律地位的關係

香港的繁榮穩定離不開與之相適應的國際交往與國際法律地位，而這種地位的取得，首先得力於它日益增長的經濟實力及其在世界經濟中的重要地位。

眾所周知，香港是目前世界上最大的貿易地區之一，維持獨立的關稅區和自由港地位。其紡織成衣、電子、玩具和鐘錶等十種產品的出口額在世界上名列榜首，而它的轉口貿易則使之成為亞太與歐美之間的貿易橋樑。它以彈丸之地，將貿易觸角伸向全球 160 多個國家和地區，年總貿易額雄踞世界前列。它是亞洲金融首府，與倫敦、紐約並列為世界三大金融中心，1988 年底外國銀行在香港開設有 148 間辦事處。它又是世界四大黃金買賣市場之一，亞洲保險業中心和東南亞的主要股票市場。在國際運輸方面，香港是全球第一大集裝箱碼頭和十大國際空運中心之一。

與香港經濟奇跡般繁榮過程同步發展的，是它日益廣泛的國際交往關係。1988 年，全世界有 77 個國家和地區在香港派駐商務專員、總領事和領事。香港促進工業投資辦事處、貿易發展局、旅遊協會等半官方機構也在世界許多國家和城市設立代表辦事處，而各國企業在香港開設的分支機構，更是難以計數，這種廣泛的對外經濟聯繫以及隨之而來的國際資金源源流入，大大推動了香港經濟的繁榮與高速增長。

更加令人刮目相看的是，香港以一區域性非主權實體，在非政治性對外交往的幾乎所有方面，同世界各國、各地區、各國際組織建立了官方、半官方交往關係。香港透過英國，或單獨以自己名義，同各國締結雙邊或多邊條約，同時也積極參加各類國際組織的活動。以多邊條約為例，據 1984 年英國王室會議約翰·F·威爾遜編輯的《適用於

香港的多邊條約》（第八版）統計，這類條約幾達 200 個之多，涉及經濟、貿易、金融、通訊、航運、旅遊、文化、體育等各個領域。這還不包括適用於香港的聯合國專門機構等國際組織的章程在內。在國際組織方面，據截止 1982 年底的不完全統計，通過適用於香港的 329 項國際條約與協議，香港以正式會員或附屬會員資格，參與了各種全球性、地區性和專門化國際組織，或者與一些國際組織保持經常性非正式關係。[1] 香港作為區域性非主權實體，通過這些條約和協議，在國際社會中享有權利，承擔義務，而這些條約關係及與國際組織的聯繫，對於香港繁榮的取得與維持，又起着十分重要的作用。

隨着香港經濟實力的增長和國際交往能力的提高，使得國際社會逐漸不再將它僅僅看作單純的經濟實體，而傾向於承認其具有獨特的國際法律地位，承認它在國際法律關係中事實上具有的某些行為能力和權利能力，從而使香港的國際地位遠遠超出一般英國屬土，而享有某種類似第一次世界大戰前英國自治領的地位。當然，這種地位的形成同英國政府對香港的政策是分不開的。

過去的一百多年中，香港作為英國海外屬地直屬於英國外交及聯邦事務部管轄。在內部事務上，香港享有很高的自治權，而其外交權則直接由倫敦控制。英國政府對香港涉外交往的政策是，一方面牢牢掌握涉及主權性質的外交大權，另一方面，隨着香港國際經濟地位的不斷提高，逐步在事實上允許或承認香港對外經濟貿易方面的某些自主權：同意香港政府有權自行決定對外經濟政策，進行對外貿易雙邊談判和簽訂協議；允許香港以英國代表團成員身份出席非政治性國際會議，擁有獨立的發言立場；可以附屬於英國的地位參加國際性協定，但有權自行選擇參加這些協定主辦的各單項貿易協議，可以官

---

1. 參閱《香港法例》第 190 章《國際組織和外交特權條例》中所附目錄。

方、半官方或民間身份參加專業性國際組織，並在海外設置代表機構，等等。由於英國政府對香港涉外事務逐步採取靈活變通政策，使得香港成為英國殖民體系下在對外交往中享有一定自主權的區域性經濟實體，而國際社會也逐步傾向於認可它在國際交往中的權利能力和行為能力，接受它在國際法律關係中的獨特地位。這一點可以香港在一些非政治性國際組織中的特殊地位為佐證。香港以英國屬地身份，隨英國一起參加了《關貿總協定》（GATT），但它作為一個單獨關稅地區，擁有獨立締約者的一般權利義務，並取得國際貿易中的「最惠地區待遇」。香港通過加入英國代表團，參加了《多種纖維協定》（MFA），但擁有獨立發言權，可以獨立身份參加紡織品監察機構，還可以獨自派代表團與進口國進行雙邊談判。在上述兩個國際組織中，香港都取得正式會員資格。同時，它也是世界衛生組織（WHO）、國際勞工組織（ILO）、亞洲生產力組織（APO）和亞洲開發銀行（ADB）的正式會員。在通常只有聯合國會員國才有資格參加的聯合國貿發會議（UNCTAD）及其普遍特惠制度中，香港以英國屬地身份列入受惠地區。在聯合國亞太經社委員會（UNESCAP）中，香港獲得附屬會員資格，可自行派遣代表團參加會議，除沒有投票權外，其他權利與一般會員相同。在上述各國際組織及前述各條約協議中，香港以一非主權地方經濟實體，在國際法律關係中享受權利，承擔義務，顯然已經具備為國際社會普遍接受的某種國際法律人格。

綜上所述，香港目前這種國際法律地位的形成與維持，主要取決於三個方面的因素：香港日益增長的經濟實力和國際交往能力，英國政府授予香港在對外交往中的一定的自主權，國際社會對香港地位的接受與認可。此三者中，一個提出了前提需要，一個提供了可能條件，一個則是對需要與可能的認可，三者缺一不可。這些對於中國政府考慮、設計未來香港的地位與發展，對於制定香港特別行政區基本法，有着重要的借鑒意義。

香港特別行政區被授予廣泛的對外事務處理權

收回香港，維護國家統一和領土完整，對香港恢復行使主權，是中國政府堅定不移的方針，也是香港於 1997 年回歸祖國在政治上的根本變化，完全擺脫殖民主義的統治。現在的問題是，如何做到既要對香港恢復行使主權，又要保持它的繁榮、穩定。維持香港的繁榮穩定，不但是香港同胞的利益所在，也是國家的願望和需要，中國的現代化建設需要一個繁榮穩定的香港。隨着中國改革開放的深化與拓展，香港將日益成為大陸對外開放的窗口和通向世界的橋樑，有助於中國獲取經濟和科技信息，引進技術、設備和資金，並將中國的商品轉口外銷，打入國際市場。同時，也有助於西方國家利用香港作為跳板，進入中國市場。所以中國政府謀求香港繁榮穩定的真誠和迫切心情，一點兒也不亞於香港本身。然而正如人們所共知的，香港的繁榮穩定是在特定的社會經濟法律制度及國際條件下取得的，要保持它，就必須維持香港原有的社會經濟法律制度及其國際聯繫不變，中國政府能不能做到這點，將是對它的政治膽略和智慧的考驗。

這種智慧體現在中國領導人關於解決港澳台問題的一國兩制偉大構想。根據一國兩制的設想，中國政府在《中英聯合聲明》及其附件中，就關於香港的基本方針政策作出了明確具體的說明和莊嚴的國際承諾。全國人民代表大會即將通過香港特別行政區基本法，以國內立法形式把中國對香港的方針政策法律化、制度化，從而使未來香港的地位和前途建立在法律基礎上。

那麼，就未來香港在對外事務中的地位與權限而言，香港特別行政區基本法作出了哪些具體規定呢？概括起來看，可大致分為以下四個方面：

一、規定香港的主權歸屬及中央人民政府負責管理與香港有關的外交事務。基本法規定，香港特別行政區是中華人民共和國不可分離的部分（第 1 條），是中國的一個享有高度自治權的地方行政區域，直

轄於中央人民政府（第 12 條）。中央人民政府負責管理與香港有關的外交事務，同時授權香港特別行政區依照本法自行處理有關的對外事務（第 13 條）。香港特別行政區對國防、外交等國家行為無管轄權（第 19 條）。

二、確認香港在國際貿易、金融、運輸等經濟交往中繼續保持原有的特殊地位。基本法將為香港特別行政區政府提供適當的經濟和法律環境，以保持香港的國際金融中心地位（第 109 條）；維持香港獨立的貨幣金融制度，港元為法定貨幣，不實行外匯管制（第 110 至 112 條）；保持香港自由港地位，實行自由貿易政策（第 114、115 條）；香港繼續作為單獨的關稅地區（第 116 條）；同意為香港特區政府提供條件和採取措施，以保持香港的國際和區域航空中心地位（第 128 條）。

三、授予香港特別行政區政府在對外事務方面的廣泛權力。香港特別行政區政府的代表可作為中華人民共和國政府代表團成員，參加由中央人民政府進行的同香港直接有關的外交談判（第 150 條）；可以「中國香港」名義在非政治性領域內單獨同世界各國、各地區及有關國際組織保持和發展關係，簽訂和履行有關協議（第 151 條）；中央人民政府將採取必要措施使香港特別行政區得以繼續參加各種國際會議和組織，並保持發言權（第 152 條）；繼續適用各有關國際協議，並有條件地適用中央人民政府締結的國際協議（第 153 條）；香港特別行政區政府可在外國設立官方或半官方的經貿機構，外國也可視情況分別在香港設立領事機構，官方、半官方或民間機構（第 157 條）。

四、香港特別行政區政府可根據中央人民政府授權，依照中華人民共和國國籍法，給持有香港特別行政區永久性居民身份證的中國公民簽發中華人民共和國香港特別行政區護照，對各國或各地區的出入境者實行出入境管制（第 154 條），在中央人民政府的協助或授權下與各國各地區締結互免簽證協議（第 155 條）。

通過上述基本法關於香港對外事務權方面的規定和授權，可以清晰地看出從中國國內法的角度所設計、規範的未來香港的國際法律地位：香港特別行政區是中國主權下的在對外事務方面被授予廣泛處理權的地方性實體。這種地位具有鮮明的兩重性，其一是中國管理與香港有關的外交事務，其二是香港在對外事務中被授予廣泛的處理權。

　　從主權方面看，1997 年以後的香港已徹底改變作為英國海外屬地的地位，重新回歸於中國主權之下。換言之，香港的主權歸屬已經解決。香港是中華人民共和國不可分離的組成部分，香港特別行政區是中國的一個地方行政區域，它過去、現在不是，1997 年以後也不是一個獨立的政治實體，不具有國際法主體地位。它在對外事務中的廣泛權力，在國際法律關係中的權利能力和行為能力是由中央人民政府授予的，並且被限制於特定的範圍之內，因而其權利和能力是有限的、相對的。另一方面，從對外事務權方面看，通過基本法授權，確認了香港作為中國的一個地方行政實體，在涉外的非政治性事務方面擁有廣泛的處理權和有限制的獨立身分。基本法確認和保留了香港在國際社會中原有的各種法律關係，明確授予香港特別行政區政府在一定範圍內的締約權及參加國際組織與國際會議的資格與能力，從而以基本法的形式保證了香港在國際法律關係的權利能力和行為能力，保證它享有獨特的國際法律地位。

　　應該指出的是，中國是一個單一制結構國家，香港特別行政區作為中國中央政府直轄下的一個地方行政實體，在對外事務中享有如此廣泛充分的處理權，這在世界各單一制結構的國家中是僅見的，可以說是對單一制下地方政府傳統權力範圍的一種突破。現今世界各單一制國家的中央政府一般都掌握對外交往的全部權力，各地方政府鮮有被授予享有國際法意義上的締約權的。即便是聯邦制國家中的邦或州，也不是全都擁有締約權的。美國憲法就完全禁止各州締結任何嚴格意義上的國際條約，州政府只能在國會的同意下締結非政治性的協約，而基本上沒有與外國締結商務和外事方面協議的權力。各聯邦制

國家的憲法中，只有瑞士聯邦憲法曾明文規定「各州有權與外國締結有關公共經濟、邊界關係和警察方面的條約」（第9條），但締約範圍限制得非常嚴格。香港特別行政區在對外事務方面擁有的權力，不但大大超過單一制國家有類似地位的地方實體，也超過大多數聯邦制國家成員邦或州的涉外權力。這裏還應當指出的是，不論是從範圍上還是程度上，香港作為中國特別行政區被授予的對外事務權，比起它作為英國殖民地時所享有的要大大前進了一步。英國政府雖然在60年代後隨着香港經濟實力的增長，被迫放鬆對香港的限制，逐步授予香港在對外事務上的部分權力，但正如港英政府自己曾指出的，主要局限於「對外商業關係的管理方面享有實際自主權」。英國沒能像基本法這樣，以一種極具權威性文件的形式，明確地授予香港以對外事務權，其中包括大大擴展了的締約權、交往權。顯然，這對香港未來國際法律地位的加強具有重大意義。

如果說基本法從國內法的角度，為香港特別行政區的國際法律地位提供了前提和依據，那麼《中英聯合聲明》則從國際法的角度提供了保障。《中英聯合聲明》是一項國際協議，而協議是條約的主要形式之一，在國際法上構成有拘束力的國際協定。《中英聯合聲明》完全符合1969年《維也納條約法公約》所規定的條約的各項要件，並且已根據聯合國憲章第102條的規定，由中英雙方分別將它作為會員間締結的國際協定，在聯合國秘書處登記、公佈，所以其國際條約性質是舉世公認的，具有國際法上的效力意義。它對當事國中英雙方都有約束力，並應得到善意遵守。在《中英聯合聲明》中，一方面英國政府明確承諾將香港交還中國，即香港正式脫離英國的殖民體系，結束其被殖民管治的地位，恢復為中國領土的一部分。這種交還，決不是傳統國際法上所說的一國領土依條約移轉於他國的那種「割讓」，而是中國固有領土的回歸與中國對香港主權的恢復行使。這一點不應該有任何疑義。另一方面，中國政府又以政策聲明的形式，就授予未來香港在對外事務中的廣泛處理權問題，在《中英聯合聲明》及其附件一中，作出了莊嚴的國際承諾。這就是說，未來香港的對外事務權不僅僅是一個屬於

國內法上的授權問題，而且因中國在《中英聯合聲明》這一國際協議中的單方面承諾而具有了國際法上的意義，受到國際協議的保障。對此，中國政府負有履行的義務。

基本法關於香港對外事務權的授權與規範，中國在《中英聯合聲明》的承諾與保障，使香港得以成為中國主權下在對外事務方面享有廣泛處理權的地方性實體。

香港特別行政區在國際交往中具有一定的權利能力和行為能力

那麼，作為一個地方實體，具備怎樣的條件才能擁有國際社會交往中的權利能力和行為能力呢？從國際法角度考察，一是要看該地方實體的對外交往權力是否具有國內法的來源和根據，一是要看國際社會是否認可這種權力。前者是講其國內合法授權問題，該地方實體的對外交往權是否經該國憲法或憲制性文件予以明確授予，是否具有國內法上的充分依據，因為「在現代公法上，國內的效力也就構成國際效力的根本因素」[2]。後者是講國際認可問題。某地方實體經授權擁有的外事權畢竟只是一種國內法上的權力，它並不必然導致國際社會的認可而與之發生交往。國際實踐中就有聯邦制國家中的成員，雖經憲法授予對外交往權但不為國際社會認可的先例。如蘇聯除白俄羅斯和烏克蘭之外的其他各加盟共和國的情況即屬此類。

未來的香港特別行政區是否具備獲得國際人格的條件呢？應該說已具備獲得有限國際人格的必要條件。國際人格是國際法上的一種資格，傳統上為主權國家所獨享，後來雖然擴展到政府間國際組織和某些非主權的地區實體，如單獨關稅區，但後者不能享有如同國家一樣的完全國際人格，而只能具有有限的國際人格，即只能在特定範圍、

---

2. 周鯁生：《國際法》，商務印書館 1981 年 1 版，下冊，第 605 頁。

特定條件下才能享有一定的對外權利能力和行為能力，這一點已成為國際社會的共識。未來的香港特區即屬於這後一種類型，具備了獲得有限國際人格的條件。中國最高權力機關全國人大通過香港特別行政區基本法授予香港廣泛的對外事務權，已如前述。同時，它的這種權力又經中國政府在《中英聯合聲明》裏作出了國際承諾，使之進一步從國際法意義上獲得保障，未來香港對外交往權的合法來源是毫無疑義的。另一方面，國際社會是否認可這種權力呢？我們可以從香港同國際社會的已有交往中找到肯定回答。香港不僅被認可同各國、各地區和各國際組織締結與其地位相當的經濟、文化等各種條約、協議，在上述範圍內享受權利、承擔義務，而且還被允許獨自參加某些國際組織並派駐代表。這證明國際社會早已普遍認可香港作為一個地方實體所享有的對外交往權利能力和行為能力，儘管這種權力範圍被認定為是有限的、有條件的。這種國際認可對未來香港理當循例延續下來，香港目前在眾多國際協議和國際組織中所擔負的權利義務關係，不會簡單地因其管治歸屬地位的改變而中止。而繼續認可香港在對外事務中的有限國際人格，保持同香港的經貿交往，同樣也符合各國在香港的利益。更何況中國政府已通過基本法和《中英聯合聲明》的規定與承諾，保證香港既存的社會經濟法律制度基本不變，香港能夠享有比先前更充分更廣泛的對外交往權力。所以，不論從法理上還是從實踐上看，都沒有理由認為國際社會會因為香港回歸中國而取消對它作為一個地方實體享有有限國際人格地位的認可。

這樣，一方面，由於基本法的規定，香港作為中國主權下的一個地方實體，享有廣泛的對外事務權，另一方面，依據香港在對外交往中實際擁有的權利能力和行為能力，能夠肯定預期得到國際社會的繼續認可，未來香港的有限國際人格地位是確定無疑的。

適用於香港的國際條約的轉換問題

條約轉換問題的產生

香港同各國、各地和各國際組織之間存在的權利義務關係，主要是通過適用於香港的各種國際條約、協議、協定來體現的。1997 年香港由英國的海外屬地轉變為中國的特別行政區，適用於香港的條約協議所載的法律關係一般不會因此而失去效力。不過，因香港管治歸屬的轉變卻產生了一個棘手問題：現行中國、英國及香港都參加的和各自參加的多邊和雙邊條約如何轉換、交接、繼續適用？這一問題涉及到多方面錯綜複雜的情況，處置是否得當，對香港的國際法律地位不無影響，因此基本法及中英聯合聲明以不少條款予以詳細規定、說明。

目前，在作為英國海外屬地的香港適用的條約協議大致可分為兩大類。一類是香港以自己名義獨立參加的多邊條約和單獨與外國締結的雙邊協定。前者如 1957 年參加的《世界衛生組織公約》，1969 年參加的《亞洲發展銀行協議》，1986 年參加的《關稅及貿易總協定》，後者如分別同美國、瑞典、芬蘭等國簽訂的短期性質的雙邊商貿協定。另一類是香港未能以自己名義參加的條約協定，此中有三種類型：一種是英國參與締結和批准的多邊條約，在附加特別領土適用條款後施及於香港，如 1965 年的《解決投資爭端公約》，1970 年的《專利規則公約》，1973 年的《電報電話規則》；一種是英國同其他國家簽訂的雙邊條約協定而適用於香港者，如英美間的多種雙邊協定；一種是英國以香港名義締結的僅適用於香港的條約協定，如 1973 年的《國際紡織品貿易協定》。

上述條約協定，除到期自動失去效力者外，在 1997 年後是否全都能夠繼續在香港適用，主要是看其內容範圍是否超出了基本法的規定。基本法第 151 條將香港特別行政區的對外交往領域及締約範圍限制於經濟、貿易、金融、航運、通訊、旅遊、文化、體育等範圍內。顯然，凡與此規定相抵觸者，在 1997 年後都不得在香港繼續適用。如

英美間締結而適用於香港的一些涉及國防、安全事務的雙邊條約，即屬此類[3]。當然，目前適用於香港的條約協定絕大部分屬於非政治、軍事性質，其效力可延及於 1997 年之後。鑒於香港在其中擔負的權利義務將置於「中國香港」的名義之下，所以如何使這些條約協定同中國的國家主權及既存的條約關係取得協調，是必須加以明確的。

中國尚未參加、現已適用於香港的國際條約的轉換

如果以中國的參加與否為基準來考察，那麼香港現行的條約、協定的效力可以分為中國未參加的和中國已參加的兩種情況。關於前者，基本法第 153 條已作出明確規定：

> 中華人民共和國尚未參加但已適用於香港的國際協議仍可繼續適用。

此規定所指的國際協議，主要是指香港以自己名義單獨參加的多邊協定，其中最重要的是關貿總協定，它是香港作為單獨關稅區和自由港進行對外貿易的法律基礎。中國目前既然尚未參加，那麼作為獨立當事方的香港繼續適用類似協議，是無可非議的。現在棘手的是另一類多邊協定，即中國未參加，香港恰恰又不能以自己名義參加，而必須以英國為代理國的多邊協定。這類多邊協定的性質，一般要求當事方必須是主權國家或其他國際法主體，香港不具備這種資格，而且也不具有充分的締約權，只能請求其宗主國英國以香港名義代為簽署，以解決國內法上的代理權和國際法上的資格問題。當香港回歸中國以後，它作為一個地方經濟實體仍不具備充分的締約權，英國此時又已結束其代理地位，而中國尚未參加這些國際協議，這就勢必造成香港在這些協議中位置的懸空。為了避免這種於香港不利的情況發生，基本法第 153 條繼續規定到：

---

3. 這類雙邊協定中突出者有，1950 年的《英美共同防禦互助協定》，1951 年的《英美共同安全協定》，和 1971 年的《英美引渡條約》。

中央人民政府根據需要授權或協助香港特別行政區政府作出適當安排，使其他有關國際協議適用於香港特別行政區。

顯然，這裏就發生條約協議的轉換交接問題了。中國政府有必要同這些條約的當事國，特別是英國，以及同香港協商，求得妥善處理。

對不要求以國際法完全主體資格參加的國際條約，可以授權香港以單獨的身份參加或繼續保持原有地位。對要求以國家資格參加的條約，中國政府在附加它認為必要的一定適用範圍的保留之後，可以香港的名義參加，或經同英國政府協商，代替英國原先的地位。當然，這種交接中有許多技術性難題有待處理，比如，對中英兩國可能的不同保留的選擇取捨問題，條約執行過程中的國際責任問題，等等，既需要英國政府的合作，也需要中國政府本身作出努力，又比如對涉及強制解決爭端條款的條約，宜採取積極開放的態度。至於其他條約當事國對條約繼續適用於香港沒有異議的那些條約，自然無須經過一定的轉換手續了。

在中國尚未參加而適用於香港的雙邊條約協議中，也以是否由香港獨立參加為准分為兩類。香港以自己名義參加的多數是雙邊貿易協定，香港在其中往往是以獨立的國際合同主體身份出現，這類協定所適用的應是國際私法，當然自可在香港繼續適用而中國政府無須問津。至於英國以香港名義簽訂或以自己名義簽訂而僅適用於香港的雙邊協定，未來香港能否繼續保持在其中的地位，基本法和《中英聯合聲明》都未明確作出規定。這類雙邊協定中，除了那些因涉及政治、軍事事務而不得再適用者外，其他有關貿易、航運、通訊等方面的協定，原則上仍可繼續適用，當然這需要取得對方當事國的同意或諒解。事實上不僅僅是這類協定，包括上述多邊協定在內的每一個協定的交接轉換都幾乎離不開英國政府的合作。正因為中英兩國政府都曾考慮到這一交接轉換過程的重要性與困難程度，所以在《中英聯合聲明》附件二關於中英聯合聯絡小組的工作職責中，雙方都承諾要採取行動，「確保同香港有關的國際權利與義務繼續適用」。

中國已參加、現已適用於香港的國際條約的轉換

關於香港以自己名義單獨參加而中國也參加了的多邊協議，因為沒有要求當事者必須具備國際法主體資格，按照基本法第 151 條的規定，香港完全可以「中國香港」的名義繼續參與其中，擔負其權利義務。雖然中國中央政府也參加了這類協議，但在該類協議中，香港完全可以保留自己的權利和獨立立場，這裏基本上不存在交接的問題。

問題比較複雜的，是那些透過英國參加而適用於香港，同時中國也參加了的多邊協議。在這些協議中，中英雙方同為當事國，兩國政府在批准加入時可能都附有各自的保留條件。當適用這些協議的香港由英國海外屬地改變為中國的特別行政區時，就產生了對中英雙方的不同保留如何選擇取捨的問題。因為這種選擇涉及到多方面的利益，香港只能在一個非常有限的範圍內決定棄取。首先要看英國的保留是否可以繼續允許香港享有；其次要看中國的保留是否與香港既存的其他條約權利義務相衝突，是否有利於香港的發展；最後，還要看其他條約當事國的態度，是否允許香港最大限度地從中英雙方間選擇有利於自己的保留。顯然，在這一複雜的選擇過程中，既需要各方面的協商合作，也必須征得其他條約當事國的諒解或同意。

中國已經和將締結的條約適用於香港問題

隨着香港的回歸，1997 年以後，還有一個中國中央政府已締結和將要締結的國際協議適用於香港的問題。根據國際慣例及 1969 年《維也納條約法公約》的原則，主權國家締結的條約，除有特殊規定或保留者外，應適用於該國的全部領土 [4]。那麼基本法對這一問題是如何處理的呢？其中第 153 條第 1 款載明：

---

4. 見《維也納條約法公約》第 29 條。

「中華人民共和國締結的國際協議，中央人民政府可根據香港特別行政區的情況和需要，在徵詢香港特別行政區政府的意見後，決定是否適用於香港特別行政區。」

這一規定，顯然排除了將中國締結的國際協議全部不加分析和區別地強行適用於香港的可能，而是採取了有選擇、有條件適用的辦法。這是因為考慮到香港的歷史與現實，考慮到香港與內地在社會經濟制度方面的巨大差別，中央政府締結的條約不一定能完全適用於香港地區。為了尊重香港在對外事務上的處理權，中央人民政府承諾在決定某一國際協議是否適用於香港之前，要做到兩點：一是要考察該協議是否符合香港的實際情況與需要，一是要徵詢香港特別行政區政府的意見。按理說，這樣的處置辦法是相當妥善得體的。不過，在具體決定某項國際協議或其中的某些條款能否適用於香港時，還可能會產生一些複雜的情況和問題。在考察某項協議能否適用於香港時，還必須考慮該協議或其中的某些條款是否同基本法相抵觸，然後才能作出決定。

　　總之，適用於香港的國際條約協議的交接轉換，是一個牽涉到多方面利益的十分複雜的問題。基本法雖然為此作出了許多規定，但仍然是比較原則的。在具體解決過程中，還會有大量技術性問題留待協商處理。這一問題解決的好壞，將直接影響到未來香港的國際法律地位。

香港特別行政區居民的國籍問題

中國國籍法在香港的實施

　　香港回歸中國以後，數百萬情況各異的香港居民的國籍問題將如何處理，其權利、義務同所屬國籍有什麼關係，他們將持何種身份證件出國旅行，如此等等與國籍有關的問題，有些已經基本法作出明確規定。

國籍是指個人作為一個特定國家的成員的資格，是聯繫個人與其所屬國家的穩定的法律紐帶。一個人具有某國國籍，就可以其公民的身份，享受及承擔該國家內的權利、義務；當該人身在國外時，也受到其所屬國家的法律管轄與外交保護，其國籍身份保證了該人在國際法上的權利、義務的有效性。一個國家的國籍是由該國的國內法規定的，屬於國家主權範圍之內，香港特別行政區作為非國家的地方實體，不擁有直接規定香港居民國籍的權力。香港既然回歸於中國，為了體現國家主權、統一和領土完整，關於香港居民國籍問題的處理就只能依據中華人民共和國國籍法。基本法附件三載明在香港實施的全國性法律中，就特別列出了國籍法這一項，所以有必要對中國國籍法及其應用於香港的情況作一考察。

1980 年 9 月通過的《中華人民共和國國籍法》對中國國籍的取得、喪失和恢復作出了明確規定，其中有幾項重要原則：(1) 在國籍的授予問題上，採取血統主義與出生地主義相結合的原則。(2) 不承認中國公民具有雙重國籍的原則。(3) 在國籍的加入，退出和恢復問題上，採取自願申請與審批相結合的原則。這些原則對於處理香港居民的國籍問題，同樣具有拘束力和指導意義。

中國國籍法第 4 條規定：「父母雙方或一方為中國公民，本人出生在中國，具有中國國籍。」據此，原則上可以認為，凡在香港出生的人，只要父母雙方或一方具有中國國籍，該人就是中國公民。因為從中國法律的觀點來看，香港當然包括在中國領土之內。中華人民共和國政府從來沒有承認過香港依據上世紀的不平等條約而成為英國的殖民地，構成英國領土的一部分。相反，卻一再聲明香港是中國領土不可分割的一部分，中國從未放棄對香港的主權。因此，在中國政府看來，香港目前雖未處於中央政府的管治之下，但香港同胞並未因此自動失去中國國籍。而在香港回歸祖國後，他們理所當然地具有中國國籍。不僅如此，根據國籍法第 5 條，就連他們出生在外國的子女也都具有中國國籍。四十多年的實踐也表明，當香港同胞進內地後，中國政府從法律上從未將他們視為外國人。不過由於歷史的原因，目前香

港居民實際上的國籍情況是相當複雜的，並非一項原則性的法律規定就能簡單地一一予以解決。自 1842 年英國佔領香港島至 1981 年英國新國籍法通過以前的 140 年中，英國關於香港全境內居民的國籍問題缺乏統一、明確的規定，也從未就此同中國政府達成過有效的協議。按 1981 年英國新國籍法規定，所有在香港、九龍及「新界」的原居民和在當地出生的人士，均為英國屬土公民（British Dependent Territory Citizen）。這其實是英國殖民地公民的國籍，屬新國籍法中五種英國國籍中的一種，持有者雖然可以在國際法上受到英國的保護，但不具有在英國本土上的居留權，只能在英屬殖民地居留。由於英國向持雙重國籍政策，從英國法律的角度看來，香港原居民及在香港出生的人士，在英國屬土之內是當然的英國屬土公民，受其法律管轄。但當這批中國血統的居民進入中國政府管治的地區後，則作為中國國籍公民處理，英國沒有保護他們的義務。

顯然，目前在香港適用的英國新國籍法同中國國籍法是相衝突的。根據中國國籍法不承認雙重國籍及國籍喪失的規定，凡未經正式申請並獲批准退出中國國籍者，或不屬於定居國外、自願加入或取得外國國籍者，或不屬於因父母雙方或一方定居外國、本人出生時即具有外國國籍者，原來是中國國籍的人士，均仍然保持其中國國籍。這些規定，當然也適用於 1997 年後的香港。所以《中英聯合聲明》中方備忘錄載明：

> 根據中華人民共和國國籍法，所有香港中國同胞，不論其是否持有「英國屬土公民護照」，都是中國公民。

這就是說，中國政府不承認英國政府頒發給香港中國同胞的「英國屬土公民」國籍，原在香港的中國籍人士並不因其取得「英國屬土公民護照」而喪失其中國國籍，他們始終是中國公民。對於中國政府的聲明立場，英國政府採取了諒解的態度。在簽署《中英聯合聲明》時英方發表的備忘錄第 1 條宣稱：

> 凡根據聯合王國實行的法律，在 1997 年 6 月 30 日由於同香港的關係為英國屬土公民者，從 1991 年 7 月 1 日起，不再是英國屬土公民。

不僅如此，英國還以國內法的形式對此作出規定。1985 年的《香港法例》（*Hong Kong Act* 1985）第 1 條第 1 款載明：

> 從 1997 年 7 月 1 日起，女皇陛下將於香港任何部分上不再擁有主權或管轄權。

其附件第 2 條第 1 款關於國籍問題特別注明：

> （甲）在有關日期之後，不能根據與香港的關係保留或領取英國屬土公民國籍。

綜上所述，根據中國國籍法，居住在香港的中國籍人士，除非他們經過合法的退籍手續，或符合自動喪失國籍的條件，否則不論其是否被視為其他國籍的人士，他們都具有中國國籍，是中國公民。根據基本法第 24 條規定的條件，他們享有在香港的居留權並可獲得永久性居民身份證。

至於香港居民中原來就不具有中國國籍的人士，除非他們經過正式手續，向中國政府申請入籍並獲批准，否則無論他們是否屬於香港永久性居民，他們將保有原國籍，不受中國國籍法拘束。

香港特別行政區居民的國際旅行證件

基本法第 31 條規定：「香港居民有旅行和出入境的自由。」那麼 1997 年以後在香港享有居留權的居民，不論是否中國籍人士，在出國旅行時將持什麼樣的身份證件呢？他們前此擁有的證件是否繼續有效呢？經正式批准的護照是國籍的表面證據，香港同胞既然是中國公民，是否也應持同內地同胞一樣的中華人民共和國護照呢？對此，基

本法在堅持國家主權和統一的前提下，考慮到香港的歷史和現狀，採取了靈活變通的辦法。基本法第 154 條規定：

> 中央人民政府授權香港特別行政區政府依照法律給持有香港特別行政區永久性居民身份證的中國公民簽發中華人民共和國香港特別行政區護照。

此護照「前往各國和各地區有效，並載明持有人有返回香港特別行政區的權利」。這種護照無疑表明了持有者的中國國籍與中國公民身份，持有者據此享有中國的外交保護，並受中國的法律管轄。該護照表明的國籍身份也保證了持有者在國際法上的權利、義務的有效性。在這方面同內地中國護照的法律地位與效力是一樣的。但是這種護照又不等同於內地中國公民的護照，而是專屬於香港特別行政區內的中國公民的，持有者可據此享有返回香港的權利並保有在香港的居留權。

在香港享有居留權的中國公民可以持上述護照作為其國籍證明和旅行證件，出入香港，旅行他國。那麼他們原有的由英國政府簽發的旅行證件是否可以繼續使用呢？按英國政府在中英聯合聲明英方備忘錄中的說法，雖然上述人士從 1997 年 7 月 1 日起「不再是英國屬土公民，但將有資格保留某種適當地位，使其可繼續使用聯合王國簽發的護照，而不賦予在聯合王國的居留權」。這裏所指的「適當地位」，就是英國新國籍法所規定的一種過渡性質的國籍，即「英國國民（海外）」（British National Overseas）國籍[5]。1985 年的《香港法例》附件第 2 條第 1 款乙項曾注明：凡持「英國屬土公民」國籍的香港居民，可在 1997 年 7 月 1 日以前取得這種國籍。那麼，對此中國政府持何態度呢？根據國

---

5. 「英國國民（海外）」國籍是一種給予在 1983 年英國新國籍法實行時仍未能取得「英國公民」或「英國屬土公民」護照的人的一種轉接時期的國籍，此國籍並不妨礙持有者領取其他類型的英國國籍，但不能傳給子女，也不能據此在英國本土享有居留權，除非他取得「英國國民」國籍。

籍法，中國政府不承認在香港的中國籍人士持有因「英國屬土公民」身份而在 1997 年轉換取得的「英國國民（海外）」身份，而是堅持他們具有中國公民國籍。但是考慮到香港的具體情況，為了不使香港中國同胞因香港歸屬地位的變化而承擔任何不良後果，為了他們的方便和需要，可以不反對他們使用這種因原有的「英國屬土公民」身份而獲得英國政府簽發的旅行證件出國旅行，並享受英國政府的保護。但是，既然中國政府認定他們是中國公民，那麼在中國（包括香港）以內地方，他們當然不能被容許受到外國的保護，因此也就不會容許持此證件的香港中國公民，在香港或中國其他任何地區謀求和享受英國的領事保護。上述中國政府的態度，明白無誤地載明在《中英聯合聲明》中方備忘錄第三、四節上，「考慮到香港的歷史背景和現實情況，中華人民共和國政府主管部門自 1997 年 7 月 1 日起，允許原被稱為『英國屬土公民』的香港中國公民使用由聯合王國政府簽發的旅行證件去其他國家和地區旅行。上述中國公民在香港特別行政區和中華人民共和國其他地區不得因其持有上述英國旅行證件而享受英國的領事保護的權利。」當然，這一聲明只是針對香港中國公民中持有「英國屬土公民護照」的這部分人講的。對不持有上述護照的中國籍人士，或者雖持有但不願意使用該護照的中國籍人士，他們理所當然地是取得和使用中華人民共和國香港特別行政區護照了。

至於在香港特別行政區的非中國籍的合法居留者出入香港或在境外旅行的證件問題，基本法第 154 條規定，他們可取得中華人民共和國香港特別行政區的非護照的其他旅行證件。該證件前往各國、各地區有效，並賦予持件人有返回香港的權利。

中國籍與非中國籍香港特別行政區居民的政治權利的區別

關於香港居民的基本權利和義務，基本法已有明確規定，本書前面也有專門的章節予以論述，這裏所要提及的只是同國籍有關的問題，即中國籍與非中國籍香港居民的政治權利的區別問題。

首先，香港居民中的中國公民同內地同胞一樣，享有依法參與國家事務管理的權利，可以選舉產生出香港地區的全國人大代表，參加國家最高權力機關的工作。這在基本法第 21 條已有規定，而非中國籍永久性居民就沒有這種權利。同時在國際上，持有中華人民共和國香港特別行政區護照的香港中國公民，享受中國的外交保護。

其次，在香港特別行政區政府的行政長官及行政、立法、司法三部門主要成員的出任資格上，基本法限制了他們有無中國國籍及有無在外國享有居留權的問題，也就是主要官員的國籍限制問題。按照基本法第 4 章政治體制中各節的規定，香港特別行政區的行政長官、行政會議成員、政府的主要官員、立法會主席、佔立法會中 80% 的議員、終審法院與高等法院的首席法官，都必須由在外國無居留權的香港永久性居民中的中國公民擔任或組成。這種限制性規定完全符合國家主權原則和維護國家尊嚴的立場，同時也是嚴格國籍管理的需要。考慮到香港的歷史背景和現實情況，在行政、立法、司法部門中有限度地任用部分非中國籍的永久性居民是合乎情理的，有利於香港的穩定和繁榮。但是，香港作為直轄於中國中央人民政府的一個地方行政區，不可以設想其政府及立法、司法機關的主要負責人及一定職級的重要官員不由中國公民擔任而由非中國籍人士擔任。所以這種限制性規定是國家主權的體現。依據中國國籍法，限定高官任用中國公民，還表明這些任職的中國公民不得擁有雙重國籍。基本法草案在最後定稿時，除保持原有的必須是中國公民外，還加上了在外國無居留權的限制性規定，是必要的。

1989年9月

23

中國的一國兩制與國際法——
香港的實踐

　　由於歷史的原因，迄至上世紀 70 年代末，中國領土台灣、香港、澳門尚未實現和祖國大陸的完全統一。如何收復並管理這些領土，是中國政府面臨的一大挑戰。以鄧小平為代表的老一輩領導人提出了「一個國家，兩種制度」的構想，力圖用和平和法治的方式解決歷史遺留問題。具體講，就是在一個中國的前提下，國家主體實行社會主義制度，台灣、香港、澳門在回歸後作為中國的特別行政區，實行高度自治，保持原有的資本主義制度長期不變。這一構想後來成為中國的一項基本國策，寫進了中國憲法，並據此制定了香港基本法和澳門基本法。

　　三十多年來，在一國兩制方針指引下，中國相繼完成了同英國、葡萄牙的談判，對香港、澳門恢復行使主權，實行港人治港、澳人治澳、高度自治，保持了香港、澳門的繁榮穩定。實踐證明，一國兩制具有強大的生命力，不僅是中國實現國家統一的基本方針，也體現了中國對當代國際法發展的重要貢獻。下面以香港為例具體說明。

一國兩制確認和維護了國際法的基本原則

一國兩制體現了國家主權原則

　　一國兩制方針把「一國」置於「兩制」前面，突出了國家的主體地位和國家主權原則。正因為首先有了一國，才得以產生和實施兩制；

---

*　　2013 年 5 月在芬蘭赫爾辛基大學研討會上的發言，此為中譯本。

一國構成兩制的基礎和前提，是一國兩制中的主導和決定因素。這裏的一國就是指中國，即中華人民共和國，強調了中國在國際法主體中的唯一性，對內享有管治國內事務的最高權威，對外享有國際關係中獨立自主的權利，不受外來干涉，國家領土主權完整不容侵犯。

中國在中英談判中堅持國家主權原則，強調香港是中國領土不可分離的一部分，處於中國主權之下，堅持有關香港的主權和治權不可分割，駁回了英方提出的「以主權換治權」方案，保證了中國對香港恢復行使主權的完整性。

香港回歸後依據基本法實現了歷史上從未有過的港人治港、高度自治。中國中央政府在尊重、維護香港高度自治的同時，繼續堅持國家主權原則，行使憲法和基本法賦予的國家管治香港的權力，保障了一國兩制的均衡實施和香港長期的繁榮穩定。不妨說，一國兩制的實施過程充分體現了國家主權原則的應用。

一國兩制是和平解決國際爭端原則的成功實踐

鄧小平先生曾多次指出，一國兩制方針運用了和平解決爭端原則。和平解決國際爭端是現代國際法的基本原則，在解決香港回歸問題的過程中，中國的一國兩制方針體現和踐行了這一原則。一國兩制方針確立於 1982 年之前，此後中英之間開始就香港問題進行正式磋商，通過 17 輪談判最終達成《中英聯合聲明》，促成了香港問題的和平解決。一國兩制方針的實施，對內順應了國情民意，避免了回歸過程中的社會動盪，以較小代價實現了平穩過渡，有利於保持香港的繁榮穩定；對外，避免了國家間訴諸戰爭或武力手段，成為國際法上和平解決歷史遺留問題的成功典範，得到國際社會的讚譽，也為他國解決類似爭端提供了示範和借鑒。

一國兩制拓展了和平共處原則的適用範圍

　　1954 年中國倡導了處理國家間關係的和平共處五項原則，其中包括不同社會制度的國家之間和平共處。鄧小平先生以政治家的智慧，把這一原則創造性地應用到一國內部不同社會制度之間。一國兩制方針就包含和體現了和平共處原則。鄧先生指出，「和平共處原則用之於解決一個國家內部的問題，恐怕也是一個好辦法。根據中國自己的實踐，我們提出『一個國家，兩種制度』的辦法來解決中國的統一問題，這也是一種和平共處」。可見，一國兩制賦予了和平共處原則以全新內涵，即社會主義制度與資本主義制度不但可以在國家間而且也可以在一國之內長期並存，兩者之間能夠和平共處，相互交流，相互促進。中國的一國兩制實踐豐富和發展了和平共處原則的理論內涵。

一國兩制的香港實踐對國際法發展的貢獻

　　香港僅僅是中國的一個地方行政區域，但在一國兩制下被允許保留和拓展必要的國際發展空間。基本法規定香港享有廣泛的對外事務權，為香港的對外交往營造出良好的國際法律環境。包括可在中央政府授權或協助下自行締結與適用條約、開展對外司法協助、參加國際組織與會議等，為香港獲得國際法上有限的權利能力和行為能力提供了國內法保障。此外，中央政府還在國際層面做了許多開創性工作，突破了傳統國際法上的一些做法，豐富和發展了國際法的具體制度。

一國兩制推動形成了香港締結、適用條約的獨特模式

　　在一國兩制框架下，香港繼承發展了回歸前在條約締結和適用方面的多樣性實踐，在締約主體、締約權限、適用範圍和履約機制等方面都對國際條約法有所創新，形成了國際法上自成體系的「地區締結適用條約」的獨特模式。

首先，香港的實踐擴充了條約締結的主體類型。傳統上主權國家是唯一的締約主體，但香港作為中國的一個地區實體，在一國兩制下被賦予在非政治領域締結雙邊條約的權力。《基本法》授權香港可以「中國香港」名義在經濟、貿易、金融、航運、通訊、旅遊、文化、體育等八個領域簽訂和履行雙邊協議。經中央政府協助或授權，香港還可對外談判和簽訂互免簽證協定、司法協助協定、移交逃犯協定、移交被判刑人協定、民航協定以及投資保護協定等。截至 2012 年夏季，單獨適用於香港的雙邊協定多達 220 多項，其中回歸後香港自行簽署的各類協定有 148 項，超過了回歸前訂立雙邊協定的總和。

其次，香港的實踐豐富了條約締結方式，拓寬了國家內特定地區適用條約的範圍。傳統上國際條約需要由國家正式締結，並理應在一國境內一體適用，但一國兩制允許香港有某些例外。中國在中英談判期間大膽探索在香港締結適用條約的新方式，經雙方磋商分別在國際層面採取法律行動與外交行動，向多邊條約保存國或機關發出照會，爭取國際社會認可，使得回歸前適用於香港的多邊條約絕大多數被允許繼續適用，其中包括中國本身尚未參加的公約，如《核能領域中關於第三方責任的公約》。中央政府還可根據需要，授權或協助香港特區政府做出適當安排，以中國名義簽署只適用於香港的有關條約，如《修正 1971 年設立國際油污損害賠償基金國際公約的 1992 年議定書》。至於中央政府代表國家訂立的條約並非一律在香港適用，除少數外，只有在徵詢香港特區政府意見後，才決定是否適用於香港。當前，適用於香港的各類國際多邊條約已超過 310 項，其中回歸時適用於香港的有 214 項，回歸後新適用的多邊條約超過 106 項。

第三，香港的實踐發展了條約適用和履約機制。通常一個國家只存在一種條約適用方式，但一國兩制尊重並允許香港保留原有的不同於內地的條約適用方式，即轉化適用條約的方式。在履約實踐方面，香港適用多邊條約所產生的國際權利、義務、責任由中央政府承擔，各項程序性履約事宜由中央政府辦理。中央同時也協助辦理單獨適用

於香港的條約履約事宜，建立起履約報告由「特區自行撰寫、中央統一提交」的工作模式，並允許香港就其自治範圍內的履約事務自行答覆條約機構的提問。

一國兩制豐富了國家內地區實體參與國際組織活動的實踐

參加政府間國際組織和國際會議通常是主權國家的專屬權利，但根據一國兩制的安排，香港作為中國的一個特別行政區，在這方面獲得了某種特殊的便利和地位，大大豐富了國家內地區實體參與國際組織活動的實踐。首先，香港被允許作為中國代表團成員，參與同自己有關的適當領域的國際組織和國際會議，並以「中國香港」名義在國際組織會議上單獨發表意見。其次，香港被允許以「中國香港」名義單獨地同不以國家為單位組成的政府間國際組織保持和發展關係。據統計，回歸以來，香港以中國代表團成員身份參與其活動的以國家為單位組成的政府間國際組織有 41 個。同時，香港以「中國香港」名義單獨參加的不以國家為單位組成的政府間國際組織有 37 個，其中 17 個是回歸後新加入的。香港在這些組織中分別取得正式會員、准會員或區域會員的不同資格。全世界都看到，在世界貿易組織、亞太經濟合作組織、亞洲開發銀行等國際組織中，中國香港代表與中國代表同坐一堂，地位平等，分別承擔自己的權利和義務，在世界舞台上開創了一個國家、多個席位的特例。香港原衛生署署長陳馮富珍女士在國家的全力舉薦和支持下，代表中國成功當選及連任世界衛生組織總幹事，被港人引為榮耀，也被視為香港和國家的雙贏。據統計，香港參加的政府間和非政府間國際組織總數高達 3011 個，在全世界各城市中處於領先地位。

一國兩制擴展了國家內地區實體自行處理對外事務的能力

簽發香港居民的護照或旅行證件，實行香港出入境管制，以及在國外設立經濟貿易機構等事項，這些原本都應屬於國家主管部門的職

權，統一由中央政府管理。但是為了便利香港的對外交往，根據一國兩制方針和基本法，這些對外事務都被授權香港政府自行負責處理。換言之，香港特區政府被授權代行中央政府的某些職能。以設立對外經貿機構為例，香港以中國一個地區的身份，被特許在 11 個國家設立或保持經濟和貿易辦事處，其中駐布魯塞爾經貿辦事處同時作為香港特區駐歐洲聯盟常設代表團，駐日內瓦經貿辦事處同時作為香港特區駐 WTO 常設代表團。不僅如此，香港也是中國境內設立外國領事機構最多的城市。截至 2012 年 1 月 1 日，允許在香港特區設立或保留的外國總領事館有 59 個、領事館有 61 個，還有 5 個官方認可的外國代表機構，總數達到 125 個，這一數字在世界各國所有城市中恐怕也是至為罕見的。同樣出於便利香港和世界各國往來的考慮，香港特區被允許同 144 個國家和地區簽訂了互免簽證的安排和協定。這一數字不但大大超出中國國家本身訂立互免簽證協議的總數，也遠遠高於全世界國家的平均數。

香港回歸祖國十五年的對外交往實踐表明，一國兩制不是損害而是大大保障、拓展了香港的對外事務權，香港特區繼續保持了國際金融中心、貿易中心和航運中的地位，保持了自由港和單獨關稅區地位，在國際社會保持着最具活力和競爭力的國際大都市的美譽。

中國學界對涉及香港實施一國兩制的國際法實踐的認識

中國學界密切關注香港在一國兩制實施過程中涉及到的國際法問題，至少在以下三點持有共同認識。

首先，高度自治沒有改變香港是中國的一個地方行政區域的法律地位。儘管基本法授權香港在一國兩制下實行高度自治，享有行政管理權、立法權、獨立的司法權和終審權，包括廣泛的對外交往權，儘管這些權力遠遠超過單一制國家地方政府的權限，甚至也超過聯邦制國家的邦或州政府，但本質上仍屬於中央政府的授權，是一種地方自

治性權力，沒有也不可能改變香港屬於中國領土、是中國一個特別行政區的法律地位。

其次，香港的對外事務權不是本身固有的，而是中央授予的，本質上屬於地方性職能性對外交往能力，屬於整個中國對外事務權的一部分。與香港有關的外交事務排他性由中央政府負責管理，香港對外事務權不具有任何的外交性質，更不是什麼「次外交」，其行使受制于、服從於中央，必須同國家的外交政策和外交立場保持一致。

第三，香港對外事務權原本是中國國內法上的一種授權，並非必然產生國際法上的效力，但是它業經中國在中英聯合聲明的承諾而獲得國際法上的保障，又經由中國的外交努力在實踐中得到國際社會認可，從而得以延續、擴展香港在國際法上原已取得的某種地位，事實上獲得一定的對外權利能力和行為能力，在特定的國際法律關係中享有有限的法律人格。但是這種法律人格在權力來源、性質、程度和責任能力等方面迥然不同於國家，香港不具有如同國家的一般法律人格。

2013年4月

24 香港特別行政區對外事務權在國際法上的地位

用一國兩制方針解決歷史上遺留的香港問題，本身就是中國對和平解決國際爭端原則的創造性運用，具有國際法上的意義。根據這一方針，香港和平回歸祖國，中國在香港創立了單一制國家內獨一無二的特別行政區，實行世所罕見的一國兩制、港人治港、高度自治，推進了國內憲政體制的重大變革。同時，又經由基本法賦予香港特區廣泛的對外事務權，為香港在國際法上的權利能力和行為能力提供了國內法依據，使香港作為中國的一個地區活躍在國際社會，豐富了國際法上鮮有的非主權實體對外交往的國際實踐。

基本法賦予香港特區廣泛的對外事務權

根據香港基本法，與香港特別行政區有關的對外關係分為兩個層面，一個是由中央政府負責管理的外交事務，即與香港有關而涉及國家主權或中央權限的外交性質的對外關係；一個是授權香港自行處理的對外事務，特指那些限於香港地區的對外聯繫，或是那些雖與國家主權有關但可由中央授權香港具體處理的對外事務。

香港基本法為規範香港的對外事務做出了全面、系統的制度性安排，特別用一個整章（第七章）的篇幅專門規定香港的對外事務。但基本法內與對外事務相關的條款不僅限於第七章，也包括其他章節的一些規定。這些章節的條款環環相扣，相輔相成，共同構成香港對外事務的整體安排。整體來看其內容可分為五個部分：

---

* 此文原為《香港基本法教材》寫作的一部分，屬其中一章，後修改於 2014 年 9 月。

（1）有關涉及香港的外交事務以及對外事務權限劃分的原則性、框架性規定。即中央政府負責管理與香港特別行政區有關的外交事務，由國家外交部在香港設立派出機構具體處理；在外交權屬於中央的前提下，由中央政府授權香港特別行政區依照香港基本法自行處理有關的對外事務[1]。（2）授權香港自行處理對外經濟事務的規定[2]。（3）授權香港自行處理教育、科學、文化、體育、宗教、勞工和社會服務等方面對外事務的規定[3]。（4）授權香港自行處理一般性對外事務的規定[4]。（5）授權香港處理其他對外事務的相關規定，如談判訂立司法協助協定等[5]。

基本法為保障和管理香港特別行政區的對外事務構建了一個完整的法律框架，不但保留而且大大擴展了香港原有的處理對外事務的權限和能力，並且以中國一個全國性法律的形式予以明確規定，正式確認了香港特區在對外事務方面的交往權。通過這些規定，香港作為中國的一個特別行政區所獲得的廣泛的對外事務交往權，其範圍、程度和種類遠遠超過中國內地的省市自治區，超過一般單一制結構國家的地方行政區域，也在很大程度上超過聯邦制國家的成員邦或州。可以說，基本法為香港回歸後的發展繁榮，為港人治港、高度自治創設了最大限度的國際活動空間。香港回歸十七年的實踐充分證明，對外事務權的享有和行使，是香港維護和擴展其對外交往與國際合作的有力的法律保障，是一國兩制方針在香港成功實施的範例[6]。

---

1. 《香港基本法》第 13 條，第 48 條第 9 項，第 62 條第 3 項。.
2. 《香港基本法》第五章相關條款。
3. 《香港基本法》第六章第 49 條。
4. 《香港基本法》第七章第 150-157 條。
5. 《香港基本法》第 96 條。
6. 參見國務院新聞辦：《一國兩制在香港特別行政區的實踐》，（簡稱《香港白皮書》），2014 年 6 月。

香港特別行政區對外事務權的法律性質

經中央授權產生的地方性職能性對外交往能力

依中國憲法規定，中央政府負責管理國家的對外事務[7]，即管理整個中國所有組成部分、包括香港特區在內的外交事務。中國的外交權集中在中央政府，排他性地由中央政府行使。香港特別行政區在中國憲政體制下的法律地位，制約着它在對外交往中的能力和權限。香港對外事務權本質上屬於國內授權，構成地方性對外交往權力，不屬於外交權。

作為中國的一個地方行政區域，香港沒有也不被允許擁有外交權，香港被授予的對外事務權不屬於外交權，而只是涉及與本地發展相關的非政治性對外事務，也包括那些雖與國家主權有關但可經授權處理的本地對外事務，整體上表現為一種地方性職能性對外交往能力。這種能力並非香港的本源性權力，而是來源於中央，受憲法和基本法規範。從法律屬性上看，香港特區的對外事務權本質上是一種國內授權，屬於一個地方實體的國際交往能力，不具有主權性質，不屬於外交範疇。

這裏需要強調指出的是，國家外交權和地方對外事務權是兩個有關聯但又完全不同的概念，二者在其權力來源、權力性質與權屬範圍等方面是有嚴格區分的，不可相提並論，混為一談。外交權屬於國家主權的組成部分，是國家的固有權力，在國際交往中具有獨立的、不從屬於任何外部力量的特性，其行使範圍及於國家政治和非政治領域的所有對外事務。而地方性對外事務權則來自於中央授權，是國家主權的派生權力，屬於地方性職能性對外交往權，從屬於國家外交，具有某種附屬性質，在國際交往中不享有真正獨立的地位，只能在國內法規定的範圍內有條件、有限制地行使。再者，地方對外事務權不得

---

7. 《中國憲法》(1982年)，第89條第9款。

孤立地行使，必須服從於國家外交權，服從於國家整體的外交政策和對外立場，承擔着維護國家主權、領土完整和國家安全的義務。儘管近年來國際社會也有人提出所謂「次主權」、「次外交」的説法，但國際法上不存在對外交權加以分割或劃分位階的一般實踐，也從未普遍認同所謂「次主權」、「次外交」之説。有人把香港從基本法中獲得的對外事務授權隨意誇大或曲解，硬説成是所謂「次主權」、「次外交」[8]，實際上是在生造或混淆法律概念，試圖為香港不存在的獨立或半獨立政治地位張目。

對外事務權不同於香港一般的高度自治權

雖然從法律形式上看，依據授權產生的香港對外事務權似乎可以列入香港高度自治權的組成部分，但是如果細加分析，不難發現它又與香港一般的自治權有着明顯區別。首先，對外事務權的行使受到較多的限制。因為香港對外事務權具有國際交往的特性，即便屬於地方性對外事務，其適用空間畢竟及於國際社會，往往牽涉到國家主權與外交，與國家外交事務有着密切的關聯，難免要受到國內法和國際法的雙重限制。在對外交往中，香港既無權越位處理屬於中央管理的外交事務，也不能脱離主權者意志和國家外交去孤立地自行處理本地對外事務。香港對外事務權的行使必須符合而不是違反國家整體的外交政策，必須同中央政府的外交立場保持一致。這一點不但在涉及香港法院管轄權的基本法第 19 條第 3 款有原則性規定，而且也具體體現於香港終審法院涉及國家及其財產管轄豁免原則的剛果（金）案的判決過程中 [9]。顯然，就自治權的類別與程度而言，對外事務權的行使同香港在行政、立法、司法方面享有的高度自治相比，受到的限制相對要多一些。其次，對外事務權的實施過程往往離不開中央政府的協助與支持。因為實踐中對外事務與外交事務的界限很難做出嚴格的區分，也

---

8. 參見馬尼拉人質案發生期間香港媒體中出現的相關議論。

9. 參見全國人大常委會 2011 年 8 月 26 日關於香港基本法第 13 條第一款和第 19 條的解釋。

因為香港對外事務權受基本法授權的限制，香港處理某些對外事務，如特定領域雙邊協定的簽署、某些突發事件的處置，很難單靠香港自身能力獨立完成，需要有中央政府的具體授權、特別授權或必要協助。這一點也明顯不同於一般自治權的行使。第三，法律規定中的分開列述。人們不難發現，不論是中國在《中英聯合聲明》中的政策宣示，還是基本法的具體規定，都刻意把有關對外事務的授權條款單獨列出，以區別於有關行政、立法、司法方面高度自治的授權條款。這一做法顯然是在提示人們，在理解和行使香港對外事務權時有必要注意到它們同高度自治之間的差異，不能簡單歸結為高度自治權。

香港特別行政區對外事務權在國際法上的地位

香港特別行政區的對外事務權原本是中國國內法授權產生的一種地方性國際交往能力，但它業經中國在中英聯合聲明的承諾而得到國際法上的保障，又在實踐中取得國際社會的普遍認可，從而得以延續香港作為非主權的地區實體在國際法上原已取得的某種地位，即在對外事務中享有國際法上有限的權利能力和行為能力。這樣，香港特區的對外事務權就具有了某種國際法性質，並同國際法上的人格問題發生了聯繫。

開展國際談判，簽訂和履行國際協議，參與國際組織，等等，向來被視為國際法上的權利能力和行為能力，一般只有具備國際人格的實體才能享有。香港特區在一定程度上具備其中的某些能力，得以大量參與國際法律關係，因此，人們往往認為香港具有了某種國際人格。有人進而認為因為中國在香港實施一國兩制，使得一個國家產生了兩個國際法律人格者[10]。那麼香港特區是否具有國際人格，應該怎樣認識香港對外事務權在國際法上的地位呢？

---

10. 參見 Roda Mushkat, *One China, Two International Legal Personalities*. Hong Kong University Press, 1997.

國際人格是一個國際法概念，是從國家的國際法主體資格中引申出來的，系指在國際法上具有法律人格，享有國際法上所確定的權利、義務或權力，以及直接或間接行為的能力[11]。傳統國際法認為國際人格者就是國際法主體，只有主權獨立國家才具有國際人格，排除了其他類型國際人格者存在的可能。晚近國際法的發展出現了國際人格者概念擴大化和多樣化的趨勢。有學者認為，決定國際人格的關鍵因素並不在其是否擁有主權，而在於是否能擁有國際法上的權利、義務和權力；一個國際人格者可以不必具有主權國家通常具有的一切國際權利、義務和權力[12]；更有學者認為，國際人格和國家主權之間沒有必然的聯繫[13]。二戰後的實踐表明，非完全主權的國家（如被保護國）、政府間國際組織、民族解放運動組織等逐步被國際社會承認為具有某種國際人格。國際社會審慎地接受了這一現實[14]。

但是，國際社會承認非主權國家實體可具有有限的國際人格，並沒有由此出發進而承認他們具有如同國家一般的國際法地位。權威學者在談到非主權國家實體所具有的國際人格時都刻意強調它們同國家國際人格的區別。這裏且以國際組織的人格為例加以說明。《奧本海國際法》第九版的著者特別引用了國際法院在 1949 年賠償案諮詢意見中的著名論斷，強調「在任何法律體系中，法律主體在其性質或在其權利的範圍上並不一定都相同，而它們的性質取決於社會的需要」[15]。他們指出，國際法院在該案中推論出聯合國具有國際人格的同時也強調指出，肯定聯合國享有國際人格並不等於說它是一個國家，也不等於

---

11. 〔英〕詹寧斯　瓦茨修訂：《奧本海國際法》（中文本）第一卷，第一分冊，中國大百科全書出版社，1995 年版，第 91 頁。

12. 同上注，第 91、93 頁。

13. P. Sands &. P. Klein, *Bowett's Law of International Institutions*. Sweet & Maxwell, London, 2001, p. 469

14. 當然，也有人進而主張自成一類的實體（如梵蒂岡）、甚至個人也可擁有國際人格。參見〔英〕 I. 布朗利：《國際公法原理》（中文本），法律出版社，2002 年，第 73-74 頁，以及第 25 章。

15. *Reports of ICJ,* 1949, p. 179.

説它的人格和權利義務與國家完全相同。國際組織只享有適合於它們自己特定條件下的國際權利和義務，只在有限範圍內是國際法的主體和國際人格者，因此試圖把它們說成是嚴格限定意義之外的國際人格者是不現實的[16]。顯然，他們是想說明聯合國與主權國家在國際人格上的差異，強調不同類型的國際人格者在程度和範圍上的區別，不贊成不加區別地籠統地談論這些實體的國際人格。《奧本海國際法》對國際組織國際人格的闡述非常經典，很大程度上也適用於國家之外其它類型的國際人格者，代表了國際法學界對非主權國家實體的國際人格的主流看法。

就香港的情況而論，香港是作為中國的一個特別行政區而被中央政府授予廣泛的對外事務權，並得到國際社會的認可，得以享有國際法上某些權利能力和行為能力。然而，即使香港因此可以被稱為國際人格者的話，也必須同時如實地指出，香港所擁有的僅僅是有限的特定的國際人格，不同於主權國家的國際人格，二者在其來源、性質、程度範圍、責任能力等方面上都存在明顯區別，不可相提並論、混為一談。

就其來源和性質而言，主權國家享有國際人格是國家的固有權利，是國家主權的外在屬性，是一種獨立的完全的國際人格，不依附、受制於任何外在的意志和力量。而香港在特定條件下持有的國際人格，是一種地區性職能性的對外交往能力，並非其自生的、固有的，而是中國主權所派生的，其法律效力來源於國家授權，並且首先受制於國內法，是一種附屬性的非典型意義的國際人格。

就其程度和範圍而言，主權國家享有完全的、完善的國際人格，具有國際法所承認的國家通常所擁有的一切權利、義務和權力，享有主權國家國際人格的平等性。而香港享有的只是不完全的有限的國際

---

16. 前引《奧本海國際法》，第 91-92 頁。

人格，只是在香港基本法所許可的範圍內享有特定的國際權利能力和行為能力。香港特區處理對外事務的所有能力都不得超出基本法的規定，不得同國家的對外政策和立場相抵觸。

以締約權為例，香港特區對外簽署協議除須經基本法授權外，還必須同時符合三個限制性條件。一、領域限制，即只限於非政治、非國家安全方面並且僅與香港地區有關的特定領域；二、協議類別限制，即僅限於特定的雙邊協議；三、身份限制，僅限於以「中國香港」、即中國的一個地區的名義參與談判和簽署協議。香港無權自行簽署以國家名義訂立的國際條約。

以參與政府間國際組織的活動為例，香港特區的能力範圍受到明確限制。基本法第 152 條規定，對以國家為單位組成的國際組織，香港只能以中國政府代表團成員身份或中國政府與有關組織允許的身份，參加那些與香港有關的、適當領域的國際組織，並以「中國香港」名義發言，在該組織內完全不具有單獨的國際人格地位。香港以「中國香港」名義單獨參加並獲得完全成員或准成員資格的只能是少數不以國家為單位組成的政府間國際組織或國際會議，如 WTO、APEC、ADB 等。在這類組織的法律框架內，香港有可能獲得與其它成員方平等的權利義務，具有單獨的法律人格，但也僅限於此。這種在組織內法律上的平等地位不足以支持香港在組織外獲得與其它成員國一般的國際人格。因為脫離了這個特定的法律環境，香港就不能享有與國家一樣的法律地位了。譬如說，香港以單獨關稅區身份參加了世界貿易組織，並取得與其它成員方（包括中國在內）平等的成員地位，享有單獨的國際人格。但是這種國際人格僅僅限於 WTO 的法律框架內，僅僅是在這個有限範圍內得到其他成員方的承認。這種承認只是認可香港在 WTO 框架內的權利義務，並沒有賦予香港在組織外的其他的國際法權利義務。倘若脫離了 WTO，香港就不復存在與其它成員國一樣的國際人格了。而且，即便在 WTO 內，《馬拉喀什建立世界貿易組織協定》的「解釋性說明」也刻意提到單獨關稅區成員與主權國家成員之

間的區別，並沒有將它們等同起來 [17]。可見參加一個政府間國際組織本身並未能改變香港在國際法上的地位，不足以證明它可以由此獲得與其它成員國一樣的一般國際人格。

就其責任能力而言，主權國家作為國際法上主要的和典型的國際人格者，應該而且能夠承擔因其國際義務而產生的所有國際責任，但是香港特別行政區只能在非常有限的範圍內具有國際責任能力。對於香港單獨簽訂或經中央授權訂立的僅與香港有關的雙邊協定，香港原則上能夠承擔在本地和國際層面履行條約的責任；但如果條約責任超出協定規定的範圍，理論上應由中央政府出面解決或授權特別行政區政府解決。至於中央政府締結並適用於香港的條約，特別是多邊條約，原則上概由中央政府承擔國際法上的責任，香港只是在本地區內負有實施中央政府名義上承擔的國際義務的責任。這就是說，香港特區因適用多邊條約所產生的國際責任，概由擔負條約權利和義務的中國中央政府承擔，香港不具有一般的國際責任能力。

由上可知，國際人格是一個類型多樣、差別程度大因而需要謹慎使用的國際法概念。如果籠統地不加區別地談論國際人格，並且套用「國際人格 — 國際法主體 — 主權國家」的傳統公式進行邏輯推理，那麼就有可能混淆主權國家與非國家實體在國際法上的地位差異，導致國際法律秩序的混亂。因此，在提及非主權國家實體的國際人格時，說明它們的限制條件和適用範圍是非常必要的。

總之，香港作為中國主權下享有廣泛對外事務權的一個地區實體，在國際社會所取得的僅僅是一種有特定限制的不完全的國際人格。中國在國際社會只能有一個完全的典型的國際法主體資格和國際人格，且只能由中央政府為其唯一代表。香港的有限國際人格與中國的國際人格在不同的法律範圍內活動，表現出不同程度的權利能力和

---

17. 見《馬拉喀什建立世界貿易組織協定》中的解釋性說明。

行為能力。倘若脫離基本法和《中英聯合聲明》的規範，脫離特定的國際法律環境去一般地主張或談論香港的國際人格，把香港和國家的國際人格相提並論，混為一談，難免會混淆視聽、搞亂人們的思想，為鼓吹香港成為獨立政治實體的說法提供支持，值得引起人們的重視。

2014年9月

25 人權公約不構成香港普選的法律根據

香港的政制發展，包括特區行政首長及立法會議員的選舉，本來早經基本法明確規定，正在按照香港的實際情況，朝着普選目標循序漸進地進行。現在有一些説法，執意把《公民權利和政治權利國際公約》第 25 條 b 項説成是香港普選的法律根據，強調必須以該項規定來約束、規範香港的普選，言之鑿鑿，貌似有理。那麼，公約第 25 條 b 項到底是否具有在香港適用的法律效力呢？如何看待香港普選同第 25 條 b 項的關係呢？事關重大，不可不察。本文試圖從國際法層面對這一問題予以闡釋和澄清。

英國在把《公民權利和政治權利國際公約》擴展適用於香港時，特別針對第 25 條 b 項做出了保留

《公民權利和政治權利國際公約》（以下簡稱人權公約）文本於 1966 年 12 月 16 日經第 21 屆聯合國大會第 2200A 號決議通過，開放給各國簽署、批准和加入。1976 年 3 月 23 日該公約正式生效。

英國政府於 1968 年 9 月 16 日簽署了該公約，並於 1976 年 5 月 20 日正式交存其對公約的批准書。英國政府在交存批准書時，曾提出聲明，明確表示將該公約的適用範圍擴展至包括香港在內的十個英國屬土，同時對公約中的若干條文提出了保留。英國政府的保留聲明得到了其他締約國明示或暗示的同意，保留得以成立。這就是説，對於公

---

*　　原載北京大學《中外法學》，2008 年第 3 期。

約中英國聲明保留的條款，英國不受該條款的約束，不承擔履行該條款的義務。

保留，是國際法上的一項特有制度。據1969年《維也納條約法公約》第2條第1款（丁）項的規定，保留是指一個國家在簽署、批准、接受、贊同或加入條約時所作的單方面聲明，不論該聲明如何措辭或命名，其目的在於摒除或更改條約中若干規定對該國適用時的法律效果。[1] 也就是說，保留是為了排除條約中的某些規定對提出保留的締約方的約束力。《條約法公約》對保留的提出和生效作出了嚴格明確的限制。經條約各締約方明示或暗示的同意，保留得以成立，發生法律效力。保留一般適用於條約中的特定條款，有時也用於條約的適用地區的限定或對條約的規定予以特定的解釋。

英國的保留對公約在香港的適用產生了重要影響。當時的香港尚處在英國殖民統治之下，雖然不具備獨立加入《公民權利和政治權利國際公約》的資格，但是經由英國獲得了適用該公約的地位。換言之，伴隨着英國的加入，《公民權利和政治權利國際公約》也同時適用於香港。但是，這裏必須指出的是，由於英國保留聲明的法律效力，並非該公約的所有條款都在香港適用。凡是英國聲明保留的條款，特別是專門針對香港聲明保留的條款，被排除在實施義務的範圍之外，不予適用，在香港不產生法律效力。

英國政府在交存公約批准書並聲明公約擴展適用於香港時，對公約的一些特定條款作出了保留，其中包括：（1）第10條第2款b項有關少年被告和少年犯的規定；（2）第12條第1款、第4款有關遷徙自由的規定；（3）第13條有關驅逐出境的規定；（4）第20條有關禁止宣傳戰爭和民族歧視的規定；（5）第23條第3款關於兒童國籍的規定及

---

1. 見《維也納條約法公約》（1969年）第2條第1款（丁）項。

第 4 款關於男女平等的規定;(6) 第 25 條 b 項關於選舉的規定。[2] 這裏面,關於第 13 條和第 25 條 b 項的保留是專門針對香港而作出的。顯然,凡是英國對公約中作出保留並且該保留適用於香港的條款,不屬於在香港適用的公約條款,對香港不產生法律效力。

《公民權利和政治權利國際公約》第 25 條的規定如下:

> 凡屬公民,無分第 2 條所列之任何區別,不受無理限制,均應有權利及機會:(a) 直接或經自由選擇之代表參與政事;(b) 在真正、定期之選舉中投票及被選。選舉權必須普及而平等,選舉應以無記名投票法行之,以保證選民意志之自由表現;(c) 以一般平等之條件,服本國公職。[3]

英國政府關於公約第 25 條 b 項予以保留的聲明內容是:

> 聯合王國政府就第 25 條丑款(即 b 項──引者注)可能要求在香港設立經選舉產生的行政局或立法局,保留不實施該條文的權利。[4]

該保留隨《公民權利和政治權利國際公約》在香港的生效即發生法律效力。也就是說,從公約對香港產生效力的第一天起,公約中的第 25 條 b 項就因英國的保留而被排除在適用範圍之外,不屬於適用香港的有關規定。

---

2. 參見中國政府 1997 年 6 月 20 日致聯合國秘書長照會,www.hab.gov.hk/file_manager/tc/doc.ts.

3. 見《公民權利和政治權利國際公約》第 25 條。

4. 同注 3。

直至香港回歸前，英國並未撤回它對第 25 條 b 項的保留，保留繼續有效

有人説，有關公約第 25 條 b 項不適用香港的保留早已隨香港實際情況的變化而失其效力。那麼，從法律角度考察，英國的保留是否已經撤回、不再有效了呢？

的確，保留是可以有時效限制的。從國際實踐看，條約保留的效力能夠被中止，即通過對保留的撤回予以實現。《維也納條約法公約》第 22 條第 1 款載明，除條約另有規定外，保留得隨時撤回。[5] 而保留一經撤回，即失去對特定條款不予適用的效力；反過來説，只有經由撤回才能中止保留的效力。一項保留如果未經正式撤回，當然繼續維持它的保留效力。由此可見，撤回是一項正式的法律行為，能夠帶來重大法律後果。

關於撤回的程序，該公約第 23 條第 4 款規定，撤回保留，必須以書面為之。[6] 這一條款至少包含兩項要素，一個是對撤回提出者的要求，一個是對撤回形式的要求。只有同時滿足這兩個要求，作為一項法律行為的撤回才得以成立，撤回才能生效。在這裏，撤回的提出者，按通常理解，應當而且只能是該保留的提出者，而不是提出者之外的任何別人；至於聲明撤回保留，則必須提交正式的書面文件。

眾所周知，直至香港回歸前夕，英國政府並未聲明撤回它對《公民權利和政治權利國際公約》的相關保留，沒有採取這方面的法律作為，儘管當時該公約下屬的人權事務委員會已經對英國的保留提出異議。1995 年 11 月 1 日，人權事務委員會在其對英國代為遞交的香港履行人權公約的第四次定期報告所作的審議結論中指出，「前立法局的

---

5. 見《維也納條約法公約》（1969 年），第 22 條第 1 款。
6. 見《維也納條約法公約》（1969 年），第 23 條第 4 款。

選舉制度並不符合公約第 2 條第 1 段、第 25 條暨第 26 條的規定，委員會重申對此事的關注」[7]。但是，當時仍然對香港負有國際責任的英國政府並未就此對公約的保留作出撤回表示，儘管當時英國有理由也有機會採取這方面的法律行動。這就意味着，直至 1997 年 7 月 1 日以前，英國的態度始終是，適用於香港的對《公民權利和政治權利國際公約》的保留仍然存在、繼續有效。換言之，到香港回歸中國前，並非該公約的全部條款都適用於香港，包括第 25 條 b 項在內的列入英國保留的部分條款仍屬於不在香港適用的條款範圍之內。

隨着中國恢復對香港行使主權，英國結束了它對香港一百五十多年的殖民統治，也因此失去了它在國際事務方面代表香港承擔和行使國際權利義務的資格。中英兩國政府於 1991 年組成中英聯合聯絡小組，就國際條約在香港回歸後如何繼續適用的法律技術問題進行磋商，經過長達六年的談判達成了共識。兩國政府分別於 1997 年 6 月照會聯合國秘書長及各多邊條約的保存機關，通知了中英關於國際多邊條約在香港繼續適用的技術性安排以及各自的立場。[8]英國政府在照會中聲明，自 1997 年 7 月 1 日起，英國將停止對因這些適用於香港的條約而產生的國際權利與義務負責，其中包括《公民權利和政治權利國際公約》。該照會表明，英國政府清醒地認識到，它已將在香港繼續實施國際公約的國際權利義務移交給了中國，它本身無意也不得再對繼續適用於香港的國際多邊條約採取任何有法律根據的行為了，其中包括撤回保留。由此可知，直至香港回歸前，《公民權利和政治權利國際公約》在香港適用的範圍和條件，仍受英國在 1976 年所作保留的限制。

這裏有必要提請注意的是，港英政府以在香港實施《公民權利和政治權利國際公約》的名義，於 1991 年制定了《香港人權法案條例》。

---

7. 該內容在此後的多次審議結論中引用，參見 CCPR/C/HKG/CO/2.

8. *International Legal Materials (ILM)*, (1997), pp. 1675–83, 1684–91．

該法案基本上是比照《公民權利和政治權利國際公約》的實質性條款，將它們照抄一遍，列入可在香港適用的法律之內，但令人驚異的是，公約第 25 條 b 項居然也被列其中。該法案第 21 條幾乎是原封不動地照搬了公約第 25 條的全部內容，其中包括第 25 條 b 項。[9] 這就是說，港英政府借本地立法之機，採用偷樑換柱的做法，把英國政府原本保留不對香港適用的第 25 條 b 項也一攬子列入了進來，使之獲得在香港適用的法律效力。嚴格地說，這一項的列入在法律上是難以成立的。在英國政府相關保留繼續有效的情況下，作為下屬的港英政府的這一舉動顯然超越了自己的權限範圍，與其上位政府的法律立場是衝突的、對立的，因此，港英政府這一行為的合法性及有效性大可值得質疑。

中國政府承諾《公民權利和政治權利國際公約》適用於香港的有關規定繼續有效，通過香港特區法律予以實施

《公民權利和政治權利國際公約》在香港回歸後能否以及如何繼續適用呢？這一問題涉及到複雜的法律技術性限制，不同於一般條約的處理。這裏的癥結在於，中國當時尚未加入該公約。[10]

誠然，中國政府在 1984 年關於香港問題的《中英聯合聲明》附件一第十一條中承諾，「中華人民共和國尚未參加但已適用於香港的國際協定仍可繼續適用」。可以説這是確立了一條原則。後來中國政府在其 1997 年 6 月 20 日致聯合國秘書長的照會附件二中，列出了 87 個已經適用於香港而中國當時尚未參加的多邊條約名單，聲明這些條約自 1997 年 7 月 1 日起繼續適用於香港特別行政區。[11] 該附件二的法律意義就在於，中國承諾僅就在香港特別行政區適用而言，成為這些條約的

---

9. 見《香港人權法案條例》第 II 部 香港人權法案　第 21 條。

10. 中國政府後於 1998 年 10 月簽署了《公民權利和政治權利國際公約》，現尚待批准生效。

11. *ILM* (1997) pp.1675–83; UKTS (1997) 80, pp. 21–31.

當事國。然而，上述原則和做法並不適用於《公民權利和政治權利國際公約》，因為該公約的情況特殊，應屬例外處理。那份囊括 87 個多邊條約名單的附件二就不包括《公民權利和政治權利國際公約》。

《公民權利和政治權利國際公約》對其適用範圍有嚴格的規定。公約第 50 條載明，「本公約各項規定應一律適用於聯邦國家之全部領土，並無限制或例外」。[12] 這意味着，該公約被強制性要求適用於締約國的全部領土，不得例外，對聯邦制國家尚且如此要求，更遑論單一制國家了。按照公約規定，從嚴格法律意義上看，在一個主權國家尚未參加的情況下，排除了公約在該國部分領土正式適用的可能性。正因為中國當時尚不是《公民權利和政治權利國際公約》的參加國，它無由主張或聲明該公約繼續適用或僅僅適用於香港，也無由對原已存在的關於該條約適用的保留採取任何法律行為，面臨兩難的境地。不過，為了不使這一技術性障礙最終阻止公約的相關條款在香港繼續適用，中國政府採取了靈活、務實、可行的解決辦法。

中國政府從一國兩制方針出發，一方面考慮到《公民權利和政治權利國際公約》已由英國擴展適用於香港，香港居民受法律保護的權益不應因回歸而受到貶損，另一方面有鑒於英國的保留使得公約的部分條款被排除在香港適用之外，應該對公約條款在香港的繼續適用予以區別對待，因此通過外交和國內立法途徑，採取了確認和承諾「《公民權利和政治權利國際公約》適用於香港的規定將繼續有效」的立場。這一立場既規避了因中國不是公約當事國而無由主張公約繼續適用於香港的技術障礙，又達到了維持原已適用於香港的公約相關條款繼續有效的法律效果，使得該公約在香港的實際法律效力並未因香港回歸而改變。這一立場首先載明於 1984 年中英聯合聲明附件一第 13 節第 4 款中國政府的承諾中，後來又在 1990 年頒佈的香港基本法第 39 條及 1997 年 6 月 20 日中國政府致聯合國秘書長的照會中予以重申。不僅如

---

12. 見《公民權利和政治權利國際公約》第 50 條。

此，基本法第 39 條第 1 款還進一步規定了該公約相關條款在香港繼續適用的辦法。其具體規定是：

《公民權利和政治權利國際公約》、《經濟、社會與文化權利國際公約》和國際勞工公約適用於香港的有關規定繼續有效，通過香港特別行政區的法律予以實施。

從上述中國政府的立場來看，僅就《公民權利和政治權利國際公約》而言，對基本法第 39 條第 1 款的全面理解至少應該包括以下三點：

1. 《公民權利和政治權利國際公約》於 1997 年 7 月 1 日以後在香港的法律地位發生了變化，它不再是因為被視為一項在香港適用的國際條約而發生效力，而只是該公約中原已適用於香港的有關規定被確認為繼續有效。

2. 並非《公民權利和政治權利國際公約》的全部條款、而只有那些在回歸前原已適用於香港的有關規定才在香港特區繼續有效。原經英國保留而被排除在適用範圍之外的條款，包括第 25 條 b 項，不屬於繼續有效的「有關規定」。

3. 按照香港遵行的普通法傳統，《公民權利和政治權利國際公約》的規定不具有在香港直接適用的法律效力，而必須通過本地法律予以實施。

這裏有必要強調的一點是，儘管中國承諾在香港回歸後繼續有效的公約條款，只局限於原已適用於香港的「有關規定」，其中不包括第 25 條 b 項，但是，這並不必然表明中國政府對公約第 25 條 b 項內容的反對以及有意維持英國保留效力的態度，而僅僅是出於對回歸前公約在香港適用的歷史和現實情況的尊重，屬於一種實事求是的法律技術性安排。事實表明，與所謂反對第 25 條 b 項適用香港的立場相反，中國政府已經通過基本法，對因英國保留而無法在香港適用的公約第 25

條 b 項的實質內容，做出了明確的承諾並予以法律保障。基本法第 45 條和第 68 條就分別規定了香港特區行政長官和立法會議員最終達至經普選產生的目標，[13] 香港當前的政制發展也正在循序漸進地朝着這一目標努力。應該如實地說，香港居民所企望的普及而平等的選舉並非藉由人權公約而將是通過基本法予以實現。如此來看，公約第 25 條 b 項是否適用於香港的問題其實已經沒有太多的實際意義了。

人權事務委員會的審議結論及香港法院的判決不足以改變公約第 25 條 b 項不適用於香港的法律地位

儘管《公民權利和政治權利國際公約》第 25 條 b 項是否適用於香港的問題，早已有明確的法律規定，不成其為問題；儘管該問題本來只涉及法律技術層面，不值得小題大做，但還是有人對它有極高的興趣，總願意把它同香港的政制發展和普選問題聯繫起來，不但把它尊為在香港實行普選的法律根據，而且以它作為制定普選時間表、及早實現普選的尚方寶劍。他們的核心觀點就是公約第 25 條 b 項已經具有在香港適用的法律效力，其法律根據就是他們一再強調的人權事務委員會的審議結論及香港法院的判決。

誠然，人權事務委員會在 2006 年 3 月 30 日曾就中國政府代為提交的香港特區實施《公民權利和政治權利國際公約》有關規定的報告做出了審議結論。該結論在其「主要關注事項和建議」第 18 節中談到：

委員會記得，在「大不列顛及北愛爾蘭聯合王國提交有關香港的第四次定期報告」的審議結論（在 1995 年 11 月 1 日通過）中，委員會曾提及英國政府就公約第 25 條（丑）款（即第 25 條 b 項—作者注）作出保留條文，訂明本港無須設立經選舉產生的立法機關。委員會認為，經選舉產生的立法會一經設立，其選舉便須符合公約第 25 條的規

---

13. 見《基本法》第 45 條、第 68 條。

定。委員會當時表示，本港的選舉制度不符合公約第 25 條、第 2 條第一段以及第 26 條的規定；委員會就香港特區提交的第一次報告發表審議結論（在 1999 年 11 月 4 日通過）時，也重申了上述看法。此外，委員會關注到當局就一些問題（例如選舉、公共事務等問題）進行解釋《基本法》的程序時，沒有作出適當安排，以確保該等解釋符合公約的規定（第 2、第 25 及第 26 條）。

香港特區應採取一切必要措施，使立法會經普及平等的選舉產生，並確保對《基本法》作出的所有解釋（包括涉及選舉及公共事務的解釋）符合公約的規定。[14]

在這裏，人權事務委員會的態度非常明確，即認定關於公約第 25 條 b 項的保留已經不再適應香港的現實，不再有效了，香港的普選以及基本法的解釋都必須以公約的規定為準，如此等等。本文在這裏無意對該審議結論的具體內容進行評論，更無意從道德層面否認人權事務委員會審議結論的合理性，只是從程序法角度談談人權事務委員會的法律地位及其審議結論的法律效力。

這裏所說的人權事務委員會，並不是人們常提到的聯合國人權委員會，而是根據《公民權利和政治權利國際公約》設立、旨在監督公約執行情況的一個條約機構（treaty body）。其職能包括審議各締約國提交的實施公約情況的報告，對該報告作出一般性評論，並對公約某些條款的範圍及含義作出解釋。該委員會委員經締約國會議選舉產生，以個人身份參加工作。該委員會由法律專家組成，但並非司法機構，也不是具有准司法性質的機構，它被授予的職權是有限的。它的決定，包括其審議結論，都只屬於「意見」，而不是「判決」，只具有建議性質，對有關締約國沒有拘束力。[15]

14. 見人權事務委員會文件 CCPR/C/HKG/CO/2, Mar.30.2006。

15. 見《公民權利和政治權利國際公約》第四編。

由公約第四編的規定可知，人權事務委員會不是公約的權力機關，而只是一個條約監督機構，不論人權事務委員會對香港報告的審議結論正確與否，該結論都不具有法律拘束力，不具有改變英國保留狀態的法律效力，不足以改變公約第 25 條 b 項不適用香港的法律地位。如前所述，對該條款保留的撤回，只能由保留的提出者本身來完成，旁人無緣置喙；而且撤回還必須經過正式的書面申請。至於該條款在香港回歸後能否適用，也不是由一個專家性質的條約機構所能決定的，而必須按照《中英聯合聲明》和基本法的有關規定來處理。在這裏，人權事務委員會並沒有被賦予代行取消締約國的保留、改變條約在締約國適用範圍的權限，因此它的審議結論仍然只具有建議性質，不足以引為第 25 條 b 項在香港適用的法律根據。

對於人權事務委員會及其審議結論法律地位的看法不單作者個人所持，不少學者也有同樣的意見。例如英國國際法學者奧斯特在評論人權事務委員會 1994 年第 20 號《概括意見》時就指出，人權事務委員會自認為有權對涉及保留的問題發表權威性決定的觀點遭到國際社會的嚴厲批評，來自法國、美國和英國的批評認為，該委員會並沒有被授予對於一般國際法問題發表意見的權力，它不能等同於一個國際法院或法庭。[16]

有人又提出，香港法官祁彥輝曾在 1995 年一項判決的判詞中闡述，香港一旦成立經由選舉產生的立法會，《公民權利和政治權利國際公約》第 25 條的規定就會適用於立法會的選舉。[17] 按照這一判詞的推論，鑒於香港已經發生立法會選舉，英國對第 25 條 b 項的保留應自動歸於無效。誠然，法官和法院判決在香港具有令人尊敬的崇高地位，引證祁彥輝法官的判詞無非是想證明第 25 條 b 項已經具有在香港適用

---

16. 〔英〕A. 奧斯特，《現代條約法與實踐》（中譯本），中國人民大學出版社，2005 年版，第 120–121 頁。

17. 梁家傑：〈給焯權的信〉，香港《明報》，2007 年 7 月 16 日。

的法律效力。但現在的問題是，香港法院是否具有撤回條約保留的權力，香港法院的判決是否具有改變國際公約在香港適用範圍的法律效力呢？這些純屬法律性質的問題，理應從法律層面予以考察。

眾所周知，香港歷來沿用英國的法律制度，其法制屬於普通法系。在英國制度中，涉及國際條約的權限劃分是很嚴格的。有關條約締結、簽署和加入的權限屬於行政部門，批准權則在英王或王室，而條約的適用只有經過議會立法轉換為國內法後，才具有在本國實施的效力。至於法院，在判案中有可能涉及對條約的理解或解釋，但該解釋不得擴大或縮小本國在條約中原有的權利義務。祁彥輝法官的判詞關係到英國的保留是否繼續有效，關係到英國實施條約義務範圍的擴大，顯然涉及一個國家在國際法上的權利義務問題，而有關該問題的決定權並不屬於法院，不但不在香港法院，甚至也不在英國本土法院，而必須由英國政府和王室予以決定。香港法院當時並沒有被授權就英國保留是否繼續有效作出有約束力解釋的判決，祁彥輝法官的判詞斷言公約第 25 條 b 項應可適用於香港，雖說從邏輯層面講不無道理，但是從嚴格的法律程序上看，顯然已經超出香港法院的權限範圍，做了一件本不應該由香港法院來做的事情。該判決就其涉及英國保留的這一部分而言，是不具有法律根據的，因而也是沒有法律效力的，不足以作為第 25 條 b 項適用於香港的證據。而從國際層面來看，其他締約國顯然也沒有將香港法院的這一判決視為英國對其保留的正式撤回。

公約第 25 條 b 項不構成香港政制發展的法律根據

誠如前述，公約第 25 條 b 項不適用香港的法律地位在法律技術層面迄未改變，並且在當前不具有更改的可行性；同時，因英國保留而不得在香港適用的第 25 條 b 項的實質性內容，已經經由基本法第 45 條和第 68 條的規定在香港逐步實施，這兩點都是無可否認的事實。既然如此，為什麼有人還是要抓住這一條款大作文章呢？看來問題的癥

結已經不在第 25 條 b 項是否適用於香港本身，而在於有人企圖借此把香港普選同人權公約的適用問題緊緊掛鈎，片面地強調以人權公約作為推進香港政制發展的法律根據。

國際法，按其性質來說，主要是用來約束國家而不是直接約束國家的機關和人民的 [18]。就人權公約而言，它表明了一個締約國對於人權保護的國際標準和普遍價值的一種國際承諾，雖然公約內容涉及到締約國公民，但公約的主體仍然只是國家而不是個人。迄今為止，個人尚未被國際社會普遍承認為國際法主體，一般而言，個人不能直接承受國際法上的權利義務，也不得直接以國際條約為依據主張自己的權利。說到底，公民的基本權利和自由是由國內法而不是國際法來規定和保障的。

就香港特區的情況而言，香港居民的權利是由中國憲法、香港基本法和香港本地法律予以保障的。英國統治香港一百五十多年，未曾推行民主政制，即便把人權公約擴展適用於香港，也通過保留排除了第 25 條 b 項在香港適用的可能。香港居民真正享受民主權利，實行港人治港，高度自治，是在回歸中國之後。作為香港憲制性法律的基本法，專門以第三章全面規定了香港居民的基本權利和義務，其中特別載明，國際人權公約適用於香港的有關規定繼續有效，通過特區法律予以實施。不僅如此，為了推進香港的政制發展，適應香港居民的民主訴求，基本法還通過第 45 條和第 68 條，規定了特區行政長官和立法會議員的產生辦法最終達至由普選產生的目標。這一規定的開放幅度甚至超過了中國政府在《中英聯合聲明》附件一中的承諾，而且在實際上保障了因英國保留而不能適用的第 25 條 b 項的內容在香港得以實施。可以說，人權公約的各項規定已經在基本法和香港法律中得到充分體現，基本法在滿足人權公約的要求這一點上，已經遠遠超出港英時期的法律。

---

18. 周鯁生：《國際法》，商務印書館，1981 年，北京，第 20 頁

香港當前的政制發展正在按照基本法的規定，朝着普選目標循序漸進地推進。基本法和人權公約在保障香港居民民主選舉的權利這一點上，目標和標準是一致的，彼此本無衝突。如果說有什麼區別的話，那就是人權公約的規定不具有在香港直接適用的效力，而必須通過本地法律予以實施。事實上，參加人權公約的絕大多數國家也都是通過本國法律來實施自己的國際承諾的，因為人權問題說到底還是一個國內法的問題。

　　推進香港的政制發展，倘若不是首先和主要地以中國憲法、基本法和香港本地法律為准，而是一味地片面地突出人權公約，特別是抓住不適用於香港的公約第 25 條 b 項做文章，很難認為是一種正常的、符合理性、符合法律的做法。這種做法的實際效果就是要在二者之間製造矛盾和衝突，把原本已由基本法明確規定實施的普選同履行公約的國際義務對立起來，是想把普選的法律根據由國內法改換成國際公約，形成國內法與國際法的衝突，形成以國際公約來抗衡、壓制基本法以至凌駕於基本法之上的局面，進而在實際上對抗和削弱基本法授予的中央政府對香港政制發展的主導權。這一做法事實上已經導致了香港社會的不和諧因素，妨礙和阻滯了香港政制發展的順利進行，應當引起人們的高度重視和清醒認識。

2008年4月

26 《公民權利和政治權利國際公約》在香港特區的適用問題

引言

這個題目既是一個國際法上的問題，也是國內法上的問題，既涉及到條約在香港的實施、國際法與國內法的關係這樣的理論問題，也涉及到基本法的實施和香港政制發展的法律根據這樣的實際問題。具體地講，主要是要回答三個問題：一、公約在香港的法律地位和法律效力問題；二、公約在香港的適用方式問題；三、公約與香港基本法的關係問題。

眾所周知，香港回歸以前，公約已透過英國適用於香港；香港回歸已經十二年了，而中國至今尚未正式批准公約，仍然不是公約的加入國。那麼如何來看待公約在香港的適用，如何具體來回答上述三個問題呢？根據什麼來作出回答呢？

條約在國內的適用固然要受國際法的制約，但如何實施主要是由各國國內法來確定的。事實上，香港基本法第 39 條已經對此作出了明確規定，「《公民權利和政治權利國際公約》……適用於香港的有關規定繼續有效，通過香港特別行政區的法律予以實施」。這一條款的用語很有講究，很有智慧，也很精確，既規定了公約在香港特區的法律地位，也規定了適用的方法，按理說是很明確很清楚的了，不存在什麼問題。但是實際情況遠不是這樣。它在香港已經變成一個很複雜、很敏感、很政治化的問題了。

---

*　　2009 年 5 月在華東政法大學的演講稿。

目前香港的實際情況是，經反對派人士的宣傳，大多數民眾都認為，公約是如回歸前一樣繼續適用於香港的，香港民眾的權利主要受公約保護；香港法院在判案過程中屢屢直接引用公約及相關的資料，公約成了司法機關的法律淵源；公約在香港經轉化後形成的《人權法案條例》包含了在香港不具有法律效力的公約條款，被堂而皇之地混同適用；反對派堅持主張並向社會鼓吹，香港實行普選的法律依據是人權公約，因此特區政府以至中央政府都有遵守人權公約的義務，不得以國內法（基本法）為理由阻礙普選的實現，如此等等。這些說法和做法，看起來有理，迷惑力很強，但是在法律和法理上是難以成立的。它們影響面廣，造成香港市民的認知混亂，很有必要從法理上予以澄清，以正視聽。下面談談我個人對這些問題的看法。

自香港回歸後，人權公約在香港的法律地位發生了變化。它不再是作為一個公約整體上在香港適用，而只是公約原已適用於香港的有關規定繼續有效

這種變化是由於公約本身的要求及香港地位的變化而引起的，也因此連帶產生了一系列法律後果。公約對締約國或參加國適用公約的地域範圍有嚴格的規定。公約第 50 條載明，本公約的各項規定應一律適用於締約國的全部領土，不得有限制或例外。這意味着該公約禁止締約國選擇性地只在部分領土適用。即要麼加入，全國適用；要想部分適用，就不得加入。這樣，是否在全部領土適用的問題，事實上已成為能否締結或加入該公約的一項強制性條件。

英國於 1968 年簽署了人權公約並於 1976 年遞交批准，公約對英國發生效力。英國有義務將公約適用於它管轄下的全部領地，當然也包括處於英國殖民管治下的香港。所以，直至 1997 年 7 月 1 日以前，人權公約是適用於香港的，儘管英國對公約在香港的適用作出了一些保留。

香港回歸後情況發生了很大變化。中國對香港恢復行使主權，香港成為中國的一個特別行政區。從國際法上看，英國不能再對香港的對外事務承擔責任，它無由主張或聲明人權公約繼續適用於香港。而中國當時尚未簽署人權公約，不是公約的加入國，它不具備主張公約在香港繼續適用的法律地位和法律根據，並且因為公約第 50 條的限制，也不允許中國在尚未參加的情況下主張公約僅在香港適用。顯然，這裏出現了一個外交上、國際法上的空白，或者說一個困境，就是如何確保香港不因回歸而使得公約在香港的實際法律效力受到影響。

　　是中國政府最早找到了一個靈活變通的辦法，打破了這一僵局，使問題得到圓滿解決。中國政府通過外交和國內立法的方式，承諾確認香港回歸前原已適用於香港的有關規定繼續有效。通過這種承諾，既規避了因中國不是公約當事國而無由主張公約繼續適用於香港的技術障礙，又達到了維持原已適用於香港的公約相關條款繼續有效的法律效果，是一個幾全其美、多方共贏的好辦法，實際上也是關於條約實施的一種非常特殊和例外的做法。

　　這一立場首先是經過談判磋商得到英國政府的認同，最早出現在中英聯合聲明附件一《中華人民共和國政府對香港的基本方針政策的具體說明》中。後來又作為第 39 條規定載入香港基本法裏面。中英兩國政府還分別於 1997 年 6 月照會聯合國秘書長及各多邊條約的保存機關或保存國，通告了中英之間關於多邊條約在香港繼續適用的技術性安排以及各自的立場，得到相關國家和國際機構的認可。

　　這種做法的實際法律後果至少有兩點，一、從國際法的嚴格意義上看，自香港回歸後，該公約失去了作為一個多邊條約在香港適用的法律根據，不能被繼續視為是一個整體上適用於香港的國際公約了；二、儘管中國不是公約的當事國，但是它承諾和保障原已適用於香港的公約有關規定繼續有效，因此公約相關條款的實際法律效力不變。

不是公約的全部條款適用於香港，而只是原已適用於香港的有關規定繼續有效。英國關於公約適用保留的實際效力依然存在，公約第 25 條 B 款不具有在香港適用的法律效力

可以肯定地是，回歸前公約是適用於香港的，但是即便在當時，也不是公約的全部條款而只是大部分條款適用於香港。1976 年英國在遞交批准書並聲明公約擴展適用於香港時，曾經特別就公約的個別條款作出了保留，其中包括第 25 條 B 款，即關於普選的規定。英國聲明指出，因為該條文可能要求在香港設立經選舉產生的行政局或立法局，保留不實施該條文的權利。這一保留隨公約在香港的生效而發生效力。這就是説，從公約對香港產生效力的第一天起，儘管公約的大多數條款適用於香港，但是第 25 條 B 款等個別條款因為英國的保留而被排除在適用範圍之外，不屬於適用於香港的「有關規定」。這就是回歸前公約在香港適用的效力狀況。

保留是國際法上的一項特有制度，其提出、生效和撤回都有一定的程序要求，受條約法約束。關於保留的提出和生效，《維也納條約法公約》第 19、20 條規定，一項保留只要不被條約所禁止，或者是在條約准許保留的範圍之內，或者在條約對保留沒有明確規定而所提出的保留不被認為違背條約的目的和宗旨，則保留是允許的、有效的。關於撤回，該公約第 23 條第 4 款規定，撤回保留必須以書面為之。這一規定從國際實踐來看，至少包括三層意思：首先，保留的撤回是一項法律行為，必須經過正式的程序才能完成。其次，撤回的要求應該是由保留的提出者而不是任何他人才能提出。第三，聲明撤回保留，必須提交正式的書面文件。

港英當局在將香港交回中國之前，一改過往一百五十多年的獨裁施政傳統，倉促策動民主選舉，實行立法會議員經選舉產生，在實際上造成香港回歸後對中國政府和特區政府的政治壓力。令人不解的

是，在選舉制度引入香港後，英國政府並沒有與時俱進，正式撤銷它對公約第 25 條 B 款的保留。即使在香港回歸前一年多，當公約下屬的人權事務委員會在 1995 年 11 月關於香港履約報告的審議結論對此表示關注後，英國政府也置之不理。這樣，由於英國政府在它有理由、有能力、也有機會的情況下，沒有對它關於公約第 25 條 B 款的保留採取正式撤回的法律行動，這一保留只能被認為始終有效，直至香港回歸的前夕。

那麼，香港回歸以後英國的保留是否繼續有效呢，中國對英國關於公約第 25 條 B 款的保留持什麼態度呢？誠如前述，因為中國不是公約當事國，它不具有對該保留予以肯定或否定的法律地位和行為能力。但是有一點是可以確定的，中國承諾尊重人權公約在香港回歸前的適用狀況，予以維持。所以中國通過中英聯合聲明和基本法明確表示，人權公約原已適用於香港的有關規定繼續有效。這一立場實際上包含了對英國保留的法律效力的一種默認。因為中國的承諾沒有改變公約在香港原先適用時的條件或狀態，中國所認可的只是原已適用於香港的公約條款的效力，因英國保留而歷來不在香港適用的條款，包括第 25 條 B 款，不屬於中國認可的「有關規定」，不具有在香港特區適用的法律效力。

綜上所述，無論在回歸前還是回歸後，公約第 25 條 B 款都始終被排除在適用範圍之外，不具有在香港適用的法律效力。

人權事務委員會的審議結論和香港法院的判決，均不構成對英國保留的撤銷，關於第 25 條 B 款保留的實際效力依然存在

近年來在香港流行的一種說法認為，香港現時的情況與英國當年做出保留的情況已有很大區別，保留已經不適時宜了，公約第 25 條 B 款已經具有在香港適用的法律效力。他們自以為重要的兩個依據，一

個是人權事務委員會的審議結論，一個是香港法院的判決。但是如果仔細審查一下，不難發現這些說法和依據同樣是站不住腳的。

在香港常提到的人權事務委員會並不是聯合國人權委員會（現在提升為人權理事會），而是根據公約設立的旨在監督公約執行的一個條約機構。其職能包括審議各締約國提交的實施公約情況的報告並作出一般性評論，對公約條款的範圍和含義作出解釋等。該委員會的委員經締約國會議選舉產生，以法律專家的個人身份參加工作。該委員會並非司法機構，其決定包括審議結論都是屬於「意見」而不是判決，只具有建議性質，對有關締約國不具有拘束力，不具有改變締約國權利義務的法律效力。具體地說，人權事務委員會沒有被授予改變條約在締約國適用範圍的權限，也無權對締約國的保留地位加以改變。誠如前述，按條約法規定，保留的撤回只能由締約國自身以書面方式提出，旁人無權代勞。因此，即使委員會的審議結論認定香港立法會的選舉不符合公約第 25 條的規定，敦促特區政府採取必要的改進措施，是一個很權威、很值得重視的建議，但是受該機構職能及條約法的限制，該結論本身並不能構成取消英國保留的法律行為，不具有否定英國保留效力的法律性質，因此也不得作為公約第 25 條 B 款在香港自動生效的法律證據和根據。

需要指出的一點是，關於人權事務委員會的權限及其審議結論的法律性質，國際社會並非都認同香港當前流行的那些看法。英國著名國際法學者 A. 奧斯特就指出，「該委員會並沒有被授權作出對當事國具有拘束力的裁決」，他們自認為有權對涉及當事國保留的問題發表權威性決定的觀點遭到國際社會的嚴厲批評。來自法國、美國和英國的批評認為，該委員會並沒有被授予對於一般國際法問題發表意見的權力，它也不能等同於一個國際性法院或法庭。看來希望借助於某個國際機構來佐證英國保留失效的說法是於事無補的。

還值得補充的一點是，該審議結論的結尾部分要求香港特區就基本法關於選舉事務的條款進行解釋時，必須符合公約的有關規定。這

一要求的合法性和可行性同樣是值得質疑的，因為它實際上是就基本法的有關解釋問題向中國提出了要求。大家知道，香港選舉辦法的發展涉及政治體制，與中央的管治權有關，基本法有關這方面條款的解釋權不屬於香港自治範圍，其權不在香港特區而在全國人大常委會。事實上，也正是後者對這些條款作出了幾次解釋或決定。那麼中國人大行使職權是否有遵循人權公約的義務呢？眾所周知，「條約對第三方無損益」是國際法上一條確定的規則。條約原則上只對當事國有約束力，不能約束第三方。儘管按照事先的安排，中國得以代它的一個特定地區向人權事務委員會提交履約報告，但是它本身尚不是公約的當事國，沒有承擔遵守公約的義務，中國最高立法機關在行使自己的法律解釋權時不受該公約的約束，所以很難設想人權事務委員會能夠擁有對中國提出相關要求的權力。

在香港常常有人引用本地法院的判決來支持公約第 25 條 B 款適用於香港。的確，1995 年香港當時的高等法院上訴庭法官祁彥輝先生（Keith, JA）在 Lee Miu Ling 一案的判詞中指出，香港一旦成立經由選舉產生的立法機構，《公民權利和政治權利國際公約》第 25 條的規定就會適用於立法局的選舉。按照這一判詞的推論，既然香港已經發生立法局選舉，英國對公約第 25 條 B 款的保留應自動歸於無效。那麼，香港法院是否具有撤回公約保留的權力，法院判決是否具有改變公約在香港適用範圍的法律效力呢？

眾所周知，香港本地法制歷來沿襲英國的法律制度。在英國制度中，涉及條約的權限劃分是很嚴格的。有關條約的締結、簽署和加入的權限屬於政府，批准權在英王或王室，而條約的適用須經議會立法轉換為國內法後，才具有在本國實施的效力。至於法院，在判案中有可能涉及對條約的理解或解釋，但這種解釋不具有改變英國在條約中原有權利義務的效力。祁彥輝法官的判詞涉及到英國的保留是否繼續有效，涉及到英國實施公約義務範圍的擴大，顯然是事關英國在國際法上的權利義務問題。而有關這些問題的決定權並不屬於法院，不但

不在作為海外屬土的香港法院，甚至也不在英國本土法院，而必須由英國政府和王室予以處置。香港法院當時並沒有被授權就英國保留是否繼續有效問題作出有約束力解釋的判決，祁彥輝法官在判詞中斷言公約第 25 條應可適用於香港，從嚴格的法律意義上看，顯然已經超越香港法院的權限範圍，做了一件本不應該由香港法院來做的事情。該判決就其涉及英國保留的這一部分而言是缺乏法律根據的，因而其法律效力是難以成立的，不足以作為公約第 25 條 B 款可適用於香港的依據。從國際實踐來看，也缺乏證據證明，其他締約國已經將香港法院的這一判決視為英國對其保留的正式撤回。

條約在香港歷來是通過轉化的方式予以實施。人權公約在香港不具有直接適用的效力，應通過本地法律予以實施。人權公約經轉化後形成的香港《人權法案條例》第 21 條乙款，越權否定英國保留的效力，也超越了中國政府的承諾和基本法規定的範圍，其合法性值得質疑

條約在香港如何實施呢？凡對香港生效的條約，是自動納入香港本地法律、直接適用呢，還是必須先經過立法、轉化為本地法律後，才能予以間接適用呢。條約的適用方式作為一種習慣法規則決定着人權公約在香港的適用方式。

香港作為秉承英國普通法系的一個地區，其適用條約的習慣方式同英國一脈相承。英國是一個典型的轉化適用條約的國家。凡被批准對英國生效的條約，不會自動成為本國法的一部分而直接適用，只有先經英國議會的立法程序，轉化為國內法後才能在國內適用、發生效力。人權公約在英國的適用更是如此，除非英國議會通過特別法案予以轉化，否則，公約本身不具有在英國本土及其屬土予以直接適用的效力。英國國內各權力機構和個人只能適用或援引國內法律，而不能直接適用或援引公約條款，即便是英國在批准加入公約時沒有提出保留的條款，也不能直接適用。在英國管治香港的一百五十多年的時間

裏，條約在香港的適用始終是採用如同英國一樣的轉化適用的方式，人權公約也無例外。

因此，一個符合邏輯的推論是，人權公約在香港回歸後的適用方式，也應該遵行其實施已久的轉化適用條約的傳統，沒有理由認為，它能夠成為條約適用的例外，可以直接適用。事實上，基本法也早已對回歸後人權公約相關規定的適用方法作出了規定，即「通過香港特別行政區的法律予以實施」。這一規定明確排除了公約條款直接適用的可能，而是將它們限制在通過本地法律轉化適用。應該說，不論是根據習慣法還是根據成文法，公約在香港的適用方式都是明確無誤的。然而回歸後香港的實際情況卻並不完全如此。

香港基本法實施以來，香港法院所堅持的一種解釋認為，基本法第 39 條有關人權公約的規定，是將兩個人權公約的內容「納入」進了基本法，因此可以直接適用。香港法院在判案時因而大量直接地引用公約的規定，而很少以基本法本身關於居民基本權利和自由的規定為依據來判案。這不但違背了基本法關於適用人權公約所規定的要求，而且也有悖於香港適用條約的傳統做法。不僅如此，法院在引用公約規定時，還相應地引用世界上其他國家或國際組織對公約的解釋作為依據判案，甚至把外國司法機關根據其國情確立的人權標準或個別國際組織提出的人權觀點也全部引入進來，其結果不但在實際上形成對本地相關法律效力的排擠或架空，而且很容易造成判案標準的混亂，脫離香港本地的實際情況。香港法院在適用人權公約問題上的做法值得引起關注。

同樣令人質疑的香港是《人權法案條例》。在 1991 年以前，港英政府並沒有為人權公約的適用專門立法，而是採用已在香港生效的英國相關法律及本地法律來實施，其理由是認為這些法律已經包括或體

現公約的要求，無須重複立法。然而這一立場在 90 年代初發生了改變。就在香港回歸前六年，港英政府以實施公約為名，於 1991 年制定了《人權法案條例》。該法案基本上是比照公約的實質性條款，將它們照抄一遍，轉化為香港本地法律，列入可在香港直接適用的法律之內。令人驚訝的是，被英國政府聲明保留的公約第 25 條 B 款也被列入了進來，具體地看，就是轉化為《人權法案條例》的第 21 條乙款。儘管該條例前言言之鑿鑿地表示，本條例是將公約中適用於香港的規定收納入香港法律，但實際上卻毫不含糊地把在香港不具有適用效力的保留條款也收錄在案，其意圖無非是想借此取消英國對此保留的法律效力，使這一條款在香港取得合法適用的地位。這顯然是一種移花接木、渾水摸魚的做法，其合法性不得不令人懷疑。當時香港尚在英國管治之下，在英國政府對公約的相關保留繼續有效的情況下，作為其下屬的港英政府卻通過本地立法把保留條款合法化，列入可在香港實行的條例，顯然有越權行為之嫌，其做法與其上位政府的法律立場是對立的、衝突的。與此同時，這一跨越時空、主要適用於回歸後香港的條款，也超越了中國政府關於人權公約的規定在香港繼續有效的承諾範圍，與基本法第 39 條的規定明顯不符，是一條僭位炮製、強加於人的條款，因此，人們又充分理由對條例第 21 條的合法性、有效性打上一個問號。

其實，隱藏在該條例第 21 條立法背後的深層意圖是不難察覺的。這一立法的制約對象主要不是還剩下六年時間的港英政府，而是回歸後的特區政府及在後面支持它的中央政府。它企圖在落實公約的名義下，造成一種既成的法律事實，用本地立法來制約香港的政制發展，對抗基本法關於香港普選的安排。遺憾的是，混雜在《人權法案條例》中的第 21 條乙款的合法性至今尚未引起人們的高度重視，還在堂而皇之地流行於香港社會。

基本法在香港具有憲制性法律的地位，凌駕於所有本地法律之上；同時也不構成與人權公約規定的衝突。基本法規定了在香港實行普選的最終目標，是基本法而不是人權公約構成香港政制發展的法律根據

香港《人權法案條例》是人權公約規定的複製品，包含了與英國保留不符、與基本法規定不符的第 21 條乙款，被人利用來作為推進香港普選的法律依據，在客觀上形成同基本法的衝突。這樣，圍繞普選的依據就提出了一個尖銳的問題，究竟是以基本法為准還是以人權法案條例抑或人權公約為准？倘有衝突，何者為先。這一問題既涉及到基本法與人權法案條例的位階關係，也涉及到基本法與國際條約的位階關係。

眾所周知，基本法是香港特區的憲制性法律，位居香港本地法律之上。基本法第 8 條、第 11 條規定，香港原有法律、特區立法機關制定的法律都不得同基本法相抵觸，特區實行的所有制度、法律和政策都必須以基本法的規定為依據。因此，從嚴格法律意義上看，首先，不存在人權法案條例凌駕於基本法之上、基本法必須服從人權法案條例的問題，恰恰相反，是人權法案條例的內容和實施必須服從基本法。其次，人權法案條例第 21 條乙款不但不足以制約基本法，反而因為同基本法相抵觸而應考慮加以修改或刪除。

至於基本法與公約的位階關係則屬於國際法與國內法的關係問題。國際法對於在國內實施條約義務，國際法與國內法何者優先，從來沒有統一的規定或習慣做法，這基本上是由各國國內法自主規定的。國際法並不在意各國實施條約的方式，允許各國有自己不同的做法，它只是要求各國必須善意履行自己的國際義務，不得以國內法作為違背國際義務的理由。這裏且不談中國處理國際法與國內法關係的立場，只是講講在香港的做法。誠如前述，香港師承英國、實行轉化適用條約的傳統，國際條約不具有直接適用的法律效力，而是通過本

地法律予以實施，唯一的要求是本地立法不得違反條約義務。所以，從理論上看，在實施的層面上不存在條約同本地法律直接衝突的問題。具體到基本法，中國政府在《中英聯合聲明》附件一第 13 條中莊嚴承諾，公約適用於香港的規定繼續有效，這一國際義務被基本法第 39 條第 1 款用法律形式加以明確規定，並通過香港特區法律予以實施。至於因英國保留而不在香港實施的公約第 25 條 B 款，本不在中國承諾在香港繼續有效的「有關規定」之內，因此不承認它的法律效力是有據可依的，完全不存在基本法同中國承擔的國際義務、同公約規定相衝突的問題。

這裏必須強調指出的一點是，儘管中國承諾在香港回歸後繼續有效的公約條款，只限於原已適用於香港的「有關規定」，其中不包括第 25 條 B 款，但是這並不表明中國政府對該條款內容的反對以及有意維持英國保留的效力，而僅僅是出於對回歸前公約在香港適用狀況的尊重，屬於一種實事求是的法律技術性安排。

與所謂反對和排斥第 25 條 B 款適用於香港的立場相反，中國最高立法機關在制定基本法時，已經把因英國保留而不得在香港適用的該條款的實質性內容納入進基本法，對包括普選在內的香港民主發展進程做出了明確的承諾和保障。基本法第 45 條和第 68 條分別規定了特區行政長官和立法會議員的產生辦法，最終達至經普選產生的目標，香港當前的政制發展也正在依據基本法的規定，循序漸進地朝著這一目標邁進。事實表明，是中國政府而不是英國政府或香港反對派，是基本法而不是人權公約，最先提出並允許在回歸後的香港實行普選。基本法和人權公約在保障香港居民民主選舉的權利這一點上，目標和標準是一致的，彼此本無衝突。如果説有什麼區別的話，那就是人權公約的規定不具有在香港直接適用的法律效力，而必須通過基本法和本地法律予以實施。事實上，參加人權公約的絕大多數國家也都是通過本國法律來實現自己的國際承諾的，因為人權問題説到底還是一個國內法問題。

推進香港的政制發展，倘若不是首先和主要地以基本法和本地法律為依據，而是一味地片面地強調人權公約，特別是抓住不適用於香港的公約第 25 條 B 款做文章，很難認為是一種尊重事實、符合法律的做法。這一做法的實際效果就是要在公約和基本法之間製造矛盾和衝突，把原本已由基本法規定的普選同履行公約義務對立起來，把普選的法律根據由國內法改換為國際法，形成國內法同國際法的衝突，形成以國際公約來抗衡、壓制基本法以致凌駕於基本法之上的局面，進而在實際上對抗和削弱基本法所規定的中央對香港政制發展的主導權。這一做法事實上曾經導致香港社會的不和諧，妨礙和阻滯了香港政制發展的順利進行，應當引起人們的警覺。

2009年5月

27 英國對人權公約的保留與香港普選問題

　　為什麼說香港普選只能以基本法而不是人權公約為法律依據來實施，為什麼人權公約的普選條款在香港不具有法律效力，這中間的一個關鍵點是涉及對一個法律事實的了解和認識問題，那就是當年英國就公約在香港的適用範圍做出了保留，具體講就是排除了普選條款在香港的適用。這一保留的效力實際上一直持續到現在，普選條款始終不得在香港適用。那麼應該如何看待英國對人權公約的保留呢？如何看待香港普選的法律根據呢？

人權公約對公民選舉權的規定

　　《公民權利和政治權利國際公約》是當今世界有關人權保護的一個國際法核心文件。其中第 25 條 B 款是專門針對締約國公民選舉權做出的規定，

> 凡屬公民，無分第二條所列之任何區別，不受無理限制，均應有權利及機會：（a）直接或經自由選擇之代表參與政事；（b）在真正、定期之選舉中投票及被選。選舉權必須普及而平等，選舉應以無記名投票法行之，以保證選民意志之自由表現。

　　上述規定就是人們所說的人權公約普選條款，該條款規定了選舉是公民不受無理限制的政治權利，選舉權必須體現普及與平等的原則。該規定對締約國具有拘束力。

---

*　　2015 年 4 月 12 日在香港城市大學演講稿。

由於英國的保留，回歸前人權公約普選條款不具有適用香港的法律效力

英國政府在 1976 年遞交公約批准書並聲明延伸適用於香港時特別指出，對包括第 25 條 B 款在內的 6 項條款予以保留。其中對第 25 條 B 款聲明保留的內容是：

> 聯合王國政府就第 25 條（丑）款（即 25 條 B 款——作者注）可能要求在香港設立經選舉產生的行政局或立法局，保留不實施該條文的權利。

保留，是國際法上的一項制度。首先，國際法允許有條件的保留。1969 年《維也納條約法公約》第 2 條第 1 款（丁）項規定，允許締約國可以採取不為條約所禁止的保留措施，即對聲明保留的特定條款不承擔實施的義務，該保留條款對提出國不具有約束力。其次，保留是可以撤回的，該公約第 22 條第 1 款明確規定，保留一經撤回，即失去對特定條款不予適用的效力。也就是說，只有經由撤回才能中止保留的效力。一項保留如果未經正式撤回，當然繼續維持有關條款不予適用的效力。第三，保留的撤銷是有程序要求的。該公約第 23 條第 4 款規定，撤回保留，必須以書面為之。按通常理解，撤回的提出者應當而且只能是該保留的提出者，而不是其他任何人；而聲明撤回保留，應該提交正式的書面文件。

英國保留公約普選條款不適用香港的原因，或許主要是基於當時香港立法局不由選舉產生的事實，有一定的合理性。該保留的法律後果是，普選條款對香港不具有拘束力，香港無實施的義務。

英國的保留是在 1976 年做出的，當時香港尚未實行任何政治選舉。其後，1984 年英國在《中英聯合聲明》中承諾將香港交還中國，1985 年港英當局在立法局引入了部分選舉的機制。顯然，與做出保留決定的當時相比，香港情況發生了很大變化，但是英國並沒有因此對

保留加以撤銷。即便該公約下屬的人權事務委員會已經在 1995 年審議香港的履約報告時提醒英國，香港立法局的選舉不符合人權公約相關規定，英國也沒有對此作出任何要撤銷保留的表示。這一態度一直維持到英國從香港撤出前的最後一刻。

歷史表明，回歸前英國政府是有理由、有權力、有機會撤銷自己的保留的，但它沒有採取任何法律行動，保留繼續存在。因此，可以肯定地說，香港回歸前，人權公約普選條款不具有適用於香港的法律效力。

由於中國的默許，回歸後有關公約普選條款的保留實際上依然維持其效力

迄今為止，中國尚未正式加入該人權公約，不是公約的當事國，不具有對英國保留採取行動的法律資格。也就是說，中國既無權宣佈撤銷也無權宣佈維持英國做出的對人權公約適用香港的保留。中國政府從維護香港穩定、有利平穩過渡、順利回歸起見，在中英談判中表達了尊重人權公約在香港回歸前的適用狀況的立場，維持人權公約在香港回歸前的適用範圍，不增加也不減少在香港產生實際效力的公約條款，其中包括尊重英國為香港做出相關保留的事實，從而實際上是默許和維持了英國保留的法律效力。

中國政府在《中英聯合聲明》附件一第十三節第四款中承諾，《公民權利和政治權利國際公約》適用於香港的規定繼續有效。香港基本法第 39 條明確載明，該人權公約適用於香港的有關規定繼續有效。中國駐聯合國代表於 1997 年 6 月 20 日致聯合國秘書長的照會中再次聲明，該人權公約適用於香港的規定，自 1997 年 7 月 1 日起繼續有效。

這裏需要特別指出的是，上述文件所說的在香港回歸後「繼續有效」的公約條款，嚴格限於原已適用於香港的有關規定，顯然不包括

因英國保留而始終未在香港適用的公約普選條款。換言之，人權公約在回歸後香港的適用範圍維持不變，普選條款因英國保留的緣故，仍然不具有在香港特區適用的法律效力。因此應可認定，該條款對回歸後的香港不具有拘束力，不能成為香港普選的法律根據。

人們也許會問到普選條款保留的前景，想知道英國的保留會不會一直持續下去，可不可以自動失效，能不能撤銷，由誰來撤銷？需要指出的是，自回歸中國之日起，香港已經脫離了對英國的條約依附關係，而歸入到中國的條約體系之下，英國已經失去再就人權公約在香港的適用範圍採取法律行動的資格，條約在香港如何實施要取決於中國的立場。英國為香港作出的公約保留在港英時期不存在自動失效的條件，不可能也沒有自動失效。而在香港回歸後，英國的保留是否會自動失效、其存廢的前景如何，恐怕不是由英國政府單方面說了算，而是要有中國來最終決定。迄今為止，中國對人權公約不承擔權利義務，無權宣告撤銷或維持英國的保留，也無權決定該保留自動失效；況且，從法律上看，中國決定在香港實行普選，不足以構成英國保留自動失效的條件。那種認定英國的保留在香港回歸後已經自動失效的說法，缺乏法律根據。坦率地說，英國保留的前景取決於中國在正式加入人權公約時的立場。屆時，中國可自主宣佈要不要為公約在香港特區的適用設置保留、設置什麼樣的保留，包括要不要延續或中止英國原先的保留，從而在實際上將決定英國保留的命運。當然，在此之前，英國保留的法律效力仍然實際存在。

人權事務委員會的審議意見不具有撤銷英國保留的效力，對中國、對香港不具有法律效力

在談到人權公約適用於香港的保留問題時，人們往往會提起「聯合國人權事務委員會」的一般性評議，因為這些評議曾斷言香港立法局／立法會選舉不符合公約第 25 條 B 款的規定，應予改進；敦促香港實行普及平等的選舉，取消對上述條款的保留。香港一些人士據此認

為人權事務委員會的評議已構成保留被取消的證據，或把它作為取消保留的法律根據，還抬出「聯合國機構」的旗號來標榜人權事務委員會的顯赫地位，看似有理，其實經不起事實與法律的檢驗，在法理上站不住腳。

人權事務委員會固有的地位、性質和職能不具有改變締約國權利義務的權力

這裏有必要澄清一個事實，一些人常提到的「聯合國人權事務委員會」其實並不是聯合國的法定機構，不屬於聯合國組織系統，而只是《公民權利和政治權利國際公約》下設的一個條約機構，不能隨意被冠以「聯合國機構」的頭銜。聯合國明確設立有自己官方的人權機構，過去的名稱叫聯合國人權委員會，隸屬於經社理事會，現在則叫聯合國人權理事會，隸屬於大會，其職責範圍及於聯合國所有會員國。

至於人權事務委員會，它是根據《公民權利和政治權利國際公約》第 28 條建立的旨在監督締約國履行公約義務的專家工作機構，職權範圍僅限於相關締約國。該委員會由若干人權專家以個人身份參加和組成，不代表任何國家和組織，不是政府間官方機構。同時，該委員會也不是司法機關，沒有被授權對當事國做出有拘束力的裁決；其審議結論是建議性質的，不具有改變締約國權利義務的法律效力。當然，也無權對保留在香港的效力問題做出任何實質性改變。

人權事務委員會審議意見對中國和中國香港沒有約束力

根據在香港繼續有效的人權公約有關規定，人權事務委員會有權對香港的人權報告加以審議，有權對公約有關條款加以適當解釋，並做出一般性評議。當然，這些評議意見能否得到必要的尊重，取決於其本身是否符合事實和法律。中國尚不是締約國，不存在對公約保留採取肯定或否定的權利能力。同時，公約第 25 條 B 款不屬於在香港適用的有關規定，不存在在公約框架內落實該條款的問題，評議的指責

缺乏根據。該委員會不得忽略保留仍在香港發生效力的法律事實，無權越俎代庖去決定一個國家對公約保留的存廢態度，也無權要求中國和中國香港對保留採取特定立場。況且，僅僅具有建議性質的一般性評議遠不足以證明有關保留已被取消，更無法作為保留必須取消的法律根據。坦率地說，人權事務委員會的一般性評議對香港是沒有拘束力的。這一點，香港政府政治及內地事務局發言人 2013 年 3 月 28 日的講話已經表達得很清楚了，

> 聯合國公約監察機構（即人權事務委員會──作者注）所做的建議並非國際法律，故此並沒有法律拘束力，而是屬於規勸性質……我們與委員會在實施其個別建議方面或會略有分歧。

由上可見，人權事務委員會的審議意見沒有也不可能改變英國對人權公約適用香港所作保留的效力，其意見對中國、對香港都不具有約束力。保留的效力實際上依然存在。

香港普選的法律根據是基本法而不是人權公約

由上可見，人權公約普選條款不適用香港，不能拘束香港的普選，也不能成為香港普選的法律根據。那麼香港普選的法律根據是什麼又從何而來呢？

香港地區真正實行民主政治，香港市民享有選舉權利，是從回歸中國後開始的，是一國兩制和基本法所賦予的。中央政府不反對人權公約的普選條款，也不反對在香港實行普選，反而是一貫支持香港的政制發展和民主進程，特別是通過基本法主動規定了香港的普選目標和普選制度，撤除了因英國保留而不能在香港實施普選的法律障礙。事實表明，是基本法而不是人權公約提出並規範了香港回歸後實行普選，基本法以及全國人大常委會根據基本法做出的相關決定，（見基本

法第 45 條、68 條、附件一、附件二，以及全國人大常委會的相關釋法和決定）是香港實行普選唯一的法律保障。毫無疑義，香港普選的法律根據是基本法而不是人權公約。

這裏有必要重點談談香港普選的性質和特點。

香港普選的地方選舉性質

香港行政長官普選是中國的一個地方選舉，是地方領導人的選舉，而不是國家層級的普選，不是公約當事國的普選，既不能照搬其他國家的普選模式，也不受公約的約束。當然，香港普選也要充分尊重和參照人權公約普選條款所規定的普及而平等的選舉原則。

人權公約並沒有對締約國的普選方式加以具體規定，各國可以按照本國的實際情況，自行決定實施普選的具體制度，只要能夠體現普及和平等原則，沒有不合理的限制，都被視為是對普選條款的遵守。世界上不存在實施普選的統一模式，主張「國際標準」的說法沒有確定的條約根據。

香港普選由中央主導和最終決定

作為單一制國家的一個地區，香港的政制發展和普選制度不是香港自身能夠決定的，而必須由基本法加以規定，其實施必須由中央根據基本法作出決定。包括行政長官普選的目標、進程、時間、制度、程序等，都是由基本法和人大常委會決定加以規定的。中央握有香港普選的主導權和最終決定權。香港行政長官普選是具有一國兩制性質和特色的地方普選，這一性質和特色是由香港在中國憲政體制下的法律地位以及行政長官的特殊地位所決定的。如果承認一國兩制是獨一無二的，那麼香港普選表現出不同於世界上其他國家普選的特點，毫不足怪。

香港行政長官在當地選舉產生後由中央政府任命

通常國家的普選，是主權者的法定行為，其選舉結果一般都是自然生效，不存在也不需要國家之上更高的政治權力機關對選舉結果予以批准。但香港不同，它是直轄於中央政府的一個地區，其行政長官必須經由中央任命。按基本法的規定，香港行政長官實際上是地方選舉和中央任命相結合的產物。行政長官是由香港當地選舉產生，但其選舉結果並不必然生效，不是香港選成什麼樣，中央都必須接受，代表國家行使主權的中央政府對獲選行政長官握有最終的審批和任命的權力，這是保障一國兩制在香港順利實施的一個必要的法律程序。顯然，這也構成香港普選的一個特色。

行政長官普選由提名委員會制度和一人一票普選相結合

基本法規定行政長官最終可由香港選民普選產生，但同時也規定，候選人必須由一個有廣泛代表性的提名委員會按民主程序提名產生。整個普選就是由提名委員會提名候選人和選民普選這樣兩個環節共同組成，二者有機結合、缺一不可。提名委員會制度是香港的憲制性法律對於普選實施的明確規定，具有強制性約束力，是香港實行普選的必要條件，不是可有可無，任加選擇的。不能割裂基本法對於普選的完整規定，只要一人一票普選，而罔顧或隨意改變提名委員會制度。人大常委會 8.31 決定是嚴格依據基本法 45 條做出的，既有充分的法律根據，也是落實 45 條的必要措施，同樣具有法律拘束力，不可挑戰。

只有充分認識到香港普選的性質和特點，才能更自覺地維護、遵守基本法和人大決定，推動香港普選的順利實施。

2015年4月12日